21世紀の商業教育を創造する

日本商業教育学会 編

商業科教育論

実教出版

はじめに

　近年の産業界は，急速に進展する情報化やグローバル化という荒波にさらされている。さらに，進化し続ける人工知能（AI：Artificial Intelligence）は，産業構造そのものを大きく変化させたり，身近なものがインターネットにつながり互いに制御し合ったりする（IoT：Internet of Things）時代をもたらしている。こうした変化に適切に対応し，よりよい産業界の実現に貢献するために，これまでも商業教育は時代に即した指導内容と指導方法を創造し，改善・充実させながら展開してきた。

　このような中，知識・技能の習得の質を高めつつ，資質・能力を育む「主体的・対話的で深い学び」の実現を目指した高等学校学習指導要領が平成30（2018）年3月に改訂・告示された。今回の高等学校学習指導要領の改訂では，教育内容の主な改善事項の一つとして「職業教育の充実」が示された。これまでも，商業教育は望ましい勤労観・職業観や人間性豊かな職業人に求められる高度な倫理観（職業倫理観）の育成を目指す教育を行ってきたが，これからは，持続可能な社会の構築や情報化の一層の進展及びグローバル化などへ適切に対応できる力を育成する視点から，指導内容のさらなる改善・充実が求められることになる。

　そこで商業教育は，これまで「何を学ぶのか」に学習の力点が置かれがちであった教育の視点について，この視点を維持しつつ「何のために学ぶのか」や「何ができるようになるか」に力点を置いた視点に拡張していかなければならない。高等学校学習指導要領が求めている資質・能力ベースの学力を身に付けさせる学習とは，こうした拡張した視点を実現させる学習のことである。

　本書では，拡張された学力を生徒一人一人に確実に身に付けさせる商業教育の理念や方向性について，改訂高等学校学習指導要領の趣旨を踏まえつつ，商業教育のこれまでの歩みを参考にしながら，新たな創意・工夫を加えて，具体的に記述した。

　なお，本書を編集するにあたっては，次の二つの事項に特に配慮した。

(ア)　本書は，商業教育の学習指導を適切かつ的確に実施するために，商業教育の意義及び必要性・重要性，歴史的経緯，高等学校学習指導要領の理解並びに指導内容・指導方法・学習評価などについて考察・探究する際の基本書として編纂する。

(イ)　本書の読者層については，商業教育の実践的研究者，大学における商業科教育法の指導担当者，商業科担当の教員や指導主事などの教育指導実践者及び大学等で商業教育を学ぶ学生など，商業教育に関わる幅広い読者を念頭に置く。

　「知るということは，そのことを為すことができるということだ。」といわれる。知るとは，よりよく実践できることである。そこで，商業教育を担う者は，何よりもまず商業教育をよく知る人でなければならない。私たちは，読者の皆様に商業教育の正しい理解者になっていただきたいと願って本書を執筆した。本書が，商業教育に関係する多くの方々の研究や研修等の基本書として活用され，その一助となれば幸いである。

　最後に，本書を出版するにあたり，多大なるご尽力をいただいた実教出版企画開発部の皆様に心から御礼を申し上げなければならない。皆様のお力添えがなければ，本書はできなかったからである。

2019年9月

千葉商科大学教授　永井克昇

目次 CONTENTS

はじめに ———————————————————————— 2

第1章 商業教育の意義と必要性

- **1-1** 商業教育の基本理念 ———————————————— 8
  - 1-1-1 　商業教育と実学…………8
  - 1-1-2 　人間性豊かな職業人の育成…………9
  - 1-1-3 　商業教育と問題解決…………11
- **1-2** 商業教育で育む資質・能力 ———————————— 11
  - 1-2-1 　コンピテンシー・ベースの学力の育成と商業教育…………11
  - 1-2-2 　問題解決能力と商業教育…………14
- **1-3** 商業科担当教員への期待 ————————————— 15
  - 1-3-1 　新しい時代における教員の在り方…………15
  - 1-3-2 　教科指導，学校運営，連携，研修…………17

第2章 我が国における商業教育の歩み

- **2-1** 明治期の商業教育 ————————————————— 26
  - 2-1-1 　明治初期…………26
  - 2-1-2 　明治中期…………27
  - 2-1-3 　明治後期…………29
- **2-2** 大正期・昭和20（1945）年以前の商業教育 ————— 29
  - 2-2-1 　大正期…………29
  - 2-2-2 　昭和20（1945）年以前…………30
- **2-3** 新教育制度と商業教育 ——————————————— 31
  - 2-3-1 　新教育制度…………31
- **2-4** 科目構成，科目名の変遷 —————————————— 33

第3章 高等学校学習指導要領と商業教育

- **3-1** 学習指導要領の法的位置付け ———————————— 40
- **3-2** 学習指導要領の理念 ———————————————— 40
- **3-3** 時代の進展等と商業科の改善 ———————————— 41
- **3-4** 商業科の構造 ——————————————————— 43
- **3-5** 商業科の学習指導を考える文脈 ——————————— 44
  - 3-5-1 　何ができるようになるか…………44
  - 3-5-2 　何を学ぶか…………45
  - 3-5-3 　どのように学ぶか…………46

第4章 商業科の教育課程の編成と実施

- 4-1 教育課程の意義 ——————————————— 50
- 4-2 専門性の深化 ——————————————— 50
- 4-3 カリキュラム・マネジメント ————————— 52
- 4-4 専門学科における各教科・科目の履修 —————— 53
  - 4-4-1 必履修教科・科目との代替 ………… 53
  - 4-4-2 総合的な探究の時間との代替 ………… 53
  - 4-4-3 学習指導要領に示していない事項の指導 ………… 54
  - 4-4-4 学校設定科目の設定 ………… 54
- 4-5 文部科学省検定済教科用図書等の使用義務 ————— 55
- 4-6 職業資格とのつながり ————————————— 55
- 4-7 各学科で育成する人材像と教育課程 ———————— 56

第5章 商業科の学習指導

- 5-1 商業科教育における学習指導の理念と方向性 ———— 60
  - 5-1-1 これからのビジネス社会に求められるもの ………… 60
  - 5-1-2 商業科教育が育成すべき人材像 ………… 61
  - 5-1-3 商業科教育における問題発見能力，課題解決能力の育成 ………… 62
- 5-2 商業科教育における主体的・対話的で深い学び ———— 64
  - 5-2-1 生徒の主体性・創造性を引き出すマネジメント ………… 64
  - 5-2-2 フレームワークの活用 ………… 67
  - 5-2-3 商業科教員（ファシリテーター）としての在り方 ………… 70

第6章 各分野の学習指導

- 6-1 基礎的科目 ————————————————— 74
  - 6-1-1 科目構成 ………… 74
  - 6-1-2 基礎的科目が育成を目指す資質・能力 ………… 74
  - 6-1-3 「ビジネス基礎」の授業改善 ………… 75
  - 6-1-4 「ビジネス・コミュニケーション」の授業改善 ………… 80
  - 6-1-5 学習指導案の例 ………… 84
- 6-2 マーケティング分野 —————————————— 86
  - 6-2-1 科目構成 ………… 86
  - 6-2-2 マーケティング分野が育成を目指す資質・能力 ………… 86
  - 6-2-3 「マーケティング」の授業改善 ………… 87
  - 6-2-4 「商品開発と流通」の授業改善 ………… 91
  - 6-2-5 「観光ビジネス」の授業改善 ………… 94
  - 6-2-6 学習指導案の例 ………… 98
- 6-3 マネジメント分野 ——————————————— 100
  - 6-3-1 科目構成 ………… 100
  - 6-3-2 マネジメント分野が育成を目指す資質・能力 ………… 100

6-3-3	「ビジネス・マネジメント」の授業改善………101	
6-3-4	「グローバル経済」の授業改善…………105	
6-3-5	「ビジネス法規」の授業改善…………108	
6-3-6	学習指導案の例…………112	

6-4　会計分野 — 114

6-4-1	科目構成…………114
6-4-2	会計分野が育成を目指す資質・能力…………114
6-4-3	「簿記」の授業改善…………114
6-4-4	「財務会計Ⅰ」の授業改善…………118
6-4-5	「財務会計Ⅱ」の授業改善…………120
6-4-6	「原価計算」の授業改善…………124
6-4-7	「管理会計」の授業改善…………127
6-4-8	学習指導案の例…………130

6-5　ビジネス情報分野 — 132

6-5-1	科目構成…………132
6-5-2	ビジネス情報分野が育成を目指す資質・能力…………132
6-5-3	「情報処理」の授業改善…………133
6-5-4	「ソフトウェア活用」の授業改善…………136
6-5-5	「プログラミング」の授業改善…………140
6-5-6	「ネットワーク活用」の授業改善…………143
6-5-7	「ネットワーク管理」の授業改善…………147
6-5-8	学習指導案の例…………150

6-6　総合的科目（課題研究，総合実践） — 152

6-6-1	科目構成…………152
6-6-2	総合的科目が育成を目指す資質・能力…………152
6-6-3	「課題研究」の授業改善…………152
6-6-4	「総合実践」の授業改善…………154
6-6-5	学習指導案の例…………158

第7章　指導計画の理念と作成

7-1　指導計画の意義と作成 — 162

7-1-1	教育課程と指導計画…………162
7-1-2	指導計画の内容…………162
7-1-3	年間指導計画の作成…………163
7-1-4	学習指導案の作成…………164

7-2　指導計画の実施・評価・改善 — 175

7-2-1	指導計画の実施…………175
7-2-2	指導計画の評価と改善…………175

第8章 学習評価の理念と実際

8-1 評価の目的 —————————— 178
 8-1-1 評価の理論…………178
 8-1-2 評価の対象と目的…………179

8-2 目標に準拠した評価と評価の観点 —————————— 181
 8-2-1 目標に準拠した評価…………181
 8-2-2 評価の観点…………182

8-3 評価方法の工夫 —————————— 184
 8-3-1 評価の方法…………184
 8-3-2 評価の規準…………187
 8-3-3 評価方法の工夫…………189

第9章 魅力ある商業教育

9-1 これからの商業教育 —————————— 194
 9-1-1 社会の変化を考える…………194
 9-1-2 これまでの商業教育…………194
 9-1-3 これからの商業教育…………195

9-2 体系的な商業教育の意義 —————————— 196
 9-2-1 「生きる力」を育む商業教育…………196
 9-2-2 社会に開かれた教育課程…………198

9-3 魅力ある商業教育を目指して —————————— 200
 9-3-1 商業高校の存在意義…………200
 9-3-2 むすびにかえて〜商業高校の取り組みを再評価する〜…………200

参考文献 —————————— 202
索引 —————————— 204

※本書の関連資料を，下記URLよりダウンロードすることができます。
キーワード検索で「商業科教育論」を検索してください。
http://www.jikkyo.co.jp/download/

第 1 章

商業教育の意義と必要性

　商業教育の意義と必要性について，第1節「商業教育の基本理念」，第2節「商業教育で育む資質・能力」及び第3節「商業科担当教員への期待」の三つの視点から解説する。

　第1節では，商業教育は商業に関する特定の分野の知識・技術をただ単に習得させる教育ではなく，複雑で予測困難な時代のビジネスシーンで，それらを活用できる力を身に付けさせる教育であることを「実学」と関連付けながら解説する。特に，商業教育と心の教育との関連の解説に重きを置いた。

　第2節では，学習指導要領が育成を目指す学力が，コンテンツ・ベースの学力からコンピテンシー・ベースの学力へと拡張していることを踏まえ，商業教育におけるコンピテンシー・ベースの学力とは何かを明らかにすることで，商業教育で育む資質・能力を具体的に示した。

　第3節では，学びに向かう力や人間性の涵養と教員の在り方の視点から，教員への期待を明確化するとともに，これからの商業科担当教員に求められる力を，(a) 教科指導，(b) 学校運営，(c) 連携及び (d) 研修の四つに大別し，整理することによって具体的に解説した。

1−1　商業教育の基本理念

1-1-1　商業教育と実学

「商業教育は実学である。」といわれる。実学について広辞苑は，「実際に役立つ学問」と定義付けている。つまり，実学とは抽象的で現実とかけ離れて頭の中だけで考える学びや，しっかりした内容に基づかない見せかけの学びではなく，社会生活を送るうえで実際に役立つ実用的な知識や技能を身に付け，それを活用できる学びのことである。この定義に従えば，実学としての商業教育は「商業活動を行ううえで，実際に役立つ実践的な知識や技術を身に付けるとともに，それらを商業活動の様々な場面で適切に活用することができる資質・能力を身に付ける学び」ということになる。

商業の各分野の知識や技術を身に付け，それらを各分野の活動で適切に活用できる人を「スペシャリスト」と呼んでいる。しかし，ただ単に専門的な知識や技術を身に付けた人をスペシャリストと呼んでよいのだろうか。商業教育を担う者の中には，資格試験や検定試験に合格しさえすれば自動的にスペシャリストと呼ばれる地位を得ることができる，と考えている人がいる。それは，誤った見方や考え方である。商業教育は，資格取得や検定合格のためだけの学びではない。商業教育が実践する実学は，ただ単に知識や技術を身に付けさせるだけの教育ではない，ということを改めて確認しなければならない。

平成30（2018）年3月に改訂された高等学校学習指導要領（以下，「学習指導要領」という。）が育成を目指す力は，単に物事を知っている（知識の理解），物事を行うことができる（利用技術の習得）ということにとどまるのではなく，それらを様々な学習場面や生活場面における課題の発見や解決にそれらを活用できる力（この力を「生きて働く力」と呼ぶ。）である。このことを中央教育審議会答申「幼稚園，小学校，中学校，高等学校及び特別支援学校の学習指導要領等の改善及び必要な方策等について」（平成28（2016）年12月21日。以下，「答申」という。）は，「予測困難な時代に，一人一人が未来の創り手になる」ために全ての生徒に育むべき資質・能力の内容を，次の三つに整理した。

(a) 生きて働く知識・技能
(b) 未知の状況にも対応できる思考力・判断力・表現力等
(c) 学びを人生や社会に生かそうとする学びに向かう力・人間性等

学習指導要領の趣旨を踏まえるならば，これからの商業教育が育成を目指す生徒は，商業に関する各分野の知識や技術をただ単に身に付けている生徒ではない。商業教育によって身に付けた知識や技術を，生きて働く力として身に付けた生徒である。換言すれば，複雑で予測困難な時代において，変化の激しい商業活動の未来の創り手になるという自覚のもと，そのことを実現し，未来の商業活動を担っていくことができる生徒である。

それでは，このような生徒を育成するには，どのようにすればいいのだろうか。教育を適切に行うには，目標や内容，方法が適切なものでなければならない。しかし，これらが適切なものであっても，それらを授業という取り組みに落とし込み，具体的に実現できなければ，それらは絵にかいた餅，実際の役には立たないものになってしまう。つまり，教育の適切な実施には，目標，内容や方法を実現できる教員の指導力が不可欠ということになる。私たちは，教員の指導力を定着させ，

向上させる方策を考える際，関連する知識や技術を習得させることから考え始める。このことは，大事なことで否定するつもりはもとよりないが，それ以上の大事なことがあるのではないだろうか。それは，商業教育を通じて生徒に身に付けさせる力とは何かを明確化にして，その力を全ての教員が共有し，正しく理解することである。いうまでもなく，教員が生徒に対して行う指導は目的をもった営みである。目的によって営みが形作られていくように，教員の指導もその目的によって目標や内容，方法が形作られる。つまり，商業教育が育成を目指す力を全ての教員が共有し，正しく理解することによって，自らの指導の目標，内容及び方法を適切に形作り，実施することができるようになる。そのことによって，教員一人一人の指導力を定着，向上させることができるのである。本書の「はじめに」で，「知るとは，よりよく実践できることなのである。商業教育を担う者は，なによりもまず商業教育をよく知る人でなければならないのである。」と記述されているのは，この内容のことをいっている。

　実学に話を戻そう。実学を考えるとき，明治の偉大な教育者・啓蒙思想家である福沢諭吉を避けて通ることはできない。福沢は「学問のすゝめ」の中では実学について次のように述べている。

　「古来，漢学者に世帯持ちの上手なる者も少なく，和歌をよくして商売に巧者なる町人もまれなり。これがため心ある町人・百姓は，その子の学問に出精するを見て，やがて身代を持ち崩すならんとて親心に心配する者あり。無理ならぬことなり。畢竟，その学問の実に遠くして日用の間に合わぬ証拠なり。されば今，かかる実なき学問はまず次にし，もっぱら勤むべきは人間普通日用に近き実学なり。譬えば，いろは四十七文字を習い，手紙の文言，帳合いの仕方，算盤の稽古，天秤の取扱い等を心得，なおまた進んで学ぶべき箇条ははなはだ多し。」

　「右は人間普通の実学にて，人たる者は貴賤上下の区別なく，みなことごとくたしなむべき心得なれば，この心得ありて後に，士農工商おのおのその分を尽くし，銘々の家業を営み，身も独立し，家も独立し，天下国家も独立すべきなり。」

　このように福沢は，これまでの学問を「学問の実に遠くして日用の間に合はぬ」として，「人間普通日用に近き実学」こそが新しい時代の新しい学問であるとした。こうした福沢の学問に対する見方や考え方は，これまでの日本にはなかったもので，まさに新しい学問の在り方を提起したものだった。

　商業教育にとっての実学も，福沢が提唱した実学の考え方を踏まえつつ，時代の変化に適切に応えることができるものとしていかなければならない。商業教育は，常に地域社会や産業界の要請に応える教育を実践するという重要な役割を担っている。この役割が，商業教育を実学とする拠り所である。この役割を実現させるために，商業教育は複雑で予測困難な時代や激しく変化する時代の要請を踏まえて，目標や内容を不断に見直してきた。しかし，ただ単に「商業の各分野の知識や技術の習得」という文言の中に，商業教育における実学の現代的意義を見いだすことはできないことは先に触れた通りである。商業教育における実学の現代的意義は，学習指導要領が示した資質・能力の三つの柱と関連付けながら考えなければならない。このことについては，章を改めて記述したい。

1-1-2　人間性豊かな職業人の育成

　学習指導要領は，全ての生徒に育むべき資質・能力を次の三つの柱として整理したことは，先に触れた通りである。

- (a) 生きて働く知識・技能
- (b) 未知の状況にも対応できる思考力・判断力・表現力等
- (c) 学びを人生や社会に生かそうとする学びに向かう力・人間性等

このうち，(c) を「心の教育」と呼んでいる。いうまでもなく，商業教育にも「心の教育」はある。平成21(2009)年改訂の高等学校学習指導要領は，職業に関する各教科・科目の教科横断的な改善の具体的事項を次の三つの内容に整理している。

(1) 将来のスペシャリストの育成に必要な専門性の基礎・基本を一層重視し，専門分野に関する基礎的・基本的な知識，技術及び技能の定着を図るとともに，ものづくりなどの体験的学習を通して実践力を育成する。

(2) 将来の地域産業を担う人材の育成という観点から，地域産業や地域社会との連携・交流を通じた実践的教育，外部人材を活用した授業等を充実させ，実践力，コミュニケーション能力，社会への適応能力等の育成を図るとともに，地域産業や地域社会への理解と貢献の意識を深めさせる。

(3) 人間性豊かな職業人の育成という観点から，人と接し，自然やものとかかわり，命を守り育てるという職業教育の特長を生かし，職業人として必要な人間性を養うとともに，生命・自然・ものを大切にする心，規範意識，倫理観等を育成する。

具体的な改善事項の(1)の内容のうち「将来のスペシャリストの専門性の基礎・基本」が，学習指導要領が育成を目指す資質・能力の三つの柱の(a)に関連する。同様に，(2)が(b)に関連し，(3)が(c)に関連し，産業教育の「心の教育」の部分にあたる。このように，平成21(2009)年度改訂の高等学校学習指導要領は，「心の教育」について職業に関する各教科・科目の教科を横断した具体的改善事項として位置付けている。

他方，「心の教育」は時間軸をもっている。これまでの教育によって育まれた心が，今の心の基盤を形成し，今の心が将来の心の有り様を決めるからである。商業教育で育む職業人の心も同様に時間軸をもっている。

ここで留意しなければならないことが二つある。まず，職業人の心は専門教育のみで育まれるものではない，ということである。職業人は，職業人である前に社会人である。社会人としての心を基盤として共有しつつ，それを拡張したのが職業人の心である。したがって，高等学校入学前に行われる心の教育について，商業教育は無関心であってはならない。商業教育における心の教育は，義務教育段階における道徳教育をはじめとする全ての活動を通して行われた心の教育の成果を引き継ぎ，それを深化，拡充することによって人間性豊かな職業人を育成するのである。この営みが，商業教育における「心の教育」の時間軸である。

次に留意しなければならないことは，職業人は絶えず新しい商品やサービスを探し求め，創出しようとするということである。職業人の心が豊かでなければ，商業活動において新たな価値は創造されないだろう。新しい商品やサービスを創出する際，商品やサービスに関する知識や技術を豊かにもつことは大切である。しかし，知識や技術を身に付けただけでは，斬新なアイディア，商品，サービスは創出されない。未来を予測することが可能な状況下では，斬新な商品やサービスはなかなか創出されない，といわれる。そこで，職業人は絶えず未来を予測することが困難な，換言すると解のない問題や課題を探し求め，その解決に挑戦し続ける。商業教育における「心の教育」も，

これらの内容を正しく理解して実践されなければならない。

1-1-3 商業教育と問題解決

　一般に問題解決は，その解の有り様によって大きく二つに分類される。あらかじめ解のある問題解決とあらかじめ解のない問題解決の二つである。前者を「解を当てはめる問題解決」，後者を「解を導き出す問題解決」と呼んでいる。商業教育における問題解決は，いうまでもなく「解を導き出す問題解決」である。「解を当てはめる問題解決」を通した学びでは，限られた短い時間内に情報を定型的に処理する力を身に付けさせることはできても，解を導き出す力は身に付けさせることはできない。

　「解を導き出す問題解決」を通した学びの中で最も大事な学習活動は，生徒自らが考える学習活動である。しかも，この考える学習活動は，「失敗が許される」，「あきらめない」，「何でもやることができる」という試行錯誤が機能している学習環境のもとで行われる必要がある。試行錯誤の中で繰り返される考える学習活動によって，生徒は思考停止することなく，解を導き出したり，創出したりすることができるのである。失敗を恐れ，つまづくたびにあきらめさせられては，考え続けることはできない。商業教育における問題の発見及び解決の学習は，このような生徒の考える学習活動と試行錯誤の相互依存性を正しく理解したうえで実践されなければならない。

　私たちは予測不可能なものを探し求めることを「関心」と呼んでいる。また，予測不可能なものから何かを生み出そうとする創造的な営みを「意欲」と呼んでいる。商業教育における「心の教育」によって，商業教育に関心や意欲の要素を溶け込ませることで，これまでの商業活動に対する見方や考え方を超えた斬新な商品やサービスが創出されるのである。

1-2　商業教育で育む資質・能力

1-2-1 コンピテンシー・ベースの学力の育成と商業教育

　商業教育において育むべき資質・能力とは何かを考えるに当たって，学習指導要領がどのような資質・能力を身に付けることを目指しているかを考えてみたい。

　今日のように，変化が激しく，複雑で予測が困難な時代では，生徒はいかなる進路に進もうとも，直面した様々な課題を主体的に解決していかなければならない。こうした状況下において，より質の高い問題の発見や解決を主体的に行うための力こそ，学習指導要領が育成を目指す資質・能力である。この資質・能力には，学校教育において身に付けさせてきた基礎的な知識や技術が含まれることはいうまでもないが，単なる基礎的な知識・技能の習得のみでは質の高い問題の発見や解決を行うことはできない。そこで，身に付けた知識・技能を問題の発見・解決の場面で活用するための力にすること，つまり基礎的な知識・技能を生きて働く力として身に付けることが求められることになる。

　文部科学省は，基礎的な知識・技能を生きて働く力にすることについて，二つの報告書の中で次のように整理している。

　（1）「育成すべき資質・能力を踏まえた教育目標・内容と評価の在り方に関する検討会―論点

整理─」(平成26(2014)年3月31日。以下,「論点整理」という)における整理

(ア) 教科等を横断する,認知的・社会的・情意的な汎用的なスキル(コンピテンシー)等に関わるもの

① 認知的・社会的・情意的な汎用的なスキル等としては,例えば,問題解決,論理的思考,コミュニケーション,チームワークなどの主に認知や社会性に関わる能力や,意欲や情動制御等の主に情意に関わる能力などが考えられる。

② メタ認知(自己調整や内省・批判的思考等を可能にするもの)

(イ) 教科等の本質に関わるもの

具体的には,その教科等ならではのものの見方・考え方,処理や表現の方法など。例えば,各教科等における包括的な「本質的な問い」と,それに答える上で重要となる転移可能な概念やスキル,処理に関わる複雑なプロセス等の形で明確化することなどが考えられる。

(ウ) 教科等に固有の知識・個別スキルに関わるもの

(2) 中央教育審議会答申「幼稚園,小学校,中学校,高等学校及び特別支援学校の学習指導要領等の改善及び必要な方策等について」(平成28(2016)年12月21日。以下,「答申」という。)における整理

(a) 何を理解しているか,何ができるか(生きて働く知識・技能)

(b) 理解していること・できることをどう使うか(未知の状況にも対応できる思考力・判断力・表現力等)

(c) どのように社会・世界と関わり,よりよい人生を送るか(学びを人生や社会に活かそうとする学びに向かう力,人間性等)

論点整理における整理の内容は,中央教育審議会の審議に引き継がれ,その審議結果が答申における整理の内容ということになる。

論点整理では,教科等を横断する認知的・社会的・情意的な汎用的なスキルのことをコンピテン

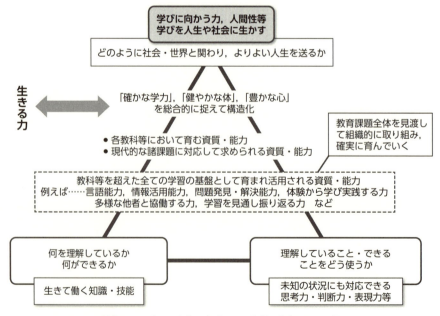

図表1-1 全ての生徒に育成すべき資質・能力の三つの柱

シー(Competency)と呼んでいる。OECD（Organization for Economic Co‐operation and Development：経済協力開発機構）の生徒の学習到達度調査(PISA調査：Program for International Student Assessment調査)では，コンピテンシーを「単なる知識や技能だけではなく，特定の文脈の中で複雑な要求（課題）に対応できる力」と定義している。このコンピテンシーの内容を学校教育の視点から捉えれば，「どのような問題の発見や解決を，実際にどのように成しとげるか」という学習活動において，この活動を実現させるために必要となる力ということになる。

このようにコンピテンシーを捉えると，コンピテンシーとは答申が整理している「生きて働く知識・技能（何を理解しているか，何ができるか）」に基づいた「未知の状況にも対応できる思考力・判断力・表現力等（理解していること・できることをどう使うか）」のことであり，それは質の高い問題の発見や解決を行うことができるために必要な力でもある。

他方，各教科・科目がそれぞれに固有の内容として位置付けている知識・技能をコンテンツ(Contents)と呼んでいる。これまで学校教育で生徒に身に付けさせる力については，このコンテンツとコンピテンシーという学力に対する見方・考え方によって，大きく二つの考え方があった。

一つ目の考え方は，コンテンツをベースとした学力の考え方(これを，コンテンツ・ベースの学力観という。)である。これは，各教科・科目を学ぶことによって習得することが期待される各教科・科目に固有の知識・技能（コンテンツ）を，どれほど身に付けることができたかによって学力を捉える考え方である。

二つ目の考え方は，コンピテンシーをベースとした学力の考え方(これを，コンピテンシー・ベースの学力観という。)である。これは，コンテンツとしての知識・技能をただ単に習得しただけでは学力と捉えるのではなく，それらを活用して特定の場面で複雑な要求（課題等）に対応（発見や解決）することができる力，つまり質の高い問題の発見と解決を行うことができる力（活用力）を，どれほど身に付けることができたかによって学力を捉える考え方である。

二つの学力

1. コンテンツ・ベースの学力
   何を知っているか：教科書等の固有の知識・技能
2. コンピテンシー・ベースの学力
   作業（仕事）をなし得る能力（活用力）：資質・能力……学校教育では問題解決
   ①基礎的リテラシー（知る）：言語，数，情報を扱う
   ②認知スキル（考える）：思考力，学び方の学び
   ③社会スキル（行動する）：社会や他社と自立的に関わる

拡張された学力

これまでの学校教育は，教師が教え込んだ知識・技能を，教師の要求に応えること（再現）ができるようにすることに，重きが置かれていた コンテンツ・ベースの学力		これからの教育は，各教科で重要とされる問題を解く経験を積み重ねながら，自主的・主体的に問題を発見し，解決することができるようにすることに，重きが置かれる コンピテンシー・ベースの学力

図表1-2　資質・能力を基盤とした学力の拡張

1-2-2 問題解決能力と商業教育

　これまでの学習指導要領は、「何を学ぶのか、何を理解させるのか、何ができるようになるのか」を中心に、各教科・科目や領域ごとに、その目標や内容を主な構成要素と作成されてきた。換言すれば、コンテンツ・ベースの学力の育成を中軸において作成されてきた。

　他方、新しい学習指導要領は「理解していること・できることをどう使うか」を中心に、各教科・科目や領域ごとに、その目標や内容を主な構成要素として作成された。換言すれば、コンピテンシー・ベースの学力の育成を中軸において作成された。

　つまり、新しい学習指導要領ではコンテンツ・ベースの学力からコンピテンシー・ベースの学力へと、育成すべき学力が拡張されたのである。ここで、特に留意しなければならないことは、拡張された学力は、コンテンツ・ベースの学力を重要性の低いものとして扱っているわけではない、ということである。いうまでもなく、コンテンツ（知識・技能）は人間が行うあらゆる活動の源泉、基盤である。コンテンツ（知識・技能）がなければ、人は考えることも、何かを行うこともできない。先に触れた論点整理も答申も、そして新しい学習指導要領も、コンテンツ（知識・技能）を確実に身に付けることを前提として、コンピテンシー（資質・能力）を整理している。

　今回の学習指導要領の改訂では、義務教育における道徳の教科化、プログラミング教育の必修化、小学校における英語の教科化など、義務教育段階における学習指導要領の改善事項が社会的に大きく取り上げられた。しかし、学校教育を担う者としては、資質・能力に基づく学力の構造化によるコンテンツ・ベースからコンピテンシー・ベースへの学力の拡張は、義務教育段階における個別の改善事項以上に大きな改善事項であることを、しっかりと認識しなければならない。なぜなら、育成すべき学力の拡張は、学校教育が育成を目指す学力の範囲を知識・技能の習得にとどめることなく、汎用性の高い認知スキル（「理解していること・できることをどう使うか」や「未知の状況にも対応できる思考力・判断力・表現力等」）にまで広げるとともに、さらに粘り強く問題解決に取り組む意欲や自己調整力、人間関係形成力などの社会スキル（「どのように社会・世界と関わり、よりよい人生を送るか」や「学びに向かう力、人間性等学びを人生や社会に生かす」）にまで拡張したからである。

　この育むべき学力の拡張は、商業教育においても全く同様に機能する。これまで、ともすると商業教育は資格取得に過度に偏った指導になっている、との指摘を受けてきた。資格取得をコンテンツ・ベースの学力と捉えるならば、「資格取得に過度に偏った指導に陥っている」という指摘は、商業教育がコンピテンシー・ベースの学力を身に付けさせていない、という指摘と同質である。先に触れたように、商業教育は実学である。そのことを踏まえるならば、商業教育が身に付けさせる学力が、コンテンツ・ベースからコンピテンシー・ベースへと拡張していないのであれば、これからの商業教育を理念や方向性を考えるにあたって重大な問題である。商業教育によって得ることができた大切な資格（コンテンツ）を、様々なビジネスシーンでどのように活用していくか、商業活動上の問題の発見や解決にどのように活用していくか、そのことを実現することができる力（コンピテンシー）を身に付けさせることこそが商業教育の本質であり、商業教育が実学であるということの現代的意義である。

　例えば、日々の授業で生徒が問題の発見や解決という学習活動を行っている姿を思い描いてみよう。その際、生徒は問題の発見や解決のために必要な様々な情報等を、インターネットで収集する

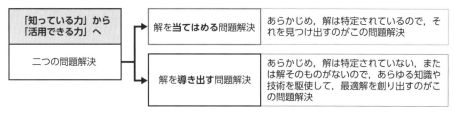

(a) 商業教育が扱う問題解決は，解を導き出す問題解決
(b) 問題解決にあたって駆使される知識や技能がコンピテンシー，つまり資質・能力
(c) したがって，商業教育は資質・能力の育成を目指す教育
(d) 商業教育が実学である，といわれるのはこのため

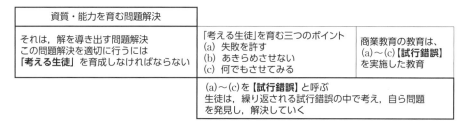

図表1-3　資質・能力を育む問題解決

学習活動を行うだろう。しかし，この学習活動には見過ごしてはならない重大な課題が潜んでいる。それは，生徒は情報検索ソフトを活用してインターネット上の情報等を主体的に収集しているように見えるが，生徒が収集した情報等は使用した情報検索ソフトが検索の結果として優先順位を付けて生徒に提供したものに基づいている，ということである。つまり，生徒が収集している情報等は，生徒が主体的に収集したものではない。さらに，ほとんどの場合，信頼性や信憑性に基づく情報等の吟味は行われていない。商業教育において知識や技術をただ単に授け，身に付けるだけの授業は，まさに情報検索ソフトが提供した優先順位に従って情報等を収集しているのと同質の学習活動である。コンピテンシー・ベースの学力の育成が求められる時代の商業教育では，そのような授業を行ってはいけない。

　商業教育での学びは，単に知る学びではなく，知ると分かるが融合したできる学びでなければならない。例えば，授業で学んだ知識を正しく理解し，その知識を新たな学習場面で使いこなすことができるようになった生徒は，身に付けた知識を分かりやすく，自分の言葉で他の生徒に説明することができるようになるだろう。授業中に，「今日の授業で学んだ内容を説明してください。」と生徒に発問し，生徒が自分の言葉でその内容を分かるように説明できないのであれば，その生徒は，今日の授業で学んだ内容を単に習得しただけなのである。「知る」ということと「説明する」ということは全く異なる知的活動である。このことを正しく認識している先生の授業は，生徒に力を付けさせることができる，生徒を成長させることができる授業である。このような授業が，生徒にとってよい授業であり，商業教育が実現しなければならない授業は，このような授業である。

1-3　商業科担当教員への期待

1-3-1　新しい時代における教員の在り方

　数学者の岡潔は，自著の中で「人の中心は情緒である。」と述べている。引き続いて，「では，そ

の人たるゆえんはどこにあるのか。私は、一つにこれは人間の思いやりの感情にあると思う。人がけものから人間になったというのは、とりもなおさず人の感情がわかるようになったことだが、この、人の感情がわかるというのが実に難しい。」と述べ、さらに「これは日本だけのことではなく、西洋もそうだが、学問にしろ教育にしろ『人』を抜きに考えているような気がする。」とも述べている。私が商業教育やその担い手である教員の在り方を考えるとき、その根底には同様の問いがある。

　教育基本法の改正（平成18（2006）年12月）で、新たに書き加えられた第2条（教育の目標）第1項には、教育における知育、徳育、体育の調和のとれた実施の大切さが述べられている。人格の完成を目指す教育を実現させるため、達成すべき目標の筆頭に知、徳、体の育成が挙げられたのである。また、この規定の内容を先取りする形で、学習指導要領が育成を目指す力として掲げたのが「生きる力」である。「生きる力」の構成要素は、「確かな学力」、「豊かな心」及び「健康・体力」である。今回の学習指導要領の改訂では、これまでの学習指導要領の理念は維持しつつ、学校教育が全ての児童生徒に育むべき資質・能力を次の三つに整理している。

(a)　「何を理解しているか、何ができるか（生きて働く「知識・技能」の習得）」
(b)　「理解していること・できることをどう使うか（未知の状況にも対応できる「思考力・判断力・表現力等」の育成）」
(c)　「どのように社会・世界とかかわり、よりよい人生を送るか（学びを人生や社会に生かそうとする「学びに向かう力・人間性等」の涵養）」

　このように、学校教育で育む力についての最近の動きをみても、そこに示された資質・能力の中には「人の中心は情緒である。」を踏まえた力が含まれている。つまり、教育基本法における「徳の育成」であり、「生きる力」における「豊かな心」であり、答申が整理した育むべき資質・能力の三つの柱における「学びに向かう力・人間性」である。

　職業教育に目を転じてみよう。平成21（2009）年3月に刊行された高等学校学習指導要領解説商業編には、職業に関する各教科・科目の改善の具体的事項のうち、教科横断的な事項として次の三つを挙げている。

(a)　将来のスペシャリストの育成に必要な専門性の基礎・基本の一層の重視
(b)　将来の地域産業を担う人材の育成
(c)　人間性豊かな職業人の育成

　このうち、(c)の「人間性豊かな職業人の育成」が「人の中心は情緒である」を受ける内容と考えることができる。

　学校教育は、知識・技能を定着させることをただ一つの軸として展開される教育ではない。「人の中心は情緒である」を受ける内容としての徳の育成、豊かな心の育成、学びに向かう力・人間性の育成、そして人間性豊かな職業人の育成も、学校教育における動かしがたい教育の軸の一つである。本項のテーマである「新しい時代における教員の在り方」を考えるにあたって、まず、このことをしっかりと認識し、商業教育を展開する際の軸にはどのようなものがあるかについて、正しく理解しなければならない。

　教育心理学者の梶田叡一は、自著の中で「教員は、子どもの成長・成熟の支援に関わる高度な専門職業人である。」と述べている。子どもは身体的にも、知的にも、さらに道徳的にも日々成長し、成熟する。このことを受けて梶田は「気楽で、安易で、素人くさい教員が、責任感の希薄なまま教

壇に立っていたのでは，一人ひとりの子どもの未来も，日本の社会の将来も，暗澹たるものになります。」と指摘する。そして，教員が身に付けるべきものは「自己認識」，「矜持」及び「教育的な力量」であると断言する。つまり，教員が身に付ける力について考えるとき，指導する力ばかりではなく，教員としての使命感や矜持等についても重要な要素として位置付けられるということである。

「教育は，未来を創る営みである。」といわれる。教育によって生徒一人一人の情緒，心，人間性が育まれ，彼らによって社会が形成される。つまり，教員の今，この時点での指導や取り組みが10年後，20年後，生徒の姿（情緒，心，人間性）として検証されるのが教育の営みである。このことをしっかりと認識した教員でなければならない。

現在，教員には授業等の教育活動を通して，生徒に自ら考えることを定着させる指導が求められている。この指導を充実させ，実現させるにあたって，しっかり確認しておかなければならないことがある。それは，「考える」生徒を育てるためには，何よりもまず，指導する教員が自ら「考える」教員でなければならない，ということである。あらゆる指導場面を通じて，「考える」教員であることを生徒に示すことが大切である。

この考え方に立てば，商業教育によって生徒に育成すべき学力をコンテンツ・ベースからコンピテンシー・ベースへと拡張させるためには，商業教育を担う教員が身に付けておかなければならない指導力も同様に，コンテンツ・ベースの指導力からコンピテンシー・ベースの指導力へと拡張したものでなければならない，とうことになる。今日，教員には教員力，授業力及び指導力等の定着・向上が強く求められているが，これらの力はことごとくコンピテンシー・ベースの力でなければならない。コンテンツ・ベースの力のみを身に付けた教員に対して，今日的課題である教育改革を実現させることについて多くを望むことはできない。生徒にとってよい商業教育やよい商業高校の実現には，コンテンツ・ベースの力だけでは役に立たないからである。

他方，教員にはリーガルマインドを身に付けることも強く求められている。教員が身に付けなければならないリーガルマインドには，大きく次の二つがある。
(a) 教育法規の理解
(b) 教育法規の教育への適用

いうまでもなく，教育法規の理解がリーガルマインドにおけるコンテンツ・ベースの力に相当し，教育法規の教育への適用がコンピテンシー・ベースの力に相当する。教育法規の教育への適用を適切かつ確実なものにするためには，豊かで精確な教育法規の理解（コンテンツの習得）が不可欠である。しかし，正しい意味でのリーガルマインドはただ単に教育法規の理解によって身に付くものではない。

「理論は実践を補強し，実践は理論を具体化する。」といわれる。商業教育においても，経験則の積み重ねとしての商業教育の実践を教育理論に基づいて理論武装することによって，生徒にとってよい商業教育やよい商業高校を実現させることができる。リーガルマインドにおける教育法規の理解と教育法規の教育への適用との関係も同様である。どちらもないがしろにしては，正しい意味でのリーガルマインドを身に付けることはできない。

1-3-2　教科指導，学校運営，連携，研修

これからの教員は，学校運営を担う一員として所属校における教科指導にとどまることなく，様々

な教育活動に自ら積極的に参画するとともに，生徒にとってよい教育，よい学校の実現のために寄与する等，その職責を果たすことが期待されている。このことを踏まえ，これからの商業科担当教員に求められる力について，次の四つの視点から考えてみたい。

　(a)　教科指導，(b)　学校運営，(c)　連携，(d)　研修

❶ 教科指導

　これまでの教科指導は，各教科・科目固有の指導内容としての知識・技能を身に付けさせることを中心に行われてきた（コンテンツ・ベースの学力の習得）。しかし，新しい学習指導要領が育成を目指す学力は，コンテンツ・ベースの学力からコンピテンシー・ベースの学力に拡張していることは，先に触れたとおりである。したがって，これからの教科指導も，こうした学力観の拡張を見据えて，それに対応できるものでなければならない。このことを踏まえると，教科指導における教員の力を次の四つに整理することができる。

(1)　高度な専門性の習得・向上

　商業科担当教員は，商業科の各専門科目の指導内容や方法について高度な専門性を身に付けていなければならない。

　(a)　熱意と矜持に裏打ちされた指導
　　　○商業科の意義や商業科を学ぶことの重要性や必要性を理解する。
　　　○各専門科目の指導内容や方法を理解し，その実現を図る。
　　　○使命感を体現した指導によって，生徒への励ましと意欲を喚起する。
　(b)　商業科固有の専門的知識や技術の習得
　　　○高等学校学習指導要領を正しく理解する等，学ぶ教員であり続ける。
　　　○商業科の背景となる学問領域やそれとの関係性を理解し，それを教材や指導法の工夫・改善・開発に活かす。
　　　○各専門科目の指導内容や方法に関する先進的な事例や実践を調査・研究して，その成果を授業計画等の立案に活かす。
　(c)　新たなビジネスに関する知識や技術の習得
　　　○複雑で予測困難な産業界が求める資質・能力を明確化して，それらを生徒に身に付けさせる。
　　　○ビジネスの各分野における最新の動向やそれらを支える先進的な知識や技術を調査・研究して，その成果を教材や指導法の作成や見直しに活かす。

(2)　カリキュラム・マネジメント力の習得・向上

　カリキュラム・マネジメントとは，教育課程を「創り，動かし，変えていく」一連の営みである。このサイクルを適切に回すには，次の六点が大事な視点である。

　　① 相互関連性，② 教科横断的視点，③ 組織的配列，④ 質的向上，
　　⑤ PDCAサイクルの確立，⑥ 人的・物的資源の活用と効果的組み合わせ

　現在，学校教育に強く求められているのは，授業をはじめとする学校教育や学校そのものを生徒にとってよいものにすることである。つまり，生徒が確実に力を身に付けることができる，成長したことを実感できる教育や学校を実現することである。そのためには，個々の授業をこの6つの視点から振り返り，改善することが求められる。つまり，カリキュラム・マネジメントを正しく理解

し，それを活用して授業を不断に見直していくことができる教員が求められることになる。したがって，カリキュラム・マネジメントは教員にとって他人事ではなく，自分事であり，それを確実に実行できる力を身に付けなければならないことになる。

(a) 商業科の教育課程の正しい理解
　○高等学校学習指導要領における学科の体系と商業科の教育課程を理解する。
　○商業科における学科構成等を考慮して，教育課程を多角的に編成する。
　○普通科や総合学科における商業科の各専門科目の履修の在り方について理解する。
　○学校や生徒の実態に応じて，所属校の教育課程を編成・実施する。

(b) 年間指導計画や学習指導案の作成と改善
　○高等学校学習指導要領における商業科の目標や内容及び全体構造を理解する。
　○高等学校学習指導要領や解説，使用教科書などの内容を踏まえ，担当する各専門科目の年間指導計画を作成・実施する。
　○年間指導計画の作成，指導法の工夫・改善，授業評価などを通して，カリキュラムの開発力・編成力及び授業の設計力を習得・向上する。
　○生徒の興味・関心，能力等の実態を踏まえ，授業を設計する。
　○学習評価や授業の振り返りに基づいて，授業を不断に見直す。

(c) 新しい指導法の開発と実践
　○学習における習得・活用・探求の各場面を適切に授業に取り入れることによって，生徒に必要とされる資質・能力を身に付けさせる。
　○情報手段や教材・教具を効果的に活用して授業を計画する。
　○主体的で対話的な学びを重視し，コンピテンシー・ベースの学力を身に付けさせる深い学びを実現する。
　○様々なビジネスに関する専門家の招聘，企業見学等の実務的で体験的な学習を取り入れる。

(3) 授業力の習得・向上

教員は，適切な教材・教具及び指導法を効果的に活用して，商業科が育むことを目指す資質・能力を生徒に確実に身に付けさせなければならない。その際，教員は担当する各授業でそれを実現することができる指導力を身に付けるとともに，不断にその向上に努めなければならない。

(a) 指導力の習得と向上
　○指導方法に関する基礎的な理論を理解し，先進的な実践に触れることによって，主体的で対話的な学習指導を通して深い学びを実現する指導力を習得するとともに向上させる。
　○各専門科目で習得させる知識・技術を，具体的なビジネスシーンで活用することができる力に質的に高めていくための指導力を習得するとともに向上させる。
　○生徒の実態や授業目標を踏まえて，各専門科目の特性に応じた情報手段や教材・教具を効果的に活用し，各専門科目の目標を実現する。

(b) 評価力の習得と向上
　○生徒の学習状況を適切に見取るために，評価に関する基礎的な理論と評価方法を身に付ける。
　○目標に準拠した評価による観点別学習状況評価を的確に実施することによって，不断に授業を改善・充実する。

○生徒による自己評価や相互評価の結果を教員の授業評価の要素として取り入れ，授業改善に活かす。
○生徒の学習への動機付けにつながる評価を実践することができる力を習得するとともに向上させる。

(4) クラス経営，生徒指導及び進路指導等における実践的指導力の習得・向上

教員は，商業科の各専門科目の指導のほか，特別活動の指導や校務分掌を通して，学習指導をはじめ生徒指導や進路指導を行っている。これらの指導のほかにも，クラス担任を分掌した際には，クラス経営を通して生徒の豊かな人間性の育成や良好な人間関係の形成等にも努めている。

(a) クラス経営力の習得と向上

○クラス担任として，学校や学年の経営計画に基づいてクラス経営方針を立案するとともに実践する。
○学校の教育目標や重点指導目標等に基づいて，ホームルーム活動の年間指導計画及び個別の授業計画を立案するとともに実践する。
○生徒一人一人の学習状況や生活態度等を的確に把握し，学力の一層の伸長を目指して，生徒一人一人に寄り添う指導が実践できる力を身に付けるとともに向上させる。
○チーム学校の理念を体現して，教員間での支援体制を確立する。
○生徒の学びの場としてのクラスの環境整備に努め，生徒の主体的で自主的な学習活動を実現する。

(b) 生徒指導力の習得と向上

○ホームルーム活動や集団活動を通して，基本的な生活習慣の確立，社会規範の遵守及び自主性・自律性の涵養に努める。
○授業や学校生活を通して，挨拶，言葉遣い，時間厳守及び整理整頓などのビジネスマナーを身に付けさせる。
○地域社会や産業界との連携を通して，生徒の社会性やボランティア精神を育む。
○生徒の非社会的・反社会的行動に毅然とした態度で対応し，問題等の解決・改善に努める。
○生徒指導にあたって，外部の専門家や関連機関との連携を図る。

(c) 進路指導力の習得と向上

○キャリア教育を教育課程に適切に位置付け，それを体現した年間進路指導計画に基づいて，生徒が自らの在り方生き方を考えるとともに，職業観・勤労観の育成を通して進路実現に努める。
○「課題研究」における学びと関連付けながら，個に応じた進路指導を実現する。
○生徒の進路希望や進路情報等を的確に把握し，それに基づいた適切な指導・助言によって，生徒の主体的な進路選択を実現する。
○ハローワークなどの外部機関と連携して，生徒の進路意識の確立や醸成に努め，進路機会を創出する。

❷ 学校経営

教員は，日々の職務の多くを他の教職員と協働して遂行する。具体には，教員は校務分掌や様々

な委員会に所属し，様々な職務をチームの一員として遂行する。これらの職務遂行場面では，教員に対して会議や委員会等への参画，各種指導計画等の企画・立案及び実施，情報の収集・処理及び創出，並びに文書や資料等の作成・伝達及び発信などを適切かつ創造的に行うことが求められる。教員は，これらの要請を適切かつ的確に実施できる力を身に付けなければならない。

(1) 商業科担当教員としての運営力の習得・向上

　商業科担当教員は，所属校の商業教育の推進や充実の当事者として，学校経営の一翼を担っている。そこで，教員は自ら担当する各専門科目の指導にとどまることなく，所属校における教育活動全体を見通して，商業科の教育課程を編成・実施し，その成果と課題を的確に把握し，その改善に取り組んでいかなければならない。

　(a) 商業教育を推進・充実させる運営力の習得と向上
　　○商業科担当教員として果たすべき役割を自覚し，協働して商業教育を推進・充実させる。
　　○所属校の商業教育の成果と課題を根拠に基づいて多角的・多面的に把握・分析することによって，必要な改善策等を見いだし，実施する。
　　○商業科担当教員としての職責を，学校や他の教職員と連携して組織的・計画的に果たす。

　(b) 教科会議の活性化
　　○教科会議の必要性や重要性及び学校運営組織上の職能を理解し，教科会議の適正な運営に寄与する。
　　○教科会議の在り方について総合的に検討し，その成果に基づいて組織的・計画的に必要な改善を行う。
　　○教科会議の場を研修の場と位置付け，商業教育に関する専門的な知識や技術の習得に努める。

(2) フォロワーシップ力の習得・向上

　商業科の教科主任は，学校内における商業教育に関わる指導や経営等の事項について，自らの知見や経験を活かすことによって，他の商業科担当教員に対して指導的役割を果たしている。他方，商業科担当教員は教科主任が職務を遂行していく過程で，指示や助言を受けて職務を遂行したり，必要に応じて協力・支援したりする。このように商業科担当教員は，商業科というチームの一員として商業教育の適切な計画・実施という共通の目標を達成させる。その際，一人一人の商業科担当教員が教科主任に協力するとともに支援することによって，商業科の目標実現に貢献するように主体的に活動することをフォロワーシップという。

　　○商業科担当教員は，教科主任の職務や役割を正しく理解し，教科会議等における自らの職責を適切に果たす。
　　○商業科担当教員は，教科主任の指示や助言を受けて，商業教育を適切に実施する。
　　○教員間の協働意識を高め，自らの職務を意欲的，積極的に遂行する。
　　○商業科担当教員は，教科主任をよくフォローして教科会議の円滑な運営に資するように行動する。
　　○商業科担当教員は，商業科というチームの一員としての自覚をもち，他の教員と連絡・調整を密にするなど連携して商業科の目標を実現する。

(3) 校務遂行力の習得・向上

　学校には，学校の実態に応じて分掌が位置付けられ，教員全員でこれを分担して職務を遂行して

いる。教員は，いかなる分掌においても職務を能率的・効果的かつ創造的に遂行して，自らの職務分担や役割を適切に果たしていかなければならない。

　　○分掌では，所属する教員の協働的取り組みによって職務を遂行するので，教員は同僚性や協働性を高め，効率的・適正に職務を遂行する。
　　○教員は，分掌の目標や行動計画を踏まえて，責任をもって職務を遂行する。
　　○教員は，所属する分掌の課題等について，その解決策等を提案するなどして，組織的・計画的な課題解決に努める。

❸ 保護者・地域との連携力の習得・向上

　知識基盤社会における地域産業を担う人材を育成する商業教育では，その教育を担う教員一人一人が，カリキュラム・マネジメント力を習得し，向上させることに努めるとともに，それを支える社会に開かれた教育課程を正しく理解し，所属校の教育課程を編成・実施していかなければならない。そのためには，学校の教育目標を保護者や地域社会と共有し，家庭や地域社会の要望を踏まえて学校教育によって身に付けさせる資質・能力を明確化する必要がある。そして，共有された学校の教育目標を実現し，明確化された資質・能力の育成を具体的に盛り込んだ教育課程を編成・実施するためには，教員は教科や学校内に閉じこもることなく，家庭や地域社会の人的・物的資源の活用等について連携を図っていかなければならない。

(1) 保護者との連携力の習得と向上

　学校が担う役割を適切に果たしていくためには，保護者と連携し，その協力のもと学校の教育活動を展開していく必要がある。教員は，授業，ホームルーム活動及び学校行事などにおいて，保護者と連携・協力して，より効果的で適切な教育を実践しなければならない。

　　○教員は，生徒に関わる様々な指導を適切に行うことができるよう，日常的に保護者との信頼関係，良好な人間関係の構築に努める。
　　○教員は，保護者会や保護者面談などの機会に，生徒の学習状況や生活状況等について積極的に情報を提供するとともに意見を相互に交換する。
　　○生徒の基本的な生活習慣の確立，学習状況の改善などのために，保護者との連携を密にする。
　　○教員は，保護者に対して学校教育に係る情報の提供を密にして，生徒に対する教員の教育方針等の共有に努める。
　　○保護者からの学校評価の結果等を生徒に対する指導の改善に活かす。

(2) 地域社会等との連携力の習得と向上

　教員は，地域社会，産業界及び高等教育機関等との連携を図り，明確化した商業科が育成を目指す資質・能力を共有し，あらゆる教育資源を活用してその実現に努めなければならない。その際，特に商業科担当教員は専門性を活かして，連携先との包括的な教育課程を編成し，その実施に努めなければならない。

　　(a)　地域社会や産業界との連携力の習得と向上
　　　○商業科担当教員は，地域社会や産業界との連携の理念，方向性及び仕組みを共有して，地域連携の全体計画を策定する。
　　　○地域社会や産業界と連携して，地域社会や産業界の教育資源を商業科の各専門科目の授業

　　　　　で活用する教育プログラムを開発する。
　　　　○商業科で身に付けた知識・技術を活かした商品開発，販売実習など，地域社会及び産業界と連携した教育プログラムを開発する。
　　　　○地域社会や産業界との連携活動を振り返り，成果等を多面的・多角的に評価することによって，連携活動を改善・充実する。
　　（b）　大学などの高等教育機関との連携力の習得と向上
　　　　○学校の教育方針等を踏まえて，学校と大学との連携の理念や方向性を明確化し，連携の具体的な仕組みや教育プログラムを開発する。
　　　　○大学の講義の受講や出前授業，社会人による講話などを通して，生徒が高等教育や産業界について体験的に学ぶ機会を創出する。
(3)　地域コーディネート力の習得と向上
　これからの教員は，家庭や地域社会と連携して生徒にとってよい教育を実施しなければならない。そのためには，家庭や地域社会との間で依頼，協議，交渉及び調整等を円滑に進めること（コーディネート）ができる，いわゆる地域コーディネート力を身に付け，日々の教育実践を生徒にとってよりよいものにしていかなければならない。
　　　　○教員は，地域コーディネート力の必要性や重要性を理解して，それを身に付けるために研修に努める。
　　　　○教員は，身に付けた地域コーディネート力と専門性を駆使して商業教育を推進するなど，家庭や地域社会との連携・協力を円滑に進めることができるように中核的な役割を積極的に果たす。
　　　　○教員は，家庭や地域社会とのコーディネートを円滑に進めるために，コミュニケーション力や交渉力などを身に付ける。

❹ 研修

　教員は，教科指導，学校経営及び保護者・地域との連携を適切に実施することができる力を身に付け，不断に向上させるために，研究と修養に努めなければならない。教員は，教員としてのキャリアの全過程を通して，旺盛な研究心をもち，自らの職能発達を目指し，学び続ける教員でなければならない。なお，教育公務員特例法第19条1項が定める「教育公務員は，その職責を遂行するために，絶えず研究と修養に努めなければならない。」は，このことを法的に規定したものである。

(1)　旺盛な研究心
　商業科担当教員は，商業科の各専門科目の目標や指導内容，指導方法及び学習評価等について熟知していなければならない。こうした専門性を高めるため，常に旺盛な研究心に裏打ちされた自己研鑽に励まなければならない。
　　　　○商業教育に関わる専門書を読んだり，情報を収集・分析したり，企業見学等に出向いたりして，社会や産業界の最新の動向を踏まえた教材研究に取り組む。
　　　　○各専門科目の指導に関する専門的な知識や技術を身に付け，各専門科目の指導に関する研究課題を自ら設定して，その解決に取り組む。
　　　　○商業教育とその背景となる学問領域との関係を理解し，授業の計画立案や教材研究に活用

する。
　　○商業教育における先進的な実践研究を把握するとともにその内容を理解し，授業を計画したり，教材を開発したりする際にそれを活かす。

(2) 校内研修会等への参画

　教員は，教育改革の状況や学習指導要領の改訂などの教育に関する新しい動向を常に把握し，それを踏まえて所属校の教育の特色化を図り，教育課程を編成・実施する。そのため，教員には所属校における研修計画を立案し，実施することが求められる。

(a) 所属校の教育課題の明確化と校内研修への参画
　　○教員は，実践的指導力の習得・向上を目指して，自らのキャリアに応じた研修計画を立案・実施する。
　　○校内研修等では，所属校や自らの商業教育実践の成果や課題を踏まえて発言するなど，積極的に参画する。

(b) 教科会議への積極的な参画
　　○教科会議では，各年度の商業教育の全体計画を踏まえて，当該年度の研究主題を設定し，全ての商業科担当教員が分担された役割に従って研究を進める。また，その中で，各教員が個別の研究主題を設定して研修に取り組む。
　　○教科会議において商業教育を取り巻く社会や産業界の動向の把握や学習指導要領の趣旨の理解，指導方法の習得等に努める。
　　○年間に数度の授業公開を実施して，授業参観者等からの指摘を真摯に受け止めるなどして，授業改善に努める。

(3) 外部での研修への参画

　教員は，学校外で行われる研修会等に積極的に参画するなどして，商業教育に関する真正の理解を深めるとともに，指導方法等の研究を重ねることで所属校における商業教育の改善・充実及び自らの指導力の習得・向上に努める。

(a) 学会などの学校外の研究団体が主催する研究会等への積極的な参画
　　○日本商業教育学会などの外部研究団体が主催する研究会等に積極的に参画し，最新の学問的研究の内容や動向を把握・理解する。その際，自らの授業実践等を踏まえて，研究の成果や課題を発表する機会をもつようにする。
　　○文部科学省，教育委員会及び企業等が主宰する研修会等に積極的に参加し，商業教育の動向及び指導方法の理解・習得，最新の学問研究の内容の把握・理解等に努め，自らの商業教育に関する知識・技術を理論的に補充・深化・統合させる。

(b) 大学等の高等教育機関が実施する研修会等への積極的な参加
　　○教員免許更新に関わる研修では，教員は教育課程の編成・実施する力，実践的な指導力の習得・向上や先進的な指導方法の理解などに努める。
　　○教職大学院等で，商業教育の専門的な調査・研究の実施，教育課程の経営戦略的編成・実施，情報手段の有効活用などについて研究をする機会をつくる。

第2章

我が国における商業教育の歩み

　江戸時代になると全国各地に藩校や寺子屋などが置かれ，武家から庶民に至る幅広い層で教育が行われた。しかし，国として，体系的・系統的な教育制度が確立していた訳ではなかった。教育が国の重要な施策となるには，明治期まで待たなければならなかった。

　明治期以降，我が国は欧米諸国と対等な関係を築くべく，教育制度を確立させ，欧米人から学び，優れた知見や技術を積極的に取り入れてきた。その結果，経済は発展を遂げ，商業の果たす役割は増していった。

　それではこうした中，商業教育はどのように位置付けられていったのだろうか。また，商業教育はどのように当時の人々に認知されていったのだろうか。

　第2章では，近代国家の礎を構築する明治期を出発点として，社会状況と教育制度を俯瞰するとともに，現代に至る商業教育の変遷について解説する。

※第2章中の「＊」は該当のダウンロードデータを示している。下記URLのキーワード検索で「商業科教育論」を検索。http://www.jikkyo.co.jp/download/

2-1　明治期の商業教育

2-1-1　明治初期

❶ 学制における商業学校

　我が国が近代国家としての体裁を早急に整えるためには，教育制度の構築は行政上の喫緊の課題の一つであった。そこで，明治維新後まもない明治4（1871）年には教育行政を主管する文部省が設立され，翌年には学制が公布された。

　学制とは，教育制度に関する基本的な法令である。全国に小学校を普及させ，国民一般にあまねく普通教育を受けさせること，近代化の先達となるべき人材を育成する高度な専門教育を施すこと，この決意が汲み取れる法整備であった。

　校種は，小学校，中学校及び大学で構成され，全国を8つの大学区，さらに各大学区を32の中学区，さらに各中学区を210の小学区に分け，それぞれの学区に1校の学校を設置するとした。つまり，全国で8校の大学，256校の中学校，5万3千校を超える小学校を設置する計画であった。現在の小学校が約2万校であることと照らし合わせて考えると，いかに規模の大きな計画かがうかがえる。

　なお，学制における義務教育は，下等小学4年，上等小学4年の8年間とした＊学校系統図明治6年。また，身分や男女に関係なく，全ての学齢期の子供に教育を受ける機会を与えるなど，画期的な施策ではあったが，学校運営には多くの設備や費用を必要とすることから，子供の就学は地域にとっても負担となった。

　学制では，商業学校は「商業活動に係わることを教え，国内で商業活動が盛んな地に数箇所設ける。」と規定され，工業学校・農業学校などとともに，最初は中学校と同等に扱われた。しかし，商業学校が誕生するまでにはもう少し年月の経過を待たなければならなかった。学制が公布された直後の段階では，体系化された学問として商業教育を行うまで手が回らなかったのが実情であった。

　学制が公布された翌年には，早々に学制の追加が布達された。前年の学制公布には規定のなかった，専門学校を校種として新たに加えて小学校，中学校，大学及び専門学校とし，商業学校を専門学校に位置付けた。専門学校は，専門教育を提供する学校である。専門学校を卒業した者には学士の称号が与えられ，大学と同等に位置付けることが明記された。しかし，我が国の当時の状況はこうした学制を実施しようとする機運に達せず，学制による商業学校は1校も設立されなかった。

❷ 商業学校の誕生

　商業学校の出発点とされるのは，明治8（1875）年に森有礼（のちの初代文部大臣）が設立に尽力した東京商法講習所である。同講習所は，創設時は私塾の形態で発足したが，明治9（1876）年には森有礼の私塾を受け継いだ東京商法会議所から東京府に移管された。

　同講習所は，学制に定めた専門学校の規定には拠っていなかった。英語に堪能であることが学修するための前提であったが，簿記や商業算術，経済学や商業に関する法などの教材はアメリカのビジネス・カレッジ（2年制）で用いていたもので，必ずしも高度な専門教育を提供していた訳ではない。森有礼は，ビジネス実務家の養成ではなく，外国人と対等に対抗し得る人材の養成を考えていた。

ところで，同講習所創設の前年，明治7(1874)年には金融行政を担う大蔵省が，銀行課の中に商業教育を伝習する場としての「銀行学局」を開設した。銀行学局では，創業まもない国立銀行の業務に携わる人材が育成された。しかし，銀行学局が設置された期間は短く，銀行学伝習所となる明治12(1879)年に廃止された。その後，銀行学局の流れを汲む大蔵省所管の銀行事務講習所が，明治19(1886)年に東京商業学校（前身は東京商法講習所）の附属銀行専修科となった。

なお，東京商法講習所とともに商業学校の草分けとして明治11(1878)年1月に設立されたのが神戸商業講習所である。同講習所は，「海内繁盛の地・神戸」にあって商港を支える人材の育成に寄与した。

また，明治11(1878)年3月に東京神田錦町に三菱商業学校が設立された。同校は，我が国で初めて「商業学校」という名称を使用した学校である。しかし，同校は明治17(1884)年にわずか6年で廃校となった。当時の政府は西南戦争以来のインフレを収拾させるため，大蔵卿・松方正義が緊縮財政と増税を断行したが，それによって引き起こされた「松方デフレ」等の世相の影響を受けるなどしたためといわれている。

❸ 学制から教育令へ

実際に国家による教育体制の整備が進んだのは，明治12(1879)年の教育令の公布以降である。教育令は，学制に代わって制定された教育に関する太政官布告である。学制は我が国の国民教育制度の確立において画期的な意義をもっていたが，教育の置かれている実情には地域間格差があり，全国一律の実施は困難な状況で，国民の間に反発が広まった。そこで，地方の自由度を高め，地域の実情に応じた教育を指向したのが教育令である。例えば，学制の下では就学義務期間は8年であったが，学齢期間中に最低でも16か月就学すればよいとしたり，公立小学校は4年までの短縮を認めたり，学校に入学しなくても別に普通教育を受ける方法があれば就学とみなしたりするなど，就学義務が大幅に緩和された。

なお，一時的ではあるが，商業学校についての規定が教育令からなくなっている。翌年の改正教育令により，商業学校は「商売ノ学業ヲ授クル所」として新たに規定され，「各府県は土地の情況に随い商業学校を設置すべし」としたが，商業教育に対する国の法的な後押しは具体的にはなかったといえるだろう。

しかし，商業教育の必要性の機運は市井から生じる。明治13(1880)年には岡山商業学校（のちに廃校）や，五代友厚らにより大阪商業講習所（翌年より府立）が開設された。さらに，明治15(1882)年には小野金六らの尽力による横浜商法学校（町立）が，明治16(1883)年には「北越興商会」の一事業として新潟商業学校（北越興商会附属）が開設された。

ただし，これら商業学校は崇高な創設の理念を掲げつつも，学校の運営にあたっては財政面で厳しい状況にあった。私立としては運営が成り立たず，存立の道を求めて公立へ移管されたケースがあるなど，商業教育に対する期待と理解とは，必ずしも表裏一体の関係にあったとはいえない。

2-1-2 明治中期

改正教育令で復活した商業学校だが，具体的な学習科目や修業年限，入学資格についての規定はなかった。そうした中，明治17(1884)年に制定された商業学校通則によって，商業学校について

の詳細が初めて法令に基づいて規定された。例えば通則では，商業学校は「商ノ学業ヲ教授スル所」と規定され，第一種校・第二種校の二校種の学校を設置できることになった*学校系統図明治17年。なお，商業学校通則は明治32(1899)年に商業学校規程が制定されるまでの15年間，法的な効力を有した。

❶ 第一種商業学校

　第一種商業学校(以下，「第一種校」という。)は中等教育機関として位置付けられ，その創設の目的は主として商業活動を営む実務者を養成することにあった。第一種校は，庶民に商業教育を広め，実務を学べる機会を増やそうとしたという点で意義あるものだった。

　なお，東京以外の神戸・大阪・横浜・新潟などの既設の商業講習所は全て第一種校に改組された。商業学校通則の公布後には，名古屋，赤間関［現下関］，長崎，京都，滋賀［現八幡］，函館，大阪［私立］及び尾道に新設された。

　しかし，尾道を最後にしばらく新設されなかったが，明治27(1894)年に実業教育費国庫補助法が帝国議会で協賛を得られたことによって，鹿児島，熊本，久留米，四日市，仙台，富山，高岡，七尾，高知及び岡山に設立された。

❷ 第二種商業学校

　第二種商業学校(以下，「第二種校」という。)は第一種校より高等の教育機関として位置付けられ，主として商業活動において経営判断を行える人材の育成を目的とした。入学資格は初等中等科卒業の学力を有する16歳以上などとし，修業年限は3年(1年の延長可)とした。

　しかし，第二種校は存在しなかった。東京商法講習所は明治17(1884)年に府立から官立(国立)への移管に際して東京商業学校と改称し，明治20(1887)年には東京高等商業学校となったが，洋式教育を施すという創立当初の目的を貫き，商業学校通則に拠らなかったためである。

❸ 実業補習学校

　明治26(1893)年に実業補習学校規定が制定された。実業補習学校規定によれば，実業補習学校は農工商などの「実業に従事しようとする児童に尋常小学校の普通教育を補習するとともに，簡易な方法をもって職業に要する知識，技能を授ける所」とした。尋常小学校・高等小学校に，こうした学校の付設が許された*学校系統図明治26年。

　実際には普通教育の補習を主としていた学校，実業教育を主としていた学校など，各校における教育課程には違いがあったが，実業補習学校は，第一種校とは異なり，若年層を対象にした初等中等教育の枠組みの中で商業教育を学ぶ機会を広げることになった。

　制定当初，農業補習学校に比べると商業補習学校の数は多くなかったが，その後，校数を増やしていった。これは，働きながら学ぶ教育機関として，時代の要請に合致していたことや，初等教育を修了したばかりの若年世代であるとはいえ，職業の専門性を高めるために役立つと地域の人々に認知され，受容されたためと考えられる。また，実業補習学校の中には実業学校に転換したものもあった。

2-1-3　明治後期

明治32（1899）年に実業学校令が制定された。実業学校令は，尋常中学校，高等女学校といった中等教育機関のほか，第三の分野として実業学校を制度化するための勅令である*学校系統図明治36年。

これを受けて，農業学校規程，工業学校規程などとともに，商業学校規程が制定された。同規程は，それまでの商業学校通則を廃して制定されたもので，商業学校の種類を甲種，乙種と区別した。

❶ 甲種商業学校と乙種商業学校

甲種商業学校の入学資格は14歳以上で，高等小学校4年の卒業，あるいは同等以上の学力がある者とした。修業年限は3年とし，1年以内なら延長することができた。甲種商業学校では予科を付設することが許された。予科の入学資格は12歳以上で，高等小学校2年修了以上の学力を有する者とした。修業年限は2年以内であった。

乙種商業学校の入学資格は10歳以上で，尋常小学校4年の卒業，あるいは同等以上の学力がある者とされ，修業年限は3年以内だった。

甲種と乙種のどちらにするかは，学校の置かれている地域の実情によった。例えば，明治34（1901）年に開校した愛媛県西宇和郡立八幡浜甲種商業学校は，設立に際し甲種を選択したが，その経緯が後日談として，『創立八十周年記念　八幡浜高等学校沿革誌』（1979）に記されている。「甲種か乙種かに就いても相当議論があった。（略）当時の教育施設就学状況から推察すれば，高等小学校は既に現今の中等学校以上の施設にも相当し，就学者数の比例関係から考へてもその感が深い。（略）乙種商業学校は，修業年限は高等小学校より短く，多少職業的に専門化しても基礎学科に於いては到底高等小学校には及ばない。当時の中等学校設立論者の意向は，もとより甲種程度の中等学校にひたむきに進んだことは当然である。」。また，なぜ商業学校であったのかは，次のように回想録に記されている。「日清戦争以後，日露戦争に至ります時代の八幡浜商人の活躍はとてもすばらしい勢いでありました。従って八幡浜港の商業は急激なる発展を来しまして，南予の一商港は一躍して関西にその名を顕わしました。（略）かくの如く活況を呈し来りました八幡浜町に於きましては，早くも時代の要求を察知せられたる先覚者諸氏に依りまして，商業学校の設立が企図されたのであります。」。

商業学校規程の制定により商業学校の位置付けが明確化され，時代の要請が商業学校を設立する機運を高めた。結果として，商業学校は全国各地に新設され，学校数と生徒数を増やしていった。

2-2　大正期・昭和20（1945）年以前の商業教育

2-2-1　大正期

大正期の商業教育の変遷は，急速な産業の発展と切り離して考えることはできない。とりわけ，大正バブルをもたらした大正3（1914）年～大正7（1918）年の第1次世界大戦による特需は重要である。この特需によってもたらされた歳入の増加を元手にして，政府は，教育の充実や鉄道，道路，港湾及び河川などの整備を進めた。大正8（1919）年には貿易収支は赤字に転じるが，世界を巻き込んだ史上初の戦争が，皮肉にも我が国の経済発展を加速させたのである。

❶ 中等教育機関

　大正10（1921）年の商業学校規程の改正により，商業学校は甲種，乙種の区別がなくなった。また，女子商業学校が認められ，昼間に仕事をもつ人のために夜間商業学校制度も作られた。商業学校の新設意欲は旺盛で，北海道から沖縄まで230校を数えた＊学校系統図大正13年。

　また，実業補習学校の設置数は明治43（1910）年頃からようやく軌道に乗り始め，その後，驚異的な増加をみせた。大正9（1920）年の全面的な実業補習学校規定の改正により設置基準が撤廃され，府県立学校としての設置が認められた。それまで実業補習学校は小学校や実業学校に付設されていたが，教員の待遇改善や教員養成などを図る主旨から国庫補助がなされるようになった。

❷ 高等教育機関

　明治36（1903）年の専門学校令により，東京高等商業学校，神戸高等商業学校の2校が実業専門学校となった。その後，山口，長崎，小樽の各高等商業学校が設立された。

　なお，正式に大学内に商業教育機関が設置されたのは明治42（1909）年であり，東京帝国大学法科大学内に商業学科を新設したのが始まりとされている。そして，大正9（1920）年には初の官立単科大学として，東京高等商業学校を前身とする東京商科大学（現，一橋大学）が設置された。

　大正8（1919）年に高等学校令，高等学校規定が施行され，高等学校は中学校の上級学校として位置付けられるとともに，専門学校と同等の高等教育機関として，また，大学予科としての役割を担った。

　大正期は学校教育の黎明期であり，商業学校もその時代的風潮に順風を受けていたといえる。

2-2-2　昭和20（1945）年以前

　大正から昭和の時代となると世界的な恐慌に陥り，経済は良好ではなかったが，商業学校新設の機運は高かった。これは，大正13（1924）年の文部省告示によるところが大きい。この告示により，実業学校卒業生は中学校卒業生と同等以上の学力を有する者とされ，中学校卒業生との差別が撤廃され，専門学校や大学への進学の道が開けたからである。この告示は，商業を含めた実業教育振興に一段と拍車をかけることになった。

　なお，実業補習学校は，昭和10（1935）年に青年訓練所と合併して青年学校となり，男子が普通科2年，本科5年（4年に短縮可）の計7年，女子が普通科2年，本科3年（2年に短縮可）の計5年を修業年限とする学校となった。

❶ 戦時体制

　昭和6（1931）年には満州事変が勃発し，我が国は昭和8（1933）年に国際連盟を脱退した。また，昭和12（1937）年には日中戦争が開戦した。

　昭和13（1938）年には国家総動員法が制定され，これにより政府は議会の承認なしに人的，物的資源を統制運用する権限を得ることになった。他方，世界に目を向ければ，昭和14（1939）年にドイツ軍がポーランドに侵攻して第2次世界大戦が勃発，翌年には日独伊三国軍事同盟が結ばれ，遂に我が国は昭和16（1941）年に参戦することになる。

❷ 戦時体制下の商業教育

　昭和15（1940）年に，産業界の要請により，実業学校卒業者の上級学校進学制限措置が訓令された。これは実業学校卒業者の専門学校，大学への進学を制限する内容であった。

　また，昭和18（1943）年に実業学校における修業年限が5年から4年と1年間短縮された*学校系統図昭和19年。同年，「教育に関する戦時非常措置方策」が閣議決定され，「翌年度より，男子商業学校は工業・農業の学校もしくは女子商業学校に転換するか，整理縮小する」ことになった。この方策によって，昭和18（1943）年度に450校あった男子商業学校が，翌年度には48校にまで激減した。

　なお，商業学校から工業学校に転換した学校が274校，農業学校に転換した学校が39校，女子商業学校に転換した学校が53校にのぼり，36校は廃校した。学校として存続はしても，実際には商業学校から工業学校に校名変更をした学校が多数を占めた。

　そして，昭和20（1945）年「決戦教育措置要綱」が閣議決定され，国民学校初等科を除いた学校の授業は1年間停止へと追い込まれた。

2-3　新教育制度と商業教育

　商業教育は，平和で自由な経済活動の元で発展する。工業科に転科し工業学校となった商業学校は，戦後すぐに卒業生や地域の人々など，多くの人々の後押しを得て商業学校に復活した。

2-3-1　新教育制度

❶ 新教育制度の特徴

　昭和22（1947）年5月3日に，日本国憲法が施行され，学問の自由を保障するとともに，全て国民はその能力に応じて等しく教育を受ける権利を有することとなった。また，同年から教育基本法，学校教育法が施行された。これにより，新制の高等学校が発足することになった。

　学校教育法は，「高等学校は，中学校における教育の基礎の上に，心身の発達及び進路に応じて，高度な普通教育及び専門教育を施すことを目的とする」と規定した。当時の世相からは，高等学校における教育は義務教育を終え，社会へ巣立つための完成教育であったが，同時に前期中等教育と高等教育を接続する教育機関としての役割を担うものであった*学校系統図昭和24年。

　また，通常の課程としての全日制課程のほか，夜間その他特別の時間又は時期において授業を行う定時制課程，通信による教育を行う通信制課程を規定した。定時制課程や通信制課程は，様々な事情で全日制課程の高等学校へ進学できなかった青少年，中学校卒業後に就職した青少年に高等学校教育の門戸を開いた。

　なお，戦後の教育改革の機運は全国的な広がりをみせ，新しい高等学校の在り方として，次の三原則が示された。

　第一に小学区制である。高等学校が所在する地域性を重視するとともに，旧制の中学校や高等女学校などの違いを是正して同じ公立の高等学校として平準化を図ることを目的にしたものである。

都道府県教育委員会には学区を定める権限が付与され,総合選抜制を採用したところもあった。総合選抜制は,同じ学区に属する複数の高等学校を一つの単位として選考し,入学者を各校に配分する制度である。各高等学校の個性が没してしまうとの批判的意見はあったが,所期の目的は達成された。

第二に男女共学制である。性別に関わりなく教育の機会は均等でなければならない,との考えから生まれた制度である。しかし,男女別学でも制度上の機会均等は担保されるとして文部省が定めた「新学校制度実施準備の案内」や「新制高等学校実施の手引」には,地方の実情や地域の教育的意見を尊重して決定すべきとの趣旨が示された。そのため,公立学校の設置者である教育委員会の中には,男女共学制を強く進めたところがある一方で,男女別学を維持したところもある。

第三に総合制である。総合制は,普通科や商業科などの専門学科を一つの高等学校に併置する制度である。生徒の多様な進路希望に対応するために,普通科目や専門科目の枠を超えて幅広く選択科目を用意し,履修できる現在の総合学科とは異なる制度である。

戦後,旧制中学校,高等女学校及び商業学校などの実業学校が統合し,総合制高等学校とすることが進められた。現在でも総合制は維持され,併置校として存立している高等学校もあるが,旧制実業学校としての伝統を重んじ,専門学科を単独で設置した高等学校や,大学への進学を志向して普通科のみを設置した高等学校は多い。

こうした中,昭和22(1947)年に学習指導要領(試案)が示された。試案の一般編は,一般教育の目標として,個人,家庭,社会での生活についての在り方を示すとともに,経済生活や職業生活を送る上での態度や心構え等について示した。また,補遺として「新制高等学校の教科課程に関する件」が示され,昭和23(1948)年から実施される新制高等学校商業科の教育課程の例が示された。関係教科(ここでは,教科を科目と読み替えることができる)は,「商業経済」,「簿記会計」,「法規」,「工業及資材」及び「英語」の5教科,普通教科は「国語」,「社会」及び「体育」の3教科の計8教科を必修教科とし,「タイプライティング」,「速記」,「外国語」,「統計」,「家庭」及び「普通教科」の計6教科を選択教科として,さらに「自由研究」を設けた。

こうして戦後の商業教育は始まったが,いうまでもなく商業の学理は不易である。他方,商業教育は経済社会の発展や変化と密接に関連をもちつつ,その要請に応えられる人材を育成しなければ

● COLUMN　教科書「商業経済　大意」(昭和26(1951)年修正発行,実教出版)より

「商業経済　大意」の「まえがき」には,戦前の教育の反省が次のように記述されている。

「従来日本の学問の方法は,あまりにも眞の『知識の追求』が問題にされることが少なすぎたと思う。ただ教えられたことに機械的にしたがうことのみが,われわれの重要な仕事として課せられ,そこには一つの反問も思索もなかった。しかし,みずから批判して物事の奥底をきわめようとする眞の学問の心構がなくて,どうして学問といい得よう。学問は決して與(あた)えられるものではなく,みずから進みとるものであることは,いかなる分野に対しても共通な眞理であるが,今これから商業経済を学ぶにあたってわれわれは改めてこれを反省する必要がある。」(慶應義塾大学町田義一郎教授　原文のまま)

何も疑問をもたず闇雲に知識を身に付けても,それを「学問」とはいわない。「学問」とは,自ら問いかけ,自ら学ぶことである。「商業経済　大意」の執筆にあたった町田教授の「まえがき」は,現代に通ずる反省であり,今一度立ち止まり,学問の意味を振り返る教示としたい。

ならない。商業教育は，絶えず変化し，新たな価値観を創造しているのである。

以下の節ではこうした点を踏まえながら，主に高等学校における商業科の科目構成，科目名の変遷について考察する。

2-4 科目構成，科目名の変遷

学習指導要領は，これまでに試案を含めて8度，全面改訂され，おおよそ10年に1度の割合で行われてきた。そこでの商業科目の科目構成や科目名の変遷をたどることは，同時に，戦後の商業教育の歴史を振り返ることになる。次ページの図から，科目の新設，名称変更，整理統合，分離，再構成及び廃止の推移を見取ることができる。

❶ 昭和25(1950)年度版

戦後初めて，高等学校における商業科の学習指導要領が示されたのは，昭和25(1950)年の高等学校学習指導要領商業科編(試案)（以下，「昭和25(1950)年度版」という。）である。ただし，昭和25(1950)年度版は試案であり，現場の教員が指導する際の参考であって，強制されるものではなかった。なお，昭和25(1950)年度版では高等学校を卒業するのに必要な履修単位数は85単位以上とされ，普通教科5教科のうち38単位が共通必履修となった。また，商業の学科の卒業には，商業科目30単位以上の履修が必要とされた*商業科目一覧p.1，*学習指導要領ほか 昭和25年度版，教育課程の編成例。

ところで，昭和25(1950)年度版は，商業科の一般目標として，次の5項目を挙げている。

1. 商業が，経済生活において，どのような機能を果しているかについて理解する。
2. 商業に関する基礎的な知識・技能を習得して，経済生活を合理的に営むために役だてる。
3. 商業を自己の職業とする者にとって必要な知識・技能を身に付け，商業を合理的・能率的に運営する能力を養う。
4. 正しい，好ましい経営の態度・習慣を養い，国民の経済生活の向上に貢献するように努める心構えを養う。
5. 商業経済社会の新しい状態に適応したり，さらに，いっそう発展した研究をしたりするために必要な基礎を養い，将来の進展に役だつ能力を身に付ける。

高等学校における商業教育の基礎・基本となる知識・技能を重視しながらも，新しい時代に順応し，商業経済社会に貢献できる，応用力のある人材の育成を目指していることが理解できる。なお，商業科の科目数は14科目あり，「商業に関するその他の科目」の設置も認められた。簿記会計に関する分野は「簿記会計」1科目とし標準単位数は2～15単位，「商業経済」は3～10単位，「商業外国語」は5～15単位とともに幅をもたせて単位数が配当されている。

昭和25(1950)年度版で文部省は，商業科の具体的な編成例を四つ示している。具体的には，商店経営者向け編成例，会社や銀行，工場及び商店などの実務従事者向け編成例，商業実務に従事する女子向け編成例，外国貿易実務従事者向け編成例である。

例えば，商店経営者向け編成例では，必修として「商業実践」(3)，「文書実務」(3)，「珠算及び商業計算」(4)及び「簿記会計」(10)としている。他方，商業実務に従事する女子向け編成例では「珠算及び商業計算」(5)，「タイプライティング」(3)，「速記」(2)及び「簿記」(5)になっていて，設定科

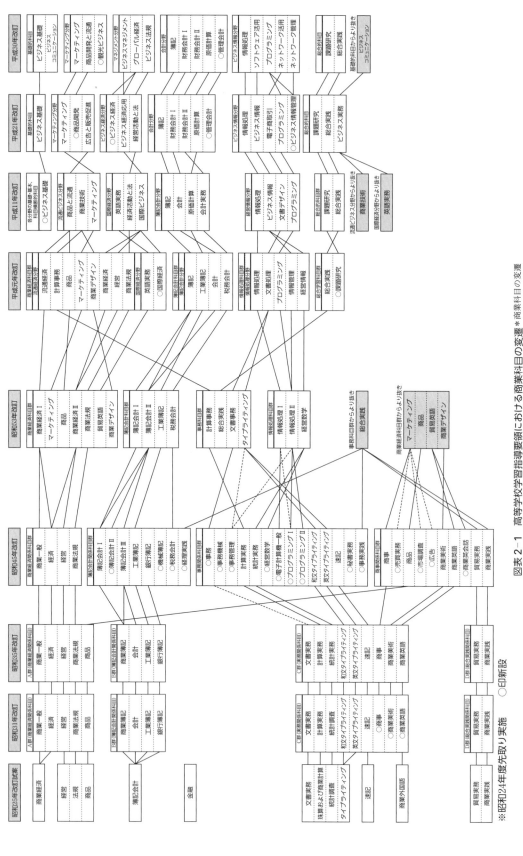

図表2−1 高等学校学習指導要領における商業科目の変遷＊商業科目の変遷
各改訂における文部省（文部科学省）高等学校学習指導要領および高等学校学習指導要領解説 商業編 より作成

目と履修単位数で差別化を図っている。これらの編成例はあくまで例示であって，各高等学校の教育課程編成に縛りをかけるものではない。

❷ 昭和31(1956)年度版

昭和31(1956)年の高等学校学習指導要領商業科編改訂版(以下，「昭和31(1956)年度版」という。)は，昭和25(1950)年度版を改訂したものである。昭和31(1956)年度の第1学年から学年進行で実施された。科目数はこれまでの14科目から，20科目に増えている*商業科目一覧p.1，*学習指導要領ほか 昭和31年度版，関係科目一覧，類型。

また，四つの科目群が新たに示された。A群(商業経済関係科目)は，「商業一般」，「商事」，「経営」，「経済」，「商業法規」及び「商品」の6科目構成として，これまでの「商業経済」の学習内容と重複していた「金融」を省いて不備を補った。B群(簿記会計関係科目)は，「商業簿記」，「銀行簿記」，「工業簿記」及び「会計」の4科目構成とした。C群(実務関係科目)は，「計算実務」，「文書実務」，「和文タイプライティング」，「英文タイプライティング」，「速記」，「商業英語」，「調査統計」及び「商業美術」の8科目構成とし，多岐にわたる科目群とした。「タイプライティング」は和文と英文に分け，「商業外国語」を「商業英語」として，それ以外の外国語は外国語科に委ね，「商業美術」を新たに設けた。D群(総合実践関係科目)は，「商業実践」と「貿易実務」というこれまでの科目名がそのまま引き継がれた。

B群(簿記会計関係科目群)で「銀行簿記」，「工業簿記」を新設したことなどは，まさに中等教育における商業教育に対する時代の要請であった。こうした特定の業種や職種に特化した知識・技能の習得が商業科出身者の価値を高め，卒業後の進路と直結していった*学習指導要領ほか 昭和31年改訂 関係科目一覧。

なお，教育課程の編成に際しては，「第1学年においてはなるべく共通の基礎的な商業科目を履修し，第2学年以後において選択する商業科目によって，それぞれの特色を出すようにする。各学年とも，なるべくA群(商業経済関係科目)，B群(簿記会計関係科目)，C群(実務関係科目)の3群にまたがるように編成し，D群(総合実践関係科目)は最高学年において履修する。」ことなどが示されている。

また，教育課程審議会の答申に関する第3次通達では，商業科の教育課程について類型の具体例が示されている。具体的には，自営，経営，販売及び貿易等が示されるなど，昭和25(1950)年度版よりさらに細分化したものとなっている。

❸ 昭和35(1960)年度版

昭和31(1956)年度版を改訂し，昭和38(1963)年度の第1学年から学年進行で実施されたのが，昭和35(1960)年の高等学校学習指導要領(以下，「昭和35(1960)年度版」という。)である。昭和35(1960)年度版は，法的拘束力をもち，これによって教育課程の基準としての性格が明確化された*商業科目一覧p.1，*学習指導要領ほか 昭和35年度版，類型。

科目の名称については「統計調査」が「統計実務」と改称されるに留まったが，学習項目や内容について見直しがされた。昭和35(1960)年度版でも類型が示されたが，事務や経理，営業といった生徒の志向や将来の進路先を踏まえた類型制の導入が本格化した。

この年代はまさに，商業教育の全盛期であった。これは同時に，商業教育が経済社会の受け皿となって，相応しい職業人の育成が行われていたことを意味している。

なお，昭和40(1965)年度における高等学校の生徒数（全日制，定時制の合計）は5,065,657人（男子2,657,422人，女子2,408,285人）であり，うち商業科の生徒数は857,379人（男子384,365人，女子473,014人）と全体の16.9％を占めていた。女子については19.6％と高く，女子の約5人に1人は商業科の生徒であり，商業科に在籍している生徒は女子が多いとのイメージが定着していった。

❹ 昭和45(1970)年度版

昭和35(1960)年度版を改訂し，昭和48(1973)年度の第1学年から学年進行で実施されたのが，昭和45(1970)年の高等学校学習指導要領（以下，「昭和45(1970)年度版」という。）である。昭和45(1970)年度版では，時代の進展に対応して科目が細分化，新設され，商業科目は従前の20科目から36科目と大幅に増加した。商業科目は四つの科目群で構成され，商業経済関係科目群が4科目，経理関係科目群が8科目，事務関係科目群が14科目，商事関係科目群が10科目となった*商業科目一覧 p.1，*学習指導要領ほか 昭和45年度版。

昭和45(1970)年度版の特徴は，「電子計算機一般」，「プログラミングⅠ」及び「プログラミングⅡ」といった，いわゆる情報処理に関する分野を新設したことにある。今日でも情報教育と商業教育は切り離せない関係になっているだけに，OA化の先駆けとしてこれらの科目を商業教育の一領域に位置付けたことは，商業教育の幅を広げる点で意義あるものとなった。

なお，高等学校への進学率（うち高等学校の通信制課程（本科）への進学者を除く）は昭和25(1950)年には42.5％であったが，その後上昇を続け，昭和36(1961)年には62.3％，昭和40(1965)年には70.7％，昭和49(1974)年には90.8％となった。この時代の高等学校はすでに準義務教育化の様相を呈しており，多くの者が高等学校に進学した。

他方，社会情勢に目を向けると，昭和46(1971)年にはニクソンショックが起こり，アメリカを中心とした世界経済に暗雲が立ち込めた。昭和48(1973)年には第1次オイルショックにより原油価格が高騰し，我が国の経済は大打撃を受けることになる。それまで，高い水準で経済規模の拡大を続けてきた高度経済成長の時代は終焉し，低成長時代を迎える。我が国の経済にとっては大きな転換期であった。

❺ 昭和53(1978)年度版

昭和45(1970)年度版を改訂し，昭和57(1982)年度の第1学年から学年進行で実施されたのが，昭和53(1978)年の高等学校学習指導要領（以下，「昭和53(1978)年度版」という。）である。昭和53(1978)年度版では，各教科等の目標・内容を中核的事項に絞り，ゆとりのある充実した学校生活の実現が目指され，学習負担の適正化が図られた。これは「各教科ごとに，現行のそれぞれの科目の目標及び内容について再検討を加え，可能な限り科目を整理統合する。」という具体的な改善事項に従ったもので，商業科も例外ではなかった。改訂前の「商事」，「売買実務」，「市場調査」及び「広告」の各科目を「マーケティング」1科目に統合したり，「商業実践」，「事務実践」，「経理実践」及び「貿易実践」を「総合実践」に統合したりするなど，商業科目は大幅に削減され，36科目から18科目になった*商業科目一覧 p.2，*学習指導要領ほか 昭和53年度版。

商業科の 1 年生が共通して履修する基礎的な科目として,「商業経済 I」,「簿記会計 I」,「計算事務」及び「情報処理 I」が示された。また,実習等の実際的・体験的な学習を中心に行う科目として「総合実践」を重視した。なお,これまでの経理関係科目群から「銀行簿記」,「機械簿記」及び「経理実践」が削除された。また,事務関係科目群では英文と和文の「タイプライティング」が統合されるとともに,「速記」等の科目が削除された。

❻ 平成元（1989）年度版

昭和 53（1978）年度版を改訂し,平成 6（1994）年度の第 1 学年から学年進行で実施されたのが,平成元（1989）年度の高等学校学習指導要領（以下,「平成元（1989）年度版」という。）である。平成元（1989）年度版では,サービス経済化,国際化,情報化に代表される産業経済の変化への対応と経営者的・経営管理者的意識のもとに業務を遂行する能力と態度の育成を図り,広く経済社会の発展に寄与する専門性の習得が目標とされた。科目数は改訂前の 18 科目から 21 科目となった。

平成元（1989）年度版は,「国際経済」と「課題研究」を新設し,「課題研究」は主体的な学びの場とするようにした。また,「文書事務」と「タイプライティング」を統合して「文書処理」とした。さらには,「簿記会計 I」,「簿記会計 II」の「簿記」への統合と「会計」への分割や,「情報処理 II」の「プログラミング」,「情報管理」への分割,「商業経済 II」の「商業経済」,「経営」への分割などが行われた＊商業科目一覧 p.2, ＊学習指導要領ほか 平成元年度版。

なお,「文書処理」は,ワープロによる文書作成の管理に関する知識と技術の習得を目的とした科目である。そのため,各校はワープロ専用機やパソコンの導入を一層進めたが,一方で,ビジネスツールとして一時代を支えた「タイプライティング」が姿を消した。

❼ 平成 11（1999）年度版

平成元（1989）年度版を改訂し,平成 15（2003）年度の第 1 学年から学年進行で実施されたのが,平成 11（1999）年度の高等学校学習指導要領（以下,「平成 11（1999）年度版」という。）である。平成 11（1999）年度版では,教育内容を厳選し,総合的な学習の時間を新設するなど,基礎・基本を確実に身に付けさせるとともに,自ら学び,自ら考える力など「生きる力」の育成を目指した＊商業科目一覧 p.2, ＊学習指導要領ほか 平成 11 年度版。

平成 11（1999）年度版における特徴は,教科の目標と科目名に示されている。商業科の目標は,「商業の各分野に関する基礎的・基本的な知識と技術を習得させ,ビジネスに対する望ましい心構えや理念を身に付けさせるとともに,ビジネスの諸活動を主体的,合理的に行い,経済社会の発展に寄与する能力,態度を育てる。」である。初めて「ビジネス」という用語が登場した。商業活動を生産と消費をつなぐ活動として捉えることにとどまらず,生産を含めた経済社会で営まれている活動全般を視野に入れたものを商業活動としている。

また,商業の学習のガイダンス科目として,「ビジネス基礎」が新設された。「ビジネス基礎」によって,商業における各分野の基礎・基本を科目横断的に学習することで,より専門的な学習の動機付けすることを目指した。他方,科目の統合を進め,「流通経済」,「商品」が「商品と流通」に,「計算事務」,「商業デザイン」が「商業技術」に,「商業経済」,「経営」及び「国際経済」が「国際ビジネス」に,「情報管理」,「経営情報」が「ビジネス情報」にそれぞれ統合された。また,「商業法規」

が「経済活動と法」に名称変更されるなどした。科目数は改訂前の21科目から17科目となった。

❽ 平成21 (2009) 年度版

　平成11 (1999) 年度版を改訂し，平成25 (2013) 年度の第1学年から学年進行で実施されたのが，平成21 (2009) 年度の高等学校学習指導要領 (以下，「平成21 (2009) 年度版」という。) である。平成21 (2009) 年度版は，「生きる力」の育成を目指し，学習への関心・意欲・態度の醸成，基礎的・基本的な知識・理解や技能の習得，思考力・判断力・表現力の習得を掲げた＊商業科目一覧p.3，＊学習指導要領ほか 平成21年度版。

　ビジネスを科目名に付した科目が6科目あり，商業教育におけるビジネス教育の位置付けは一層明確になった。平成21 (2009) 年度版における新設科目は「商品開発」，「ビジネス経済」，「管理会計」及び「ビジネス情報管理」の4科目である。また，「商業技術」と「英語実務」を整理統合して「ビジネス実務」に，「マーケティング」と「商品と流通」を統合整理して「広告と販売促進」にした。

　商品開発や電子商取引については，改訂前では「課題研究」等で取り扱われていたが，科目として独立したことで，より科学的な手順を踏んだ専門的な学習をする機会となった。科目数は改訂前の17科目から20科目となった。

第3章

高等学校学習指導要領と商業教育

　学習指導要領の法的位置付け，平成30（2018）年告示の高等学校学習指導要領の理念，商業科の改善の視点，商業科で育成を目指す人材像，育成を目指す職業人の例と資質・能力，科目構成等の商業科の構造，商業科を学ぶことにより何ができるようになるか，そのために何をどのように学ぶかといったことについて具体的に解説する。

3−1　学習指導要領の法的位置付け

　高等学校は公の性質を有するものであることから，各学校において編成，実施される教育課程について，国として一定の基準を設けて，ある限度において国全体としての統一性を保つことが必要となる。そのため，高等学校学習指導要領が告示という形式で定められている。学校教育法施行規則第 84 条が「高等学校の教育課程については，この章に定めるもののほか，教育課程の基準として文部科学大臣が別に公示する高等学校学習指導要領によるものとする」と示しているように，学習指導要領は，高等学校教育について一定の水準を確保するために法令に基づいて国が定めた教育課程の基準であるので，各学校の教育課程の編成及び実施にあたっては，これに従わなければならないものである。

　一方，教育は，生徒の心身の発達の段階や特性及び学校や地域の実態に応じて効果的に行われることが大切であり，また，各学校において教育活動を効果的に展開するためには，学校や教職員の創意工夫に負うところが大きい。このような観点から，学習指導要領は，教育の内容等について必要かつ合理的な事項を大綱的に示しており，各学校における指導の具体化については，学校や教職員の裁量に基づく多様な創意工夫を前提としている。

3−2　学習指導要領の理念

　平成 30（2018）年 3 月告示の高等学校学習指導要領については，改訂の基本的な考え方として，次の三つが挙げられている。
① 　教育基本法，学校教育法などを踏まえ，これまでの我が国の学校教育の実践や蓄積を活かし，生徒が未来社会を切り拓くための資質・能力を一層確実に育成することを目指す。その際，求められる資質・能力とは何かを社会と共有し，連携する「社会に開かれた教育課程」を重視すること。
② 　知識及び技能の習得と思考力，判断力，表現力等の育成とのバランスを重視する平成 21（2009）年改訂の学習指導要領の枠組みや教育内容を維持した上で，知識の理解の質をさらに高め，確かな学力を育成すること。
③ 　道徳教育の充実や体験活動の重視，体育・健康に関する指導の充実により，豊かな心や健やかな体を育成すること。

　このほかにも，知・徳・体にわたる「生きる力」を生徒に育むために「何のために学ぶのか」という各教科等を学ぶ意義を共有しながら，授業の創意工夫や教科書等の教材の改善を引き出していくことができるようにするため，全ての教科等の目標や内容を「知識及び技能」，「思考力，判断力，表現力等」，「学びに向かう力，人間性等」の三つの柱で再整理し，育成を目指す資質・能力の明確化が図られている。

　また，主体的・対話的で深い学びの実現に向けた授業改善を進める際の指導上の配慮事項を総則に記載するとともに，各教科等の「第 3 款　各科目にわたる指導計画の作成と内容の取扱い」等において，単元や題材など内容や時間のまとまりを見通して，その中で育む資質・能力の育成に向けて，

主体的・対話的で深い学びの実現に向けた授業改善を進めることが示されている。

　さらに，総則において，「生徒や学校，地域の実態を適切に把握し，教育の目的や目標の実現に必要な教育の内容等を教科等横断的な視点で組み立てていくこと，教育課程の実施状況を評価してその改善を図っていくこと，教育課程の実施に必要な人的又は物的な体制を確保するとともにその改善を図っていくことなどを通して，教育課程に基づき組織的かつ計画的に各学校の教育活動の質の向上を図っていくこと（カリキュラム・マネジメント）に努める」ことなどについて示されている。

3-3　時代の進展等と商業科の改善

　商業科については，時代の進展等を踏まえて指導内容等の改善を図っている。例えば，平成21（2009）年3月告示の高等学校学習指導要領の商業科については，職業人としての倫理観や遵法精神，起業家精神などを身に付け，経済の国際化やサービス化の進展，情報通信技術の進歩，知識基盤社会の到来など，経済社会を取りまく環境の変化に適切に対応してビジネスの諸活動を主体的，合理的に行い，地域産業をはじめ経済社会の健全で持続的な発展を担う職業人を育成する観点から改善を図った。平成30（2018）年3月告示の高等学校学習指導要領の商業科については，グローバル化の進展等時代の変化に対応するとともに，観光産業の振興等社会の要請に応える視点から改善を図っている。その具体を示すと次のとおりとなる。

(1)　グローバル化の進展への対応

　　経済のグローバル化が進展する中で，企業活動が社会に及ぼす影響に責任をもち，地球規模で経済を俯瞰し，経済のグローバル化に適切に対応して直接的・間接的に他国と関わりをもってビジネスを展開するために必要な資質・能力を育成する視点から，従前の「ビジネス経済」の指導項目と「ビジネス経済応用」の経済に関する指導項目を整理して統合し，「グローバル経済」としている。その際，人材や金融などのグローバル化の動向・課題，企業活動のグローバル化に関する指導項目を取り入れるなど改善が図られている。

　　また，「ビジネス実務」を「ビジネス・コミュニケーション」に再構成する際，日本と外国との文化と商慣習の違いに関する指導項目を取り入れるなど改善が図られている。

(2)　情報技術の進歩への対応

　　「簿記」について，コンピュータを活用した会計処理の普及に伴う実務の変化を踏まえ，仕訳帳の分割に関する指導項目を削除するとともに，扱う伝票の種類について入金，出金及び振替の三つとするほか，会計ソフトウェアの活用に関する指導項目を従前の「ビジネス実務」から移行するなど改善が図られている。

　　また，情報技術の進歩に伴うビジネスの多様化とビジネスにおいてインターネットを活用することに伴う様々な課題に適切に対応し，インターネットを効果的に活用するとともに，インターネットを活用したビジネスの創造と活性化に取り組むために必要な資質・能力を育成する視点から，従前の「電子商取引」の指導項目を再構成し，「ネットワーク活用」としている。その際，インターネットを活用したビジネスの創造に関する指導項目を取り入れるなど改善が図られている。

　　さらに，情報通信ネットワークの活用の拡大と情報セキュリティ管理の必要性の高まりに対応

し，情報資産を共有し保護する環境を提供するために必要な資質・能力を育成する視点から，従前の「ビジネス情報管理」の情報通信ネットワークに関する指導項目を分離し，「ネットワーク管理」としている。今回の改訂では，人的対策，技術的対策など情報セキュリティ管理に関する指導項目を充実させるなど改善が図られている。

(3) 観光産業の振興

地域の活性化を担うよう，観光ビジネスについて実践的・体験的に理解し，国内に在住する観光客及び海外からの観光客を対象とした観光ビジネスを展開するために必要な資質・能力を育成する視点から「観光ビジネス」を新設している。この科目は，観光資源と観光政策，観光ビジネスとマーケティング，観光ビジネスの展開と効果等の指導項目で構成されている。

(4) 地域におけるビジネスの推進

「ビジネス基礎」について，地域におけるビジネスの推進の必要性を踏まえ，身近な地域のビジネスに関する指導項目を取り入れるなど改善が図られている。

(5) ビジネスにおけるコミュニケーション能力の向上

グローバル化する経済社会において，組織の一員として協働し，ビジネスを展開する力が一層求められるようになっている状況を踏まえ，ビジネスにおいて円滑にコミュニケーションを図るために必要な資質・能力を育成する視点から，従前の「ビジネス実務」の指導項目を再構成し，「ビジネス・コミュニケーション」としている。その際，ビジネスにおける思考の方法とコミュニケーションに関する指導項目及び日本と外国との文化と商慣習の違いに関する指導項目を取り入れるとともに，ビジネス英語に関する指導項目を生徒や地域の実態に応じて適切な外国語を扱うことができるようにするなど改善が図られている。

図表3-1 商業科の分野構成

分野	各分野の科目	分野共通の科目	
		基礎的科目	総合的科目
マーケティング分野	マーケティング，商品開発と流通，観光ビジネス	ビジネス基礎(*)，ビジネス・コミュニケーション	課題研究(*)，総合実践
マネジメント分野	ビジネス・マネジメント，グローバル経済，ビジネス法規		
会計分野	簿記，財務会計Ⅰ，財務会計Ⅱ，原価計算，管理会計		
ビジネス情報分野	情報処理，ソフトウェア活用，プログラミング，ネットワーク活用，ネットワーク管理		

*は，商業に関する学科における原則履修科目を表す。

(6) ビジネスにおけるマネジメント能力の向上

ビジネスを取り巻く環境が変化する中で，企業活動が社会に及ぼす影響に責任をもち，経営資源を最適に組み合わせて適切にマネジメントを行うために必要な資質・能力を育成する視点から，従前の「ビジネス経済応用」の企業経営，ビジネスの創造などに関する指導項目を分離し，「ビジネス・マネジメント」としている。その際，人的資源，物的資源など経営資源のマネジメントに関する指導項目を取り入れるなど改善が図られている。

なお，このような視点からの改善により，商業科の分野構成については次のとおりとなっている。

3-4　商業科の構造

　商業科においては，関連する職業に従事するうえで必要な資質・能力を育み，社会や産業を支える人材を育成してきた。近年，経済のグローバル化，情報技術の進歩など経済社会を取り巻く環境が大きく変化する中にあって，必要とされる専門的な知識，技術等が変化するとともに，高度化してきている。こうしたことを踏まえ，商業科の目標，科目構成などの改善が図られている。

　平成30 (2018) 年告示の高等学校学習指導要領においては，商業科で育成を目指す人材像については，「ビジネスを通じ，地域産業をはじめ経済社会の健全で持続的な発展を担う職業人」としている。

　商業科が育成を目指す職業人としては，例えば，流通業，金融業等を担う人材，製造業，サービス業等様々な業種における販売，仕入，営業，マーケティング，企画，人事，経理，原価管理及び情報等の部門に関わる職の担当者などが挙げられる。さらに，商業の学びを継続するなどして公認会計士，税理士，中小企業診断士，社会保険労務士，ファイナンシャル・プランナー及び旅行業務取扱管理者等の資格職に就くこと及び商業の学びを基盤として経験を積み管理的立場の職に就くことも目指している。このほかにも，商業の学びは汎用性の高いものであることから，それを活かすことができる業種や職種には様々なものが考えられる。このように，商業科が育成を目指す職業人は，特定の業種にのみ結びついたものではなく，様々な業種における多様な職種を想定している。

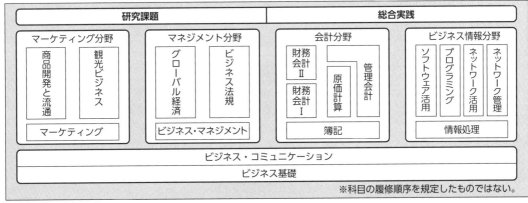

図表3-2　商業科の構造

このことが，商業教育をビジネス教育の視点で捉えることとした根拠である。

そのような職業人に求められる資質・能力を，「知識及び技術」，「思考力・判断力・表現力等」，「学びに向かう力，人間性等」の三つの柱に沿って次のように整理している。

(1) 商業の各分野についての体系的・系統的な理解及び関連する技術
(2) ビジネスに関する課題を発見し，職業人に求められる倫理観を踏まえ合理的かつ創造的に解決する力
(3) 職業人として必要な豊かな人間性，よりよい社会の構築を目指して自ら学び，ビジネスの創造と発展に主体的かつ協働的に取り組む態度

このような資質・能力を育成するためにマーケティング，マネジメント，会計及びビジネス情報の四つの分野，20科目で商業科が構成されており，各科目の学習活動において，商業の見方・考え方を働かせ，実践的・体験的な学習などを行うこととしている。

なお，ここで示している見方・考え方とは，各教科等の特質に応じた物事を捉える視点や考え方であり，商業の見方・考え方とは，企業活動に関する事象を，企業の社会的責任に着目して捉え，ビジネスの適切な展開と関連付けることを意味している。

3-5　商業科の学習指導を考える文脈

3-5-1　何ができるようになるか

商業科の学習においては，生産者と消費者をつなぐなどのビジネスを展開し，企業の社会的責任を果たすことができるようにすることを目指している。その際には，ヒト，モノ，カネ及び情報といった経営資源を最適に組み合わせるとともに，思いつきでビジネスを展開するのではなく，ビジネスに関する理論，実際のビジネスの動向，ビジネスに関する法規，データ，事例など科学的な根

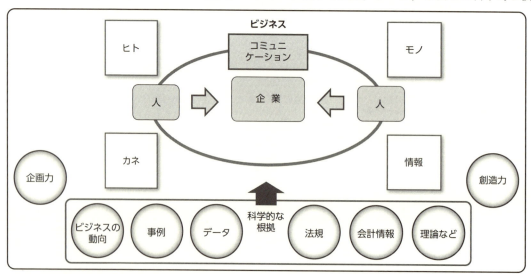

図表3-3　「何ができるようになるか」のイメージ

拠に基づいて行うことができるようにする。また，科学的な根拠を基盤としつつ，企画力や創造力を発揮し，他者と円滑にコミュニケーションを図ってビジネスを展開することができるようにする。

　これまでの各学校の指導を見ると，経営資源，とりわけ，ヒトとカネを活用するという視点が十分とはいえなかった。また，生徒の思いつきで商品開発を行うなど，実際のビジネスの動向，データなどに基づいてビジネスを展開するという視点も十分とはいえない状況にあった。実学を標榜する商業教育として，このようなことに大きな改善の余地があった。商業教育としては，ビジネスを適切に展開し，企業の社会的責任を果たすことができるようにすることを目指しているのであり，決して検定試験に合格できるようにすることを目的としているのではない。

3-5-2　何を学ぶか

商業科においての主な学びの要素としては次のものがある。

> コミュニケーション，マーケティング，商品開発，観光，マネジメント，グローバル経済，法規，簿記，財務会計，原価計算，管理会計，情報処理，ソフトウェアの活用，プログラミング，ネットワークの活用，ネットワークの管理

　これらに関わる学問をすることではなく，現実の経済社会で行われているこれらのことを学ぶものである。このことは，高等学校学習指導要領の各科目の内容の取り扱いの記述からも読み取ることができる。あくまでも学びの対象は，実際のビジネスである。

> 内容の取り扱いの記述の例
> 「ビジネス基礎」
> 　各種メディアの情報を活用するなどして経済社会の動向を捉える学習活動を通して，ビジネスについて理解を深めることができるようにすること。
> 「マーケティング」
> 　マーケティングの動向・課題を捉える学習活動及びマーケティングに関する具体的な事例について多面的・多角的に分析し，考察や討論を行う学習活動を通して，企業で行われているマーケティングについて理解を深めることができるようにすること。

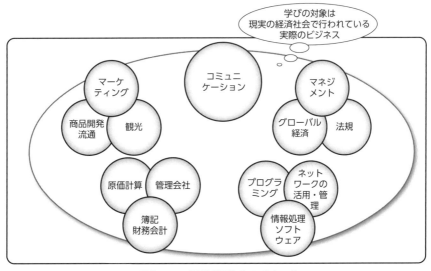

図表3-4　「何を学ぶか」のイメージ

3-5-3 どのように学ぶか

(1) 主体的・対話的で深い学びの実現に向けた授業改善

　商業科の指導にあたっては，(1)「知識及び技術」が習得されること，(2)「思考力，判断力，表現力等」を育成すること，(3)「学びに向かう力，人間性等」を涵養することが偏りなく実現されるよう，単元など内容や時間のまとまりを見通しながら，生徒の主体的・対話的で深い学びの実現に向けた授業改善を行うことが重要である。

　主体的・対話的で深い学びは，必ずしも１単位時間の授業の中で全てが実現されるものではない。単元など内容や時間のまとまりの中で，例えば，主体的に学習に取り組めるよう学習の見通しを立てたり学習したことを振り返ったりして，自身の学びや変容を自覚できる場面をどこに設定するか，対話によって自分の考えなどを広げたり深めたりする場面をどこに設定するか，学びの深まりを作り出すために，生徒が考える場面と教員教員が教える場面をどのように組み立てるか，といった観点で授業改善を進めることが求められる。また，生徒や学校の実態に応じ，多様な学習活動を組み合わせて授業を組み立てていくことが重要であり，単元など内容や時間のまとまりを見通した学習を行うにあたり基礎となる「知識及び技術」の習得に課題が見られる場合には，それを身に付けるために，生徒の主体性を引き出すなどの工夫を重ね，確実な習得を図ることが必要である。

　主体的・対話的で深い学びの実現に向けた授業改善を進めるにあたり，特に「深い学び」の視点に関して，各教科等の学びの深まりの鍵となるのが「見方・考え方」である。各教科等の特質に応じた物事を捉える視点や考え方である「見方・考え方」を，習得・活用・探究という学びの過程の中で働かせることを通じて，より質の高い深い学びにつなげることが重要である。

　商業科においては，「知識及び技術」の習得，「思考力・判断力・表現力等」の育成及び「学びに向かう力，人間性等」の涵養を目指す授業改善を行うことはこれまでも多くの実践が重ねられてきている。そのような着実に取り組まれてきた実践を否定し，全く異なる指導方法を導入しなければならないと捉えるのではなく，生徒や学校の実態，指導の内容に応じ，「主体的な学び」，「対話的な学び」及び「深い学び」の視点から授業改善を図ることが重要である。

　「主体的な学び」については，例えば，ビジネスに関する課題を設定し，様々な教科・科目等で身に付けた知識・技術などを生徒自らが活用し，解決策を考案する学習となっているか，ビジネスに関する理論について，実験などにより確認し妥当性を検討したりしているか，身に付けた知識・技術などをもとに新たな視点でビジネスを捉えているかなどの視点から，授業改善を図ることが考えられる。

　「対話的な学び」については，例えば，ビジネスにおける具体的な事例を取り上げ，専門的な知識・技術などを活用し，妥当性と課題などについて，科学的な根拠に基づいて多面的・多角的に考察や討論を行い，実際のビジネスについて客観的に理解するようにしているか，知識と技術，実際のビジネスに対する理解などを基盤としてビジネスの振興策などを考案して地域や産業界等に提案し，提案に対する意見や助言を踏まえてよりよいものとなるようにしているかなどの視点から，授業改善を図ることが考えられる。

　「深い学び」については，例えば，「商業の見方・考え方」を働かせながら探究の過程を通して

学ぶことにより，商業科で育成を目指す資質・能力を獲得するようになっているか，知識と技術，実際のビジネスに対する理解，企画力や創造力などを基盤として，地域を学びのフィールドとして模擬的なビジネスなどに取り組み，その結果をもとに改善を図っているか，新たに獲得した資質・能力に基づいた「商業の見方・考え方」を，次の学習やビジネスにおける課題の発見や解決の場面で働かせているかなどの視点から，授業改善を図ることが考えられる。

以上のような授業改善の視点を踏まえ，商業科で育成を目指す資質・能力及びその評価の観点との関係も十分に考慮し，指導計画等を作成することが必要である。

(2) 学習活動

主体的・対話的で深い学びの実現に向けた授業改善が図られるよう，商業科では，各科目の内容の取扱いに学習活動が示されている。

例えば，「マーケティング」においては，次のことが示されている。

○マーケティングの動向・課題を捉える学習活動及びマーケティングに関する具体的な事例について多面的・多角的に分析し，考察や討論を行う学習活動を通して，企業で行われているマーケティングについて理解を深めることができるようにすること。

○マーケティングに関する理論を実験などにより確認する学習活動及びマーケティングに関する具体的な課題を設定し，科学的な根拠に基づいてマーケティング計画を立案して提案などを行う学習活動を通して，マーケティングに適切に取り組むことができるようにすること。

また，「ビジネス・マネジメント」においては，次のことが示されている。

○適切なマネジメントの重要性について企業の社会的責任や企業倫理との関連から捉える学習活動及びマネジメントに関する具体的な事例について多面的・多角的に分析し，考察や討論を行う学習活動を通して，ビジネスにおけるマネジメントについて理解を深めることができるようにすること。

○ビジネスの展開を題材としたマネジメントに関する具体的な課題を設定し，科学的な根拠に基づいてビジネスアイデアなどを考案するとともに，経営資源を効果的に活用した事業計画を立案して提案などを行う学習活動を通して，マネジメントに適切に取り組むことができるようにすること。

平成30(2018)年3月改訂の高等学校学習指導要領においては，どのような学習活動を通して何ができるようにするかを明示している。平成21(2009)年3月改訂の高等学校学習指導要領においては，例えば，「指導に当たっては，各種メディア教材などを活用し，経済社会の動向に着目させるとともに，具体的な経済事象について経済理論と関連付けて考えさせること。」(「ビジネス経済」)が示されているものの，そのような学習活動を通して何ができるようにするかは示されていない。また，それ以前の高等学校学習指導要領においては，どのような学習活動を展開するかは示されていない。検定試験を目的化した，検定試験に合格するための検定試験向けの模擬問題の演習を中心とした学習活動からの脱却が商業教育の改善・充実にとって不可欠のものであることから，このようなことが示されている。今次の高等学校学習指導要領の改訂については，指導事項がどう改善されたかに着目するだけではなく，それ以上にどのような学習活動を展開するか，それによりどのような資質・能力を育成するのかに注目することが必要である。

ここに示されている学習活動を取り入れること自体が目的ではないことから，学習活動によっ

て何ができるようになるかということが示されている。ここに示されている学習活動をもとに具体の学習指導案を作成する際には，何ができるようになるかというねらいを実現することに留意することが必要である。「活動あって学びなし」とならないようにすることが肝要である。

(3) 商業教育全体を通した学びの流れ

商業に関する学科においては，商業科全体の学びの流れを構想し，それを踏まえて各科目の年間指導計画や学習指導案を作成することが大切である。

商業科では，①知識・技術などを身に付ける，②実際のビジネスを理解する，③企画力や創造力を養う，④実社会で実践する力とコミュニケーションを図る力を高めるという流れで，ビジネスを展開し，企業の社会的責任を果たすことができる人材を育成することが大切である。知識のない状態で実際のビジネスを理解することはできないこと，知識と技術，実際のビジネスの理解のない中での企画力や創造力を養うための学びは成立しないこと，知識と技術，実際のビジネスの理解，企画力や創造力のない中での実践する力やコミュニケーションを図る力を高める学びの効果は期待できないことから，次の学びの流れが大切になる。それにより，中学生やその保護者がもつ仕事に就くことに対する不安が，専門的で実践的な学びにより自信へと変化すること，進学を希望する生徒については，専門性の基礎を学んだ上での，明確な目的意識をもった，大学での優位性のある進学が期待できるようになると考える。

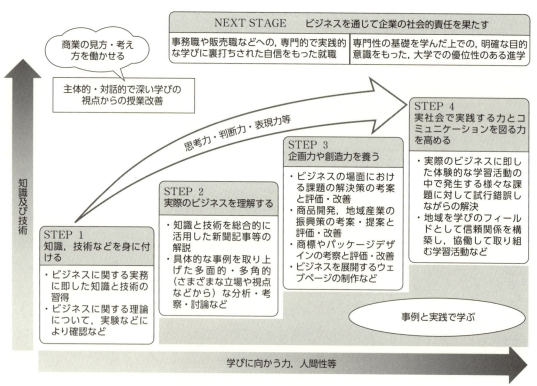

図表3-5 「どのように学ぶか」のイメージ

第4章

商業科の教育課程の編成と実施

　教育課程の意義を示すとともに，商業に関する学科における専門性を深化させることの必要性を他の校種や高等学校における他の教科の教育内容との関連から解説する。また，商業教育の質を向上させるうえでのカリキュラム・マネジメントの必要性，専門学科における教育課程を編成・実施するうえで踏まえる必要がある法令や学習指導要領の規定，高等学校学習指導要領商業科における職業資格の位置付け，教育課程編成にあたって留意する事項などについて解説する。

4-1　教育課程の意義

教育課程の意義については様々な捉え方があるが，高等学校学習指導要領解説総則編においては，学校において編成する教育課程について，「学校教育の目的や目標を達成するために，教育の内容を生徒の心身の発達に応じ，授業時数との関連において総合的に組織した各学校の教育計画である」と示されている。学校の教育目標の設定，指導内容の組織及び授業時数の配当が教育課程の編成の基本的な要素になる。

学校においては，教育基本法，学校教育法等の法令で定められている教育の目的や目標などに基づき，生徒や学校，地域の実態に即し，学校教育全体や各教科等の指導を通して育成を目指す資質・能力を明確にすることや，各学校の教育目標を設定することが求められ，それらを実現するために必要な各教科等の教育の内容を，教科等横断的な視点をもちつつ，学年相互の関連を図りながら組織する必要がある。

4-2　専門性の深化

商業に関する学科においては，専門性を担保するため，一定程度の専門教科・科目の単位数を確保する必要がある。そのため，高等学校学習指導要領においては，専門学科において，全ての生徒に履修させる専門教科・科目の単位数については，次のとおり規定されている。

> 専門学科においては，専門教科・科目（(1)のウの表に掲げる各教科・科目，同表に掲げる教科に属する学校設定科目及び専門教育に関する学校設定教科に関する科目をいう。以下同じ。）について，全ての生徒に履修させる単位数は，25単位を下らないこと。ただし，商業に関する学科においては，上記の単位数の中に外国語に属する科目の単位を5単位まで含めることができること。また，商業に関する学科以外の専門学科においては，各学科の目標を達成する上で，専門教科・科目以外の各教科・科目の履修により，専門教科・科目の履修と同様の成果が期待できる場合においては，その専門教科・科目以外の各教科・科目の単位を5単位まで上記の単位数の中に含めることができること。

この規定にあるとおり，商業に関する学科において全ての生徒に履修させる専門教科・科目の単位数は25単位を下回ることは認められていない。

この単位数の中には，外国語に属する科目の単位数を5単位まで含めることができることとされている。この規定は，学習指導要領　一般編（試案）（昭和26（1951）年改訂版）で設けられたものであり，平成11（1999）年告示の高等学校学習指導要領で，専門学科において全ての生徒に履修させる専門教科・科目の単位数が25単位以上となったことに伴って10単位までが5単位までに縮小したものの，これまで継承されている。

> 学習指導要領　一般編（試案）（昭和26（1951）年改訂版）
> （c）　高等学校の家庭科および職業に関する教科
> 　　（ⅲ）　商業科
> 　　　　商業課程においては，外国語は重要であるので，商業外国語と合わせて10単位までは30単位の中に含

> ませることができる。

　また，高等学校学習指導要領解説商業編（平成30（2018）年7月）においては，規定の趣旨や留意すべき点が次のとおり示されている。

> 　商業に関する学科については，商業教育における外国語の重要性を踏まえ，外国語に属する科目について5単位を限度として生徒に履修させる専門教科・科目の単位数に含めることができることとしている。そのため，この規定を活用する際には，この趣旨を踏まえるとともに，商業科に属する科目として，ビジネスに必要な外国語などを扱う「ビジネス・コミュニケーション」が設けられていることに留意する必要がある。

　ここで示されているとおり，商業教育における外国語の重要性から設けられたものである。しかし，現在では，大学進学希望者割合が高い高校ほど，大学入試に対応するために，この規定を適用して商業に属する科目の単位数を25単位未満としている傾向にある。特例として定められている規定を適用する場合には，その規定が設けられた趣旨に則ることが必要である。大学入試に対応するために商業の専門性を薄めることを容認する規定ではない。また，商業教育における外国語の重要性を踏まえて教育課程を編成する場合には，ビジネスに必要な外国語を扱う商業科に属する科目として「ビジネス・コミュニケーション」が設けられていることから，その科目を履修させてなお十分でない場合，外国語に属する科目を専門教科・科目の単位数に含めるということが理にかなっているものである。

　また，専門性を深化させることの必要性は，これまで先駆的に商業科で指導してきた事項が，次のように，小学校，中学校及び高等学校の他の教科・科目で取り上げられるようになったことからも見て取ることができる。これまで商業科で指導してきた内容の中の基礎的なものが，小学校や中学校などで扱われるようになることは，実学としての商業教育の専門性をさらに高め，他との違いを明確にしていくことが求められることでもある。特に，商業教育を中心になって推進する商業高校においては，普通科高校や他の専門高校などとの差別化を図ることができなければ存在意義が希薄になり，各都道府県等での高校再編において商業高校の減少を加速させることになりかねない。

> **小学校におけるプログラミング教育**
> 　子供たちが将来どのような職業に就くとしても時代を越えて普遍的に求められる「プログラミング的思考」（自分が意図する一連の活動を実現するために，どのような動きの組合せが必要であり，一つ一つの動きに対応した記号を，どのように組み合わせたらいいのか，記号の組合せをどのように改善していけば，より意図した活動に近づくのか，といったことを論理的に考えていく力）を育むため，小学校においては，児童がプログラミングを体験しながら，コンピュータに意図した処理を行わせるために必要な論理的思考力を身に付けるための学習活動を計画的に実施することとしている。〔小学校学習指導要領解説総則編（平成29（2017）年6月）〕

> **中学校における起業に関する学習**
> 　起業について触れるとともに，経済活動や起業などを支える金融などの働きについて取り扱うこと（内容の取扱い）については，少子高齢化，情報化，グローバル化など社会の変化に伴って，今後新たな発想や構想に基づいて財やサービスを創造することの必要性が一層生じることが予想される中で，社会に必要な様々な形態の起業を行うことの必要性に触れること，経済活動や起業などを支える金融などの働きが重要であることについて取り扱うことを意味している。〔中学校学習指導要領解説社会編（平成29（2017）年6月）〕

> **中学校における企業会計に関する学習**
> 　資金の流れや企業の経営の状況などを表す企業会計の意味を考察することを通して，企業を経営したり支えたりすることへの関心を高めるとともに，利害関係者への適正な会計情報の提供及び提供された会計情報の活用が求められていること，これらの会計情報の提供や活用により，公正な環境の下での法令等に則った財やサービスの創造が確保される仕組みとなっていることを理解できるようにすることも大切である。〔中学校学習指導要領解説社会編（平成29（2017）年6月）〕

> **高等学校農業科におけるマーケティングに関する学習**
> 　農業経営とマーケティングの基本的な内容について，学校農場の経営に関する事例を通して理解させ，農業経営者の先進的な実践に触れるよう留意して指導すること。なお，地域の実態や学科の特色等に応じて，適切な題材を選定すること。〔高等学校学習指導要領（平成30（2018）年3月）農業科　科目「農業経営」〕

> **高等学校公民科における企業会計及び企業経営に関する学習**
> 　企業には法に基づく適正な手続きに則った企業会計に関わる情報の開示が求められており，会計情報の提供や活用により，公正な環境の下での法令等に則った財やサービスの創造が確保される仕組みになっていること……。（科目「公共」）
> 　企業経営に関する金融の役割に関しては，現代における株式会社の仕組みと特色，企業統治や企業の社会的な責任などについての理解を基に，企業経営で必要な資金は，直接もしくは間接に金融市場から調達していることに関して，企業会計の役割と関連付けて理解できるようにすることが大切である。（科目「政治・経済」）
> 〔高等学校学習指導要領解説公民編（平成30（2018）年7月）〕

4-3　カリキュラム・マネジメント

　カリキュラム・マネジメントは，学校教育に関わる様々な取り組みを，教育課程を中心に据えて組織的かつ計画的に実施し，教育活動の質の向上につなげていくものである。カリキュラム・マネジメントの実施にあたって，「校長の方針のもとに」としているのは，学校の教育目標など教育課程の編成の基本となる事項とともに，校長が定める校務分掌に基づくことを示しており，全教職員が適切に役割を分担し，相互に連携することが必要である。そのうえで，生徒の実態や地域の実情，指導内容を踏まえて効果的な年間指導計画等の在り方や，授業時間や週時程の在り方等について，校内研修等を通じて研究を重ねていくことも重要であり，こうした取り組みが学校の特色を創り上げていくこととなる。

> 　各学校においては，校長の方針の下に，校務分掌に基づき教職員が適切に役割を分担しつつ，相互に連携しながら，各学校の特色を生かしたカリキュラム・マネジメントを行うよう努めるものとする。また，各学校が行う学校評価については，教育課程の編成，実施，改善が教育活動や学校運営の中核となることを踏まえ，カリキュラム・マネジメントと関連付けながら実施するよう留意するものとする。〔高等学校学習指導要領（平成30（2018）年3月）〕

　商業に関する学科においては，卒業までに履修させる総単位数の平均は91.5単位であり，そのう

ち商業に属する科目の単位数は，最も少なく履修した場合の平均は 30.2 単位，最も多く履修した場合の平均は 34.5 単位となっている（高等学校産業教育担当指導主事連絡協議会資料より平成 29 年度公立高等学校全日制課程の教育課程を集計）。つまり，高校在学中に履修する単位の 3 分の 1 程度で商業の専門的な事項を学ぶことになる。限られた時間で，ビジネスを通じ，経済社会の健全で持続的な発展を担う職業人を育成するためには，商業科の教員だけでアプローチするのではなく，国語科，数学科など共通教科を含めた様々な教育活動の中で，それぞれの特質を活かして商業科と連携して同じベクトルで取り組むことが必要である。こうした点からも，各学校において適切にカリキュラム・マネジメントを行うことが大切となる。

4-4　専門学科における各教科・科目の履修

4-4-1　必履修教科・科目との代替

　専門学科においては，共通教科・科目に加えて，様々な専門教科・科目を履修することになる。そのため，各教科・科目間の指導内容の重複を避け，教育内容の精選を図ることができるよう，高等学校学習指導要領の総則において，専門教科・科目の履修をもって，必履修教科・科目の履修の一部又は全部に替えることができることが規定されている。これは，必履修教科・科目の単位数の一部を減じ，その分の単位数について専門教科・科目の履修で代替することができること，必履修教科・科目の単位数の全部について専門教科・科目の履修で代替することができることを意味している。

　しかし，無条件で代替できるものではないことに留意する必要がある。代替が認められるのは，専門教科・科目を履修することによって，必履修教科・科目の履修と同様の成果が期待できる場合である。そのため，実施にあたっては，専門教科・科目と必履修教科・科目相互の目標や内容について，あるいは代替の範囲などについて十分な検討を行うことが必要である。

　この調整が適切に行われることにより，より効果的で弾力的な教育課程の編成に取り組むことができる。商業に関する学科においては，例えば，「情報処理」の履修により「情報Ⅰ」を代替することが考えられる。

> 　専門教科・科目の履修によって，アの必履修教科・科目の履修と同様の成果が期待できる場合においては，その専門教科・科目の履修をもって，必履修教科・科目の履修の一部又は全部に替えることができること。

4-4-2　総合的な探究の時間との代替

　職業教育を主とする専門学科においては，「課題研究」等が原則履修科目とされている。

　これらの科目においては，自ら課題を設定し，主体的かつ協働的に取り組む学習活動を通して，専門的な知識，技術などの深化・統合化を図り，課題の解決に取り組むことができるようにすることとしている。一方，総合的な探究の時間は「探究の見方・考え方を働かせ，横断的・総合的な学習を行うことを通して，自己の在り方生き方を考えながら，よりよく課題を発見し解決していくための資質・能力」を育成することを目指すものである。したがって，「課題研究」において，総合的な探究の時間と同様に，様々な教科・科目等の見方・考え方を実社会・実生活における問題におい

て総合的に働かせて探究を行う活動を行う場合など，総合的な探究の時間の目標と「課題研究」等の目標が軌を一にする場合も想定される。そのため，高等学校学習指導要領の総則において，総合的な探究の時間の履修をもって「課題研究」等の履修の一部または全部に替えることができること，「課題研究」等の履修をもって総合的な探究の時間の履修の一部または全部に替えることができることが規定されている。

しかし，無条件で代替できるものではないことに留意する必要がある。代替が認められるのは，同様の成果が期待できる場合であり，総合的な探究の時間や「課題研究」等の目標を満たすものでなければ，それぞれ代替することはできない。具体的には，例えば，職業資格の取得を主目的とした学習活動などについては，生徒が自己の在り方生き方を考えながら自分で課題を発見し，探究の過程において考えるための技法を自在に活用し，成果のまとめや発表を行う総合的な探究の時間の趣旨に照らしてふさわしくないことになる。

> 職業教育を主とする専門学科においては，総合的な探究の時間の履修により，農業，工業，商業，水産，家庭若しくは情報の各教科の「課題研究」，看護の「看護臨地実習」又は福祉の「介護総合演習」（以下「課題研究等」という。）の履修と同様の成果が期待できる場合においては，総合的な探究の時間の履修をもって課題研究等の履修の一部又は全部に替えることができること。また，課題研究等の履修により，総合的な探究の時間の履修と同様の成果が期待できる場合においては，課題研究等の履修をもって総合的な探究の時間の履修の一部又は全部に替えることができること。

4-4-3 学習指導要領に示していない事項の指導

高等学校学習指導要領の総則において，各教科・科目及び特別活動の指導にあたり，学校において必要であると認められる場合には，学習指導要領に示していない内容でも，これを加えて教育課程を編成，実施することができる。そのため，全ての生徒に対して指導するものとして学習指導要領に示している内容を確実に指導したうえで，個に応じた指導を充実する観点から，生徒の学習状況等の実態等に応じて，学習指導要領に示していない内容を加えて指導することも可能である。

これは，学習指導要領に示している内容を生徒が理解するために関連のある事柄などについての指導を行うことであって，まったく関連のない事柄を脈絡なく教えることは避けなければならない。さらに，これらの指導によって，生徒の負担が過重となったりすることのないよう，十分に留意しなければならない。

> 学校においては，第2章以下に示していない事項を加えて指導することができる。また，第2章以下に示す内容の取扱いのうち内容の範囲や程度等を示す事項は，当該科目を履修する全ての生徒に対して指導するものとする内容の範囲や程度等を示したものであり，学校において必要がある場合には，この事項にかかわらず指導することができる。ただし，これらの場合には，第2章以下に示す教科，科目及び特別活動の目標や内容の趣旨を逸脱したり，生徒の負担が過重となったりすることのないようにするものとする。

4-4-4 学校設定科目の設定

学校設定科目については，高等学校学習指導要領において，次のとおり規定されている。

特色ある教育課程を編成するためには学校設定科目を設けなければならない，学校設定科目を設ければ特色ある教育課程となるといった考えは適切ではない。基本は，高等学校学習指導要領に規

定されている科目で教育課程を編成することである。商業に関する学科においては，1学科平均約1科目の学校設定科目が設定されている（平成29年度公立高等学校全日制課程入学生の教育課程）。学校設定科目の名称を見ると，「簿記演習」，「会計演習」，「情報処理演習」，「ビジネス計算」，「ビジネス文書」といった高等学校学習指導要領に規定されている科目を検定試験対策のためにさらに増単して履修させることを意図した科目を設けている場合が多い。これらは，そもそも教科の目標の趣旨に合致したものとはいえず，学校設定科目の本来の趣旨とは異なるものである。一方，平成21（2009）年改訂の高等学校学習指導要領のもとでは，「観光ビジネス」という学校設定科目を設置している学校も多い。この高等学校学習指導要領の商業科においては，観光ビジネスに特化した科目は設けていないため，観光人材の育成を目指す学科において「観光ビジネス」を学校設定科目として設定することは，趣旨に即したものといえる。

> 学校においては，生徒や学校，地域の実態及び学科の特色等に応じ，特色ある教育課程の編成に資するよう，イ及びウの表に掲げる教科について，これらに属する科目以外の科目（以下「学校設定科目」という。）を設けることができる。この場合において，学校設定科目の名称，目標，内容，単位数等については，その科目の属する教科の目標に基づき，高等学校教育としての水準の確保に十分配慮し，各学校の定めるところによるものとする。

4-5　文部科学省検定済教科用図書等の使用義務

文部科学省検定済教科用図書及び文部科学省著作教科書の使用については，学校教育法で次のとおり規定されている。

> 第三十四条　小学校においては，文部科学大臣の検定を経た教科用図書又は文部科学省が著作の名義を有する教科用図書を使用しなければならない。
> 　（第六十二条において高等学校に準用）

この規定は，主たる教材として文部科学省検定済教科用図書や文部科学省著作教科書が発行されている場合には，それを主たる教材として使用しなければならないことを定めたものである。問題集を中心として授業を展開することはこの規定の趣旨に反することになる可能性がある。

一方で，この規定は，副読本，解説書，資料集，問題集，プリント類，視聴覚教材及び新聞等の教材の使用を妨げるものではなく，有益でかつ適切なものは使用することができる。

ただし，補助教材の内容及び取り扱いについては，「多様な見方や考え方のできる事柄，未確定な事柄を取り上げる場合には，特定の事柄を強調し過ぎたり，一面的な見解を十分な配慮なく取り上げたりするなど，特定の見方や考え方に偏った取扱いとならないこと。」など，平成27（2015）年3月4日付初等中等教育局長通知に基づくことが求められる。

4-6　職業資格とのつながり

検定試験については，高等学校学習指導要領解説商業編（平成21（2009）年5月）においては，「資

格取得や競技会への挑戦など目標をもった意欲的な学習を通して知識と技術の定着を図る。」と示されているとおり，知識と技術の定着を図る手段として位置付けられている。

　高等学校学習指導要領解説商業編（平成30（2018）年7月）においては，「職業資格の取得や競技会への挑戦などを通して自ら学ぶ意欲を高める。」と示されているとおり，学ぶ意欲を高める手段として位置付けられるとともに，「職業資格の取得や競技会への挑戦については，目的化しないよう留意して取り扱うこと」と明記し，商業科は職業資格の取得等が目的ではないことを明確にしている。

　また，高等学校学習指導要領解説商業編（平成21（2009）年5月）においては，「課題研究」の解説の中に，検定試験が例として示されていた。しかし，高等学校学習指導要領解説商業編（平成30（2018）年7月）においては，商業の学習と関連する主な職業資格として，マーケティング分野については，観光ビジネスに関連するものとしての旅行業務取扱管理者に関する資格，マネジメント分野については，中小企業診断士，社会保険労務士などに関する資格及びファイナンシャル・プランナーに関する試験，会計分野については，公認会計士や税理士に関する資格，ビジネス情報分野については，情報処理技術者に関する国家試験などが示されている。

　検定試験と資格とは本質的に異なるものであることから，その違いを認識したうえで，商業教育を考える必要がある。

4-7　各学科で育成する人材像と教育課程

　それぞれの学科で育成を目指す人材像を明確にし，その人材に求められる資質・能力を見極め，それを身に付けることができるようにするためには，どのような教育課程が適切かという手順で考えることが必要である。

　その際には，まずは，教育課程の柱を立てるため，選択科目を考慮しない教育課程を編成することが効果的であると考えられる。

　その後，選択履修の趣旨を生かした適切な教育課程の編成に関する規定を踏まえ，地域や生徒の実態等に応じて，柔軟に対応できるようにするため，学科の柱を崩さないことに留意しつつ選択科目を加えていくことが考えられる。

　教育課程編成においては，簿記や情報処理を中心としたどの検定試験の何級を何年次で受験するかといったことを考え，それに対応するよう教育課程編成をしている状況が見受けられる。

　その結果，マーケティング分野の科目を十分に学ぶことのできない流通ビジネス科，経済や法規を十分に学ぶことができない国際ビジネス科となるなど，どの学科の教育課程なのか分からないものになっている状況が見受けられる。

　学科の名称と教育課程は一致している必要がある。

図表 4-1 　教育課程編成のモデル

商業科 〔32〜34 単位〕

	1	2	3	4	5	6	7	8	9	10	11	12
1年	ビジネス基礎 (3)			簿記 (3)			情報処理 (3)			ビジネス・コミュニケーション (2)		
2年	マーケティング (3)			ビジネス・マネジメント (3)			財務会計Ⅰ (3)			ソフトウェア活用 (3)		
3年	課題研究 (3)			総合実践 (2)		商品開発と流通 (2)	観光ビジネス (2)	管理会計 (2)	
	^			^		グローバル経済 (2)	ビジネス法規 (2)	ネットワーク管理 (2)	
	^			^		原価計算 (2)	財務会計Ⅱ (2)	共通教科・科目 (2)	
	^			^		プログラミング (2)	ネットワーク活用 (2)	^	

流通ビジネス科 〔32〜34 単位〕

	1	2	3	4	5	6	7	8	9	10	11	12
1年	ビジネス基礎 (2)		マーケティング (3)			簿記 (3)			情報処理 (3)		
2年	ビジネス・コミュニケーション (2)		商品開発と流通 (3)			財務会計Ⅰ (3)			ソフトウェア活用 (3)		
3年	課題研究 (3)			総合実践 (2)		観光ビジネス (3)			ビジネス・マネジメント (3)		ビジネス法規 (2)	
	^			^		^			^		原価計算 (2)	
	^			^		^			^		ネットワーク活用 (2)	
	^			^		^			^		共通教科・科目 (2)	

グローバル・ビジネス科 〔32〜34 単位〕

	1	2	3	4	5	6	7	8	9	10	11	12
1年	ビジネス基礎 (2)		ビジネス・マネジメント (3)			簿記 (3)			情報処理 (3)		
2年	ビジネス・コミュニケーション (2)		グローバル経済 (3)			財務会計Ⅰ (3)			ソフトウェア活用 (3)		
3年	課題研究 (3)			総合実践 (2)		ビジネス・コミュニケーション (2)		ビジネス法規 (3)			マーケティング (2)
	^			^		^		^			原価計算 (2)
	^			^		^		^			ネットワーク活用 (2)
	^			^		^		^			共通教科・科目 (2)

4-7　各学科で育成する人材像と教育課程

会計ビジネス科　〔32～34単位〕

	1	2	3	4	5	6	7	8	9	10	11	12
1年	ビジネス基礎(2)		簿記(4)				財務会計Ⅰ(2)		情報処理(3)			
2年	ビジネス・コミュニケーション(2)		財務会計Ⅰ(2)		原価計算(4)				ソフトウェア活用(3)			
3年	課題研究(2)		総合実践(2)		財務会計Ⅱ(3)			管理会計(3)		マーケティング(2)		
										ビジネス・マネジメント(2)		
										ネットワーク活用(2)		
										共通教科・科目(2)		

※「財務会計Ⅰ」については，「簿記」の履修後に履修

情報処理科　〔32～34単位〕

	1	2	3	4	5	6	7	8	9	10	11	12
1年	ビジネス基礎(2)		簿記(3)			情報処理(4)				プログラミング(2)		
2年	ビジネス・コミュニケーション(2)		財務会計Ⅰ(3)			ソフトウェア活用(4)				プログラミング(2)		
3年	課題研究(2)		総合実践(2)		ネットワーク活用(3)			ネットワーク管理(3)		マーケティング(2)		
										ビジネス・マネジメント(2)		
										原価計算(2)		
										共通教科・科目(2)		

58　第4章　商業科の教育課程の編成と実施

第5章

商業科の学習指導

　学習指導要領の改訂により,「主体的・対話的で深い学び」を授業において実践することが求められている。そのためには,授業の質の向上に努めなければならない。

　この章では,商業科教育における学習指導の理念と方向性を考えるとともに,主体的・対話的で深い学びの実現を目指した授業をどのように構築するかについて取り扱う。

5-1 商業科教育における学習指導の理念と方向性

　前述のとおり，高等学校学習指導要領（平成30（2018）年3月告示）においては，グローバル化の進展など時代の変化に対応するとともに，観光産業の振興等社会の要請に応える視点から商業科の改善を図っている。商業科教育における理念と方向性を考えるとき，これからの時代をどのように捉えるかが重要なポイントになる。テクノロジーの急速な進化やグローバル化などによって，ビジネス（商業）を取り巻く環境は一層複雑に入り組んでいくことから，時代を見通す力が教員に求められる時代になっていくと考えられる。つまり，これからの商業科教育では，従来の知識や技術の伝達に加え，教員からの一方的かつ画一的な指導から脱却した，生徒や地域との共創による新たな学びの場を生み出す指導へシフトする必要がある。

　ここでは，将来必ず起こること，起こりうることを整理し，商業科教育の理念と方向性を考える。

5-1-1 これからのビジネス社会に求められるもの

❶ VUCAワールド

　現在のビジネス社会は，複雑性の高い世界，つまりビジネスを取り巻く環境が不安定で不確実，かつ曖昧模糊で混沌としており，将来の予測が困難な状況にある。そんな中，世界のビジネス社会において「予測不能な世界」を意味する「VUCA（ブーカ）ワールド」という言葉が頻繁に使われている。このVUCAワールドを理解することが，これからの商業科教育を考える上で重要となる。VUCAとは，次に示す四つの単語に由来する。

(1)　**Volatility**（不安定で変化が激しい社会）

　テクノロジーの進化により，消費者の多様化，市場の細分化が急激に進んでいる。そのため，優れたビジネスモデルを実現できたとしても短期間でその優位性が揺らいでしまうなど，変化が激しい社会になっている。

(2)　**Uncertainty**（先が読めず不確実性が高い社会）

　ビジネスを取り巻く環境がグローバル化によって激しく変化するとともに，国境等の地政学上のリスク等が増大することで，不確実性が高い，つまり先を見通すことができない社会になっている。

(3)　**Complexity**（複雑に絡み合う社会）

　現在のビジネスにおいては，一国の市場での出来事がその国の市場にだけ影響するということはなく，各国の市場に何らかの影響を与えている。多数の人・企業・国が絡み合うことで，複雑性の高い社会となっている。

(4)　**Ambiguity**（曖昧模糊とした社会）

　先進国における高齢化や人口減少，世界規模の異常気象など，これまで経験したことのない問題がビジネスに大きな影響を与えている。判断材料となる根拠が乏しく予測が困難なため，曖昧性が高い状態で行動しなければならない社会となっている。

❷ 持続可能な開発目標（SDGs）

　平成 27（2015）年 9 月に開催された「国連持続可能な開発サミット」において，「我々の世界を変革する：持続可能な開発のための 2030 アジェンダ」が採択された。そこには，2016 年から 2030 年までの 15 年間で達成すべき 17 の目標と 169 のターゲットから構成される「持続可能な開発目標（SDGs：Sustainable Development Goals）」が掲げられている。開発途上国だけでなく先進国にも相応の役割が求められており，企業においては SDGs に関連した課題に取り組む必要性が認識されつつある。SDGs には社会のニーズが反映されていることから，これからのビジネスではこれに向かい合っていくとともに，いかに企業がサスティナビリティ（持続可能性）を意識した事業を行うかが重要である。また，これらに取り組んでいく上で多様な見方・考え方が必要となることから，ダイバーシティ（多様性のある人材活用）を推進，共創していくことで相乗効果を生み出し，イノベーションを創出するという考え方が，今後の日本社会の特徴となりうる。

　取り組むべき課題について，一部を次に示す。

- 2010 年には 1 億 2800 万人だった日本の人口は，2030 年には 1 億 1600 万人あまりに減少する。また，人口の 3 分の 1 近くが 65 歳以上の高齢者となる。それにともない 15 歳〜64 歳の労働人口は 2000 年の 5848 万人から 2030 年には 4926 万人になるとみられる。
- 国連は，2015 年に 73 億人だった世界人口が，2030 年には 84 億人になると予測している。また，現在人口の半数が都市部に集中しており，今後その比率も上昇すると考えられている。一方で貧困の撲滅はいまだに実現しておらず，アフリカや中東からの移民・難民流入の動きが続いている。
- グローバル化が進んでいることで世界中で財とサービスの取引が加速しており，国境を越えたネットワークの活用があらゆる産業や企業に影響を及ぼしている。
- 世界の原油発見量は 1960 年代をピークに減少しており，1984 年を境に石油生産量が原油発見量を上回る状況が続いている。また，世界一人当たりの穀物生産量は減少の一途をたどっている。一方で，世界の人口増加，食文化の変化並びに穀物における食料需要と燃料需要の競合等が起きており，資源危機や食糧危機のリスクを抱える社会となっている。
- 気候変動の影響を受けて，自然災害による損害額は年々増加しており，年ごとの変動幅も大きく拡大している。こうした自然災害等の外的要因がビジネスに影響を及ぼしている。
- 一国や一地域の金融危機が世界へ影響を及ぼすリスクが高まっており，金融の流れと実体経済・資産経済の乖離が進んでいる。また，資源や食料，水等が投資の対象となって金融市場化がさらに進むことで，国や産業に影響を及ぼすリスクがさらに増大している。
- AI や IoT など情報技術の進化が，情報経済の進展をうながし，産業構造の変化や様々な業界再編が起こることが予想される。

5-1-2　商業科教育が育成すべき人材像

　よい学習者は，外的環境の変化をいち早く察知し，自らを新しい環境に対応させる「適応性」に優れている。そして，強い衝撃もしなやかに受け止め，回復力に優れる「しなやかな強さ」を有している。それにより，自ら学び，創造し，自らをデザインし，常に進化し続ける「自己組織化」が

実現される。複雑性の高いビジネス社会においてはこのような力，いわゆる「レジリエンス」が必要であり，商業科教育が育成すべき人材像に当てはまる。こうした人材の育成には，次の考え方が求められる。

(1) 創造性（クリエーション）

創造性（クリエーション）は，既存の知と知を足し合わせて，新しい知を生み出す。何らかの知識に対して固定概念に囚われず視点を広げていく水平思考（ラテラル・シンキング）と，その知識に対して深く探究する垂直思考（ロジカル・シンキング）を組み合わせることで，創造性をより発揮することができる。

(2) 革新性（イノベーション）

革新性（イノベーション）は，アイデアを実現し成果を生み出す。既存の概念から離れた新たな視点と実行力は，強い志と行動力にその根源をなしている。

(3) 複雑性を理解する力

複雑性を理解する力とは，自らの理解と他の人の理解を重ね合わせて，様々なつながりでつくられるシステムの全体像とその作用を意識し，理解する能力をいう。とりわけ，様々な利害関係者との絡みの中で，時間の経過とともに展開されるダイナミックな複雑性を理解する「システム思考」の習得が鍵をにぎることになる。（「システム思考」の詳細については後述する。）

(4) 共創的に対話をする力

共創的に対話する力とは，個人，チーム，組織に根強く存在する無意識の前提を振り返り，意識しながらともに創造的に考え，並びに話し合うことができる能力をいう。社会がどのようになっているかの意識・無意識の前提，いい換えると思い込みや偏見が私たちの行動に深く影響を与える要素となる。したがって，思い込みや偏見を意識して，自分の前提を保留しながら話し合うことができることが，対話などの「グループ学習」には重要な要件となる。

(5) 志を育む力（自らを動かす力）

志を育む力とは，個人，チーム，組織が，自分たちが本当に望むことを想い描き，その望むことに向かって自ら選んで変わっていく能力のことである。自らの在るべき姿を思い描き，その実現に向けて探究を続けながら自己を高め，組織で「共有ビジョン」を作り出すことで，内発的な動機にあふれた個人がその「想い」を重ねた集団を創り出していく。

5-1-3 商業科教育における問題発見能力，課題解決能力の育成

❶ システム思考

社会を全体的に把握し，また様々な要素をつながりとして捉えながら問題の核心を見いだす力をシステム思考という。システム思考では，自由に視点を変えることで，様々なレベルでものごとのつながりと全体像を見る「新しいものの見方」に着目している。

システム思考の基本を理解する考え方に「氷山モデル」がある。「氷山モデル」はできごとの奥に潜む要因を視覚化したものである。このモデルでは「できごと」は海水面の上に見ている部分であり，それらは一定の行動パターンの上に起こる現象である。この「行動パターン」は「構造」によって生み出され，「構造」は人々の「意識・無意識」の思い込みや前提によって作られる。「できご

と」のレベルで解決策を考えても，対処療法しか考え出すことができずに，効果的な解決にはならない。

できごとを分析してみると，いつも同じ現象が現れるパターンが見えてくる。この行動パターンが分かると予測した対応ができる。しかし，行動パターンが起こることを防ぐことまではできない。

このようなパターンを生み出す「構造」に働きかけて，問題の発生を防ぐことができる。ただ，構造を変えようとしても，人がもつ「意識・無意識の前提」，経験から作られる思い込みの抵抗にあい，うまくいかない場合がある。

こうした場合，システム構造を作り出す，意識・無意識レベルの前提や価値観に向き合うことで，よりよい構造やパターンへの変化を創り出すことが可能になる。

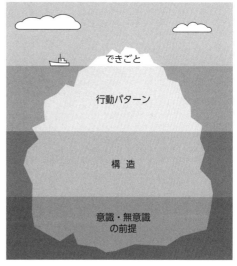

図表5-1　氷山モデル

❷ デザイン思考（課題解決アプローチ）

デザイン思考とは，「何が課題なのか」から捉えなおすと同時に，解決の方法を創造的に統合していくことである。「商品開発と流通」等の企画を考えたり，「ビジネス・マネジメント」などの課題を考える授業では，デザイン志向が有効な手段となる。

デザイン思考では次のステップを踏む。

(1) 観察・共感

　この段階では，「ユーザーが本当に求めていることは何か」，「どのように解決するか」，「何が必要なのか」並びに「ユーザーの価値感のポイントは何か」など，常にユーザー視点でプロセスを進める。

(2) 問題定義

　この段階では，さらに掘り下げた観察と問題定義を繰り返しながら，コアとなる問題を見つけだす。場合によっては「そもそも問題ではないのではないか？」といった，根本的な軌道修正が求められる場合もある。

(3) アイデア創出

　どんなアイデアがユーザーに受け入れられるか，思いつく限りのアイデアを出してみる。現実性は加味せず，とにかく出すことが重要になる。この後のプロトタイピングや検証で，徐々にコアの問題解決になるアイデアが浮かび上がってくる。拡散したアイデアを決定及び検証する際は，仮説をより具体的にすることが大切である。

(4) プロトタイピング（試作品）

　アイデアが出たら，検証するためにすぐにプロトタイプを作成する。実際にプロトタイプを作成することで，アイデアがより具現化でき，イメージが湧きやすくなるとともに，プロトタイプを作成することで，開発メンバーが技術的な実現可能性を図ることができ，意思決定がしやすくなる。

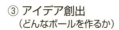
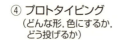

図表5-2　デザイン思考のステップ

(5)　検証

　　検証のタイミングは一度きりではなく，優先度が高いものから低いものまでバランスよく分類し，検証・改善のサイクルを小さく早く回すことで，精度が高まる。

5-2　商業科教育における主体的・対話的で深い学び

　「主体的・対話的で深い学び」とは，前述したとおり（p51を参照），生徒が自ら主体的に学習することによって，自ら気づきを得る力，他者と協働する力，自ら課題に対して積極的に探究する力の育成を図る学びである。発見学習，問題解決学習，体験学習及び調査学習等が含まれるが，教室内でのグループディスカッション，ディベート及びグループワーク等も有効な方法である。

5-2-1　生徒の主体性・創造性を引き出すマネジメント

　「主体」とは，「自覚や意志に基づいて行動するもの」，「物事を構成する上で中心となっているもの」のことである。この意味からすると，生徒は，自分の意志でその場に参加し，受動的な存在ではなく，授業における中心的な存在としてその場にいることとなる。まさに授業では生徒が主役であり，その生徒の創造や学習をサポートするのが教員といえる。生徒に主体性がなく，常に受け身でいる状態ではよい授業の実現は難しくなる。学校現場では，「授業だから参加する」という前提ももちろんあるが，いかに生徒が本来もつ主体性が発揮される場を整えるかが重要となる。

　商業科教育では，「主体的・対話的で深い学び」を取り入れた学習がすでに授業で実施されている。「課題研究」を始めとして「マーケティング」や「商品開発と流通」等の科目では，生徒が自ら考えた課題を実現するため，自発的に調査研究を進めて，社会と連携した授業に取り組んでいる学校が多くある。その半面，検定対策のような，教員の指示を聞き問題を解く授業のように，取得が効率的に行われるように反復練習に重点を置いた授業を中心に行われていることも確かである。本来，生徒が自ら学びに向かう支援をすることが，生徒の主体性，創造性を育むと考えるとすれば，検定

合格が目的ではなく，学ぶプロセスを大切にするアプローチが考えられる。今後の指導に求められる重要な視点であることを認識しなければならない。

❶ 生徒の関係性を向上させる成功循環モデル

成功循環モデルとは，企業においてビジネスの成果を高めるために，組織をどのように運営するか，組織開発で用いられる考え方の一つである。

組織の関係の質が高まれば，思考の質が高まり，そうすると行動の質が高まり，結果の質が高まっていく，また結果の質が高まることで関係の質がさらに高まっていく，ということを意味する。しかし，これは好循環にもなれば，悪循環という形で強化されていくこともある。

グループ学習において，メンバー間が互いをよく理解し，尊重していたり，困ったときには互いにサポートできる関係があると（**関係の質**），活発に意見をいい合ったり，創造的なアイデアが生まれやすくなる（**思考の質**）。そのことによって，自発的，積極的な行動が生まれ（**行動の質**），よりよい成果が得られる（**結果の質**）。そうしたよい成果はさらにチームメンバーの関係をよくすることに寄与する（**関係の質**）。結果や行動の質を直接的に高めるのは難しいことだが，関係の質に働きかけることで，最終的には望む結果を手にすることができるようになる。

「課題研究」などのグループ学習を中心に行われる授業では，グループの構成をどうするかに大きなエネルギーを割くことが多い。生徒間のコミュニケーションが円滑に行われないことも教員にとって悩ましい課題である。生徒の人間関係に悩むまえに良好な関係性を築くことが，こうした状況を改善するアプローチとして有効である。

❷ 生徒の創造性を引き出す授業

授業では，様々な創造が生まれる。それらは，形のある作品や商品かもしれないし，形のないサービスやアイデアかもしれない。また，クラスとしてのビジョンや一体感，気づきが生まれる場になるかもしれない。いずれにせよ，授業を通じてこうした豊かな創造という果実を収穫したい場合には，生徒が主体性を発揮し，協働しやすい土壌をしっかりと育むことが重要になってくる。

「商品開発と流通」，「課題研究」及び「プログラミング」のようにアイデアを生み出す授業では，発想を広げるための手法や，出されたアイデアをブラッシュアップするための対話の手法など，各種のフレームワーク（成果を導き出す手順など）を利用すると，創造性を広げることが容易になる。

❸ 安心安全な授業環境を整える

生徒が主体的に学習するための環境を整えるためには，話し合いの場などにおいて生徒がもつ不安や恐れを軽減しながら，安心安全な場を設定することが重要である。例えば，「間違ったことをいったら先生に叱られる」，「まわりの生徒に馬鹿にされる」と感じている状態では，積極的に発言することは難しくなる。また，主体性を阻む要因としては，場の

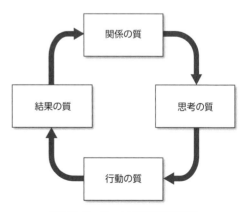

図表 5-3 チームの成功循環モデル
マサチューセッツ工科大学ダニエル・キム教授提唱

状況だけでなく，生徒の思い込みの中に存在していることが多くある。「授業は，先生がいうことを聞いていればいい」，「間違えることは恥ずかしい」，「失敗はよくないこと」など，多くの要因は学校や教室という場の中だけではなく，広く社会で共有されている思考の枠組みそのものに存在している。こうした思考の枠組みは，実は教員自身にも多く内在している。その意味では，生徒が主体的に学習するための環境を作るヒントは，教員自身の中に多く存在するといえる。教員自身の体験や，心の中にある不安や恐れを素直に語るなどの授業を行っていくことで，生徒もより安心・安全な場を感じられるようになるのではないか。

　以下，安心・安全な場を作るための方法を紹介する。

(1) 基本ルールを設定する

　授業の中で，教員と生徒が守る基本的なルールを設定する。授業の対象や目的によって多様なルールが考えられるが，代表的には以下のようなものがある。

・相手を批判せず，尊重する。
・人の話をよく聴き，本音を話す。
・意見やアイデアを積極的に出す。
・失敗を歓迎する。
・秘密を守る（授業で知った話を外の人に話さない）。

　ルールは模造紙などに書き出し，冒頭に説明し同意を得た上で，全員が見える位置に貼っておくと効果的である。あまり守られてないなと思ったら，みんなでもう一度模造紙を見て思い出させることもできるし，守っていない生徒には注意がしやすくなる。また，ルールは教員が提案することが一般的だが，生徒と一緒にルールを作り上げることも効果的である。全員で作り上げたルールであれば，お互いに納得感を持ち，ルールを守っていこうという気持ちになる。

(2) 失敗を受け入れ，挑戦を称える認識への転換

　挑戦の重要性や，失敗から学ぶ大切さを話すことや，生徒に実感してもらえるゲームによる体験活動などを実施することで，失敗を受け入れる環境を作ることが大切である。失敗を歓迎する，失敗した人を褒めるなどのルールや習慣付けをみんなで決めてやってみることで，そのような場を促進することができる。また，授業を進める中で教員も失敗することがあるが，その失敗自体を題材にすることで，失敗のハードルを低くすることができる。どのような言葉よりも教員自身の在り方を見せることが，生徒には一番伝わる。

(3) 発言しやすい環境をつくる

　回答に難しい問いを投げて，すぐに全員の前で答えてもらうことは生徒にとっては容易ではない。そうした場合には，回答や発言をしやすいステップを作ることも大切である。例えば，問いを出した後に，個人で考える時間を作り，まずは各自のノートや付箋に書き出してもらう。その後，二人ペアで話をしてもらい，ペアを合体して四人で話し，最後に全体で話を共有するなど，様々な工夫が可能である。

　また，問い自体を変えることも有効で，例えば，「教育の理想像とは？」という質問が難しい場合には，「あなたが行きたいと思える学校とは？」という問いから始めることも可能である。また特に授業の冒頭においては，自分の経験について話をしてもらうなど，正解や不正解がない問いかけが効果的なことも多くある。

❹ 他者を受け止め，理解する機会を作る

誰でも初対面の人には緊張したり，いきなり本音で会話したり，深いコミュニケーションをとることは難しい。逆に気心が知れた仲間内では，悩みも話せたり，厳しいこともいい合えたりする。その意味で，お互いをよく知ることも，主体性の促進に貢献する。

(1) 授業の始めに行う対話（チェックイン）

少人数のグループで，できれば全員の顔が見えるように椅子のみで輪を作り，一人ずつ順番に話をしていく。質問内容は様々なものが考えられるが，クラス替え当初であれば，今の気持ち，自己紹介，最近あった楽しいことなど，できるだけ正解・不正解がなく，自己開示をしやすいものを選ぶとよい。

自分が授業に参加するという気持ち，主体的に関わると同時に互いをより深く知るきっかけになる。

(2) ゲームなどで場を和ませる（アイスブレイク）

フルーツバスケットを，フルーツの名前ではない形で実施する。椅子を人数分より一つ少なく用意し，円形に配置する。オニの一人は円の真ん中に立ち，「〇〇が好きな人」，「〇〇の食べ物が好きな人」など何かを問いかける。該当する人は席を立ち，別の椅子に移動しなくてはいけない。その間にオニは空いた椅子に座るように試みる。その後，新しいオニがまた新しい質問をする。ゲームの中で様々な質問をすることで，相手を知るワークとして活用ができる。また，いきなり質問を考えることが難しそうであれば，事前に質問をみなで考える時間をもってもよい。

(3) 物語を語り合う（ストーリーテリング）

何人かのグループで，一人が物語の語り手，他の人が聴き手となり，順番に互いの人生の物語を語り合い聴き合うワーク。「あなたの子ども時代から今に至る人生を語ってください」，「最近あった一番嬉しい出来事について語ってください」などテーマは自由にできる。やり方としては，聴き手は質問や突っ込みなしで，ただ相手の話を集中して受け止める。また，簡単な紙芝居を作り紙芝居形式で行ったり，子供のころの写真などを持参してもらい見せながら行ったりすると盛り上がる。

5-2-2 フレームワークの活用

フレームワークを活用すると，場の対話が促進され主体的・対話的で深い学びを意識した授業を実践することができる。授業において用いやすいフレームワーク例を，以下に示す。

❶ ダイアログ（対話）

会話には四つのレベルがあり，それぞれに次のような特徴がある。グループ学習では，生徒間の活発な対話が重要なポイントになる。その意味でこうしたレベルを意識して対話のレベルを体感してみることが，深い対話や学びにつながることになる。

●レベル1
・儀礼的で本音や心の内を表面に出さない。
・天気の話や世間話など当たり障りのない会話。

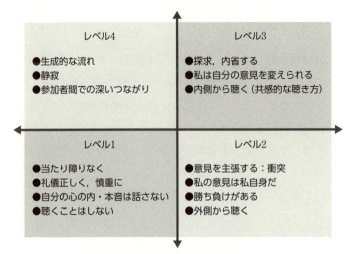

図表5-4　会話の4つのレベル
オットー・シャーマー著『U理論』より

- レベル2
  - 自分の意見を主張し，相手の意見を否定的に聴く。
  - ディベートのように討論形式で話し合う。
- レベル3
  - 互いに相手の主張を受け止め，共感的に聴く。
  - 相手の意見の背景や，自分の意見の根拠を自分自身の問いかけとして意識する。
- レベル4
  - 相手の話を互いに共感しながら聴き，深くつながる。
  - 対話によって互いの話の中で気づきや新たな発見を喜ぶ流れが生まれる状態。

❷ ワールド・カフェ (アイデアの創出・対話の促進)

グループディスカッションの方法としてワールドカフェがある。

(1) 進め方

①4人1組で席に着く

ひとつのテーブルに4～5人(原則4人)が座り，カフェのような雰囲気で自由に対話する。議論のテーマはどのテーブルも同じ内容とする。

②一定時間で1人を除き，席を移動する

10分程度の話し合いを数回，メンバーを変えて行う。ラウンドが変わるごとにテーブルホストとして1人を残して全員が他のテーブルにそれぞれ移動し，別のテーブルの話し合いに参加する。1人残った人は移動してきた人にそのテーブルで進

図表5-5　ワールド・カフェ

んだ話の内容を伝える。最後に元のグループ(ホームグループ)に戻って，他のテーブルで話された内容を伝え合う。

③紙に意見やアイデアを書く

テーブルに模造紙を置き，そこに議論の中で浮かんできた疑問やアイデアを自由に書き込んで

いく。このことで，移動してきた人でもその前にどんなことが話されていたのか分かりやすく，意見も出しやすくなる。

④生徒全員で情報共有する

最後は全体で情報を共有する。同じ意見になった点について，より深く掘り下げる。ただ，ワールドカフェ方式は，答えを出すことを目的とした話し合いのやり方ではなく，生徒がオープンに会話を行い，新しいアイデアや知識を生み出すのが目的である。

(2) ワールド・カフェの注意点

座席の配置は島型が理想であり，少人数で1枚の模造紙を囲む程度のスペースがあるとよい。

グループの人数は4名を基本として考えるとよい。5～6名になると意見をいわないで終わってしまう生徒が出る場合がある。

❸ ブレーンストーミングとKJ法

ブレーンストーミングは一定のルールに従って，対話の広がりを生み出す手法である。KJ法（川喜田二郎氏考案）は対話によって収集した意見を効率よく整理するために用いられる。

(1) ブレーンストーミングのルール

ア　絶対に批判しない

お互いのアイデアのよい面を褒めアドバイスすることで，その場の雰囲気がよくなり，活発な意見交換につながる。意見を否定されると自由な発言ができなくなってしまう。

イ　自由奔放に意見を出す

常識にとらわれずにたくさんのアイデアを出すことが目的であり，自由に発言することが大切で，参加メンバー全員が積極的に発言できるように奇抜なアイデアを歓迎する雰囲気で進める。

ウ　質よりも量を重視する

目的はアイデアを出すことであり，アイデアを発展させるために，アイデアの質よりも，まずは量を出すことを重視する。

エ　アイデアを発展させる

積極的に他の人のアイデアに便乗し，アイデアを組み合わせ，お互いのアイデアの面白い点を見つけていき，それをヒントに自分のアイデアを出すことも歓迎する。

(2) ブレーンストーミングの利点

ア　新しいアイデアが生まれる

自由に意見を交換しながら，複数のアイデアを発展させることで，一人では思いつかない斬新なアイデアが生まれる可能性がある。

イ　参加メンバー同士の理解が深まる

お互いの意見を批判せずに，自由な意見を気軽に交換ができるため，参加メンバー同士の理解が深まる。

ウ　参加メンバーの視野が広がる

他の人のアイデアを聞くことで，気づきがあり，参加メンバーの視野を広げることができる。

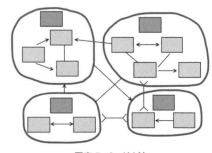

図表5-6　KJ法

(3) ブレーンストーミングの注意点
- ルールを理解しないメンバーがいる場合，まとめ役が必要になる。
- 話し合いの内容をメモしまとめておく役を決めておくと，終わった後に話されたポイントが明確になる。

❹ アイデアマップを用いた商品開発や課題解決の方法

アイデアマップとは，中心となるテーマやキーワードから連想されるキーワードやイメージを放射状に書き出してつないでいく手法。アイデアを広げて発想でき，全体像を見える化できるという効果がある。

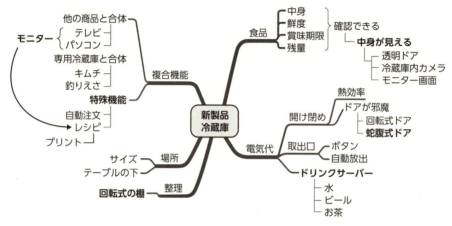

図表5-7　アイデアマップ

❺ OST（オープン・スペース・テクノロジー）

参加者同士が主体性を発揮しやすくなるよう設計された対話の手法の一つ。

① テーマ出し：全員がサークル（車座）になり，中心にA4の紙とペンを置く。
　テーマ，問いかけを発表する。参加者が「テーマ」に対して自分がやりたいことを思いついたら，中心に行って，紙にペンでその内容を記載する。
② テーマの説明：話したいテーマを出した人がみなの前で発表をする。
③ 発表場所を決める：発表されたテーマを壁に貼り出すなどして一覧にする。このテーマはこの場所で話す，などを決めておきテーマの発表者以外の人は自由に移動する。
④ それぞれのグループに分かれて時間まで話し合う。参加者は話題に興味がなくなったときはグループを離れることができる。また，疲れたときは休んでもよい。

5-2-3　商業科教員（ファシリテーター）としての在り方

❶ ファシリテーションの定義

ファシリテーションについては，次のように定義されている。
- 人々の活動が容易にできるよう支援し，うまくことが運ぶよう舵取りすること
- 場をつくり，人々の参加を促進し，対話を育み，学びや創造を容易にする技法（ファシリテー

ション　実践から学ぶスキルとこころ）
・集団による知的相互作用を促進する働き（問題解決，アイデア創造，合意形成，教育・学習，変革及び自己表現・成長等の知識創造活動）
・中立な立場で，チームのプロセスを管理し，チームワークを引き出し，そのチームの成果が最大となるように支援する

　ファシリテーションの語源については，「Facilitate（容易にする，促進する）」からきている。
　したがって，ファシリテーターとは，誰かが何かをするのを容易にする役割をもつ人といえる。
（例）
・組織が意思決定をするのを容易にする。
・地域住民が合意形成することを容易にする。
・生徒が学ぶことを容易にする。
・生徒が夢や目標をもつことを促進する。

❷ 学びにおけるファシリテーターの役割

　従来の教員の役割は，正解や知識，情報を正しく教えることであり，教える方法は長い経験のもとに形成される。ファシリテーターとしての教員の役割は，生徒が自ら進んで学習することをサポートすることであり，主体的に学ぶ場をデザインすることにある。

❸ ファシリテーションのサイクル

　ファシリテーターは，場の雰囲気や参加者の活動状況に常に気を配り，意図した流れや目的に向かっているかの見立てをして，必要に応じて介入したり，対話を促進する手助けとして適切なフィードバック等を行ったりすることが必要である。

図表5-8　従来型授業との比較

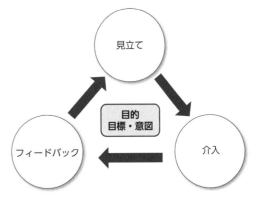

図表5-9　ファシリテーションのサイクル

❹ ファシリテーターのスキル

　ファシリテーターとして，生徒の意見をいかに引き出すかは，問いの設定が大きな役割をもっている。大きく分けて，問いには次の二つの形がある。
　① オープンクエスチョン
　　解答がなく自由に答えられる問いかけ。

例：「どうしてそう思うのか」「その思いの背景は」

② クローズクエスチョン

回答を Yes，No のどちらか二択で答えさせる問いかけ。

「好きか，嫌いか」「よいと思うか，悪いと思うか」

また，ワークに関して，流れに注意しながらの時間の管理が大切である。ただし，時間にとらわれてしまうと中途半端に終わってしまうこともあり，柔軟に対処することを心がける。

❺ ファシリテーターの在り方

在り方とは，「自分は何者として今，この場に存在しているのか？」という「なぜ（Why）」について内省することから始まる。

やるべきことへの自己定義や思い込みや前提を脇に置いて，フラットな状態で場に参加することが望ましい。

図表 5-10　ファシリテーターのスキル

板書	問い
・全員が同じ認識で同じ方向を見て話せる ・何が話されたのか記録となる	・オープン，フレーム，選択的（抽象度の変化） ・考えさせる質問（×質問の意味を考えさせる） ・経験から答えられるもの＝正解ない ・沈黙を恐れず待つ時間も大切（深い問いは考えさせる）
空間デザイン・グループサイズ	時間管理
・スクール型，島型，円形など ・個人，ペア，グループ，全体	・各ワーク，グループサイズとの関係 ・管理と柔軟性

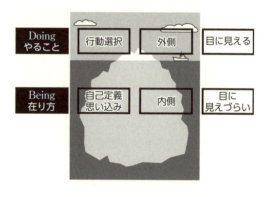

図表 5-11　ファシリテーターの在り方

第6章 各分野の学習指導

　この章では，各分野における科目構成，学習指導要領における具体的な内容及び指導方法並びに具体的な学習指導案について取り扱う。

※学習指導案の例の省略箇所については、下記URLで公開。キーワード検索で「商業科教育論」を検索。http://www.jikkyo.co.jp/download/

6−1　基礎的科目

6−1−1　科目構成

　平成30（2018）年の学習指導要領の改訂では，基礎的科目は，「ビジネス基礎」，「ビジネス・コミュニケーション」の2科目で構成されている。「ビジネス基礎」は，商業に関する学科における原則履修科目として位置付けられている。

　今回の改訂では，「ビジネス基礎」は，地域におけるビジネスの推進の必要性を踏まえ，身近な地域のビジネスに関する指導項目を取り入れるなどの改善が図られた。「ビジネス・コミュニケーション」は，ビジネスにおいて円滑にコミュニケーションを図るために必要な展開する資質・能力を育成する視点から，従前の「ビジネス実務」の指導項目を再構成し，従前の総合的科目から基礎的科目となり，低学年での履修が望ましいとしている。

6−1−2　基礎的科目が育成を目指す資質・能力

　基礎的科目の学習により生徒が身に付けてほしい資質・能力として，次に示す三つがある。

① 個別の知識・技術
- ビジネスの様々な場面で役に立つビジネスに関する基礎的な知識と技術を，具体的な事例と関連付けて身に付けている。
- ビジネスにおける思考の方法とコミュニケーションについて実務に即して理解するとともに，関連する技術を身に付けている。
- ビジネスに関する基礎的な内容を理解できている。

② 思考・判断・表現等
- ビジネスに関する様々な知識・技術などを活用し，ビジネスに関する課題を発見するとともに，科学的な根拠に基づいて工夫してよりよく解決する力を養っている。
- ビジネスに関する基礎的な内容を，様々な角度から考察しようとしている。
- ビジネスに関する基礎的な内容を理解し，自分で説明できている。
- ビジネスの場面を分析し，科学的な根拠に基づいて，場面に応じて思考して，評価・改善できている。

③ 学びに向かう力，人間性など
- ビジネスの基礎的な事項について自ら学び，ビジネスに主体的かつ協働的に取り組んでいる。
- ビジネスを適切に展開する力の向上を目指して自己の役割を認識して当事者としての意識をもち，他者と信頼関係を構築して積極的に関わり，ビジネスに責任をもって取り組む態度を養っている。

　これらの学力観をもとにして，商業の学習とビジネス，ビジネスに対する心構え，経済と流通，取引とビジネス計算，企業活動，身近な地域のビジネス，ビジネスとコミュニケーション，ビジネスマナー，ビジネスにおける思考の方法とコミュニケーション並びにビジネスと外国語等に関する知識・技術を習得する。

6-1-3 「ビジネス基礎」の授業改善

　この科目は，ビジネスを通じ，地域産業をはじめ経済社会の健全で持続的な発展を担う職業人として必要な基礎的な資質・能力を育成することを主眼としたものである。この科目のねらいは，ビジネスを適切に展開して企業の社会的責任を果たす視点をもち，ビジネスの場面を想定し，身近な地域のビジネスの動向を捉える実践的・体験的な学習活動を行うことなどを通して，地域産業をはじめ経済社会の健全で持続的な発展のため，ビジネスの展開について，組織の一員としての役割を果たすことができるようにすることである。

　学習指導要領によれば，この科目の目標は次のとおりである。

> 　商業の見方・考え方を働かせ，実践的・体験的な学習活動を行うことなどを通して，ビジネスを通じ，地域産業をはじめ経済社会の健全で持続的な発展を担う職業人として必要な基礎的な資質・能力を次のとおり育成することを目指す。
> (1) 　ビジネスについて実務に即して体系的・系統的に理解するとともに，関連する技術を身に付けるようにする。
> (2) 　ビジネスに関する課題を発見し，ビジネスに携わる者として科学的な根拠に基づいて創造的に解決する力を養う。
> (3) 　ビジネスを適切に展開する力の向上を目指して自ら学び，ビジネスの創造と発展に主体的かつ協働的に取り組む態度を養う。

　この科目の目標は，①経済社会における事例など実際のビジネスと関連付けられ，ビジネスの様々な場面で役に立つビジネスに関する基礎的な知識と技術を身に付けること，②唯一絶対の答えがないことの多い経済社会にあって，ビジネスをはじめとした様々な知識・技術などを活用し，ビジネスに関する課題を発見するとともに，企業活動が社会に及ぼす影響を踏まえ，市場の動向，ビジネスに関する理論，データ，成功事例や改善を要する事例等科学的な根拠に基づいて工夫してよりよく解決する力を養うこと，③ビジネスを適切に展開する力の向上を目指して自らビジネスについて学ぶ態度及び組織の一員として自己の役割を認識して当事者としての意識をもち，他者と信頼関係を構築して積極的に関わり，ビジネスの創造と発展に責任をもって取り組む態度を養うことを通して，地域産業をはじめ経済社会の健全で持続的な発展のため，ビジネスの展開について，組織の一員としての役割を果たすことができるようにすること，が挙げられる。

　指導に当たっては，単に知識と技術を身に付けることにとどまらず，新聞，放送など各種メディアの情報を活用するなどして，経済活動の具体的な事例を取り上げ，ケーススタディやグループでの分析や考察などにより経済社会の動向を捉える学習活動を取り入れることが大切である。

　ここでは，各単元の指導に当たって考えられるいくつかの指導例について紹介する。

❶ 指導方法

(1) 商業の学習とビジネス

　学習指導要領解説によれば，この項目のねらいは次のとおりである。

> 　ここでは，科目の目標を踏まえ，商業を学ぶ重要性と学び方，ビジネスの役割など商業の学習とビジネスに関する知識などを基盤として，商業を学ぶこと及びビジネスの意義と課題について自らの考えをもつとともに，ビジネスの展開についての意識と意欲を高め，組織の一員としての役割を果たすことができるようにすることをねらい

> としている。

このねらいを実現するために，次のような指導方法が考えられる。
・産業分類と職業分類を調べさせ，商業の学習と職業の関連，商業を学ぶ目的について話し合わせる。
・新聞記事などで企業不祥事をレポートにまとめ，職業人に求められる倫理観について考察させる。
・企業の人事に携わる方などを招聘し，ビジネスで必要な心構えについて講演してもらい，レポートにまとめさせ，発表し合う。
・生産，流通，金融などに関わるビジネスの例を調べさせ，ビジネスが社会に果たしている役割を話し合わせる。
・ビジネスの動向や課題に関する具体的な事例を取り上げ，経済社会を取り巻く環境の変化がビジネスに影響を及ぼしている現状について理解させる。

　この科目が商業に関する学科における原則履修科目として位置付けられていることから，商業科に属する科目を中心に展開する商業教育全般の基礎的科目であることを十分に理解し，商業教育全般の導入として，商業を学ぶ重要性や学び方，卒業後の進路や商業の学習に関してのガイダンスなどを行い，生徒が主体的に学習できるよう配慮し，学習の動機付けを図ることが大切である。今回の改訂で，「ビジネスの役割」，「ビジネスの動向・課題」をこの単元で扱っているのは，実際のビジネスと商業の学びを関連付け，商業教育の魅力も含め商業を学ぶ重要性と学び方を理解させるとともに，生徒にビジネスに興味関心をもたせ，自ら学び，ビジネスに主体的かつ協働的に取り組めるよう，商業教育を学ぶことの動機付けを図ることを重視しているからである。

(2)　ビジネスに対する心構え
　学習指導要領解説によれば，この項目のねらいは次のとおりである。

> ここでは，科目の目標を踏まえ，信頼関係の構築，コミュニケーションなどビジネスに対する心構えに関する知識，技術などを基盤として，信頼関係の構築がビジネスに及ぼす影響など科学的な根拠に基づいて，ビジネスの展開について，組織の一員としての役割を果たすことができるようにすることをねらいとしている。

このねらいを実現するために，次のような指導方法が考えられる。
・ビジネスマナーの意義，ホスピタリティを具体的な事例を取り上げ考察し理解させる。
・身だしなみ，挨拶と礼の仕方，電話応対，来客応対，名刺交換等の基本的なビジネスマナーについて，ロールプレイング等の実習を通して習得させ，日々の生活で積極的に実践させる。
・敬語等ビジネスの場面に応じた言葉遣い，話の聞き方，伝え方などに関する基礎的なコミュニケーションの方法について実習を通して習得させ，日々の生活で積極的に実践させる。
・情報の入手方法，特徴と問題点，情報を入手する際の注意点をレポートにまとめさせる。

　この単元で学ぶ，望ましい信頼関係を構築する上で重要な倫理観，遵法精神，規範意識，責任感などや，ビジネスにおけるコミュニケーションの方法，情報の入手や活用などについてしっかり理解させ，その学んだ内容を3年間の高校生活や商業科の様々な学びの中で，機会に応じて繰り返し実践させ，職業人として必要な資質・能力を育成することが大切である。

(3)　経済と流通
　学習指導要領解説によれば，この項目のねらいは次のとおりである。

> 　ここでは，科目の目標を踏まえ，経済の基本概念，流通の役割など経済と流通に関する知識などを基盤として，経済と流通の動向など科学的な根拠に基づいて，流通と流通を支える活動の展開について，組織の一員としての役割を果たすことができるようにすることをねらいとしている。

　このねらいを実現するために，次のような指導方法が考えられる。
・希少性，トレード・オフ，機会費用について身近な例を挙げて，概要を理解させる。
・市場における価格がどのように決まるのか，買い手と売り手の立場から考察させる。
・流通の歴史，生産と消費の隔たりについて調べさせ，発表させる。
・情報技術の進歩に伴う流通の効率化と最適化について考えさせ，事例を調べながら意見を交換させる。
・流通を支える物流活動，金融及び保険の働きや仕組みについて，具体的な事例を用いて考察させ理解させる。

　経済等の内容は，公民科でも，財政及び租税の役割，市場経済の機能と限界，金融の働き，経済のグローバル化と相互依存関係の深まりなどについて扱っている。公民科の目標は，「社会の有為な形成者に必要な公民としての資質・能力を育成すること」であり，商業科の目標は，「ビジネスを通じ，地域産業をはじめ経済社会の健全で持続的な発展を担う職業人として必要な基礎的な資質・能力を育成すること」である。それを踏まえ，この単元では，ビジネスを展開するときに，組織の一員としての役割を果たすことができることを視点として，経済の基本概念や，経済と流通に関する知識を理解させ，職業人として必要な資質・能力を育成することが大切である。

(4) 取引とビジネス計算

　学習指導要領解説によれば，この項目のねらいは次のとおりである。

> 　ここでは，科目の目標を踏まえ，売買取引，代金決済など取引とビジネス計算に関する知識，技術などを基盤として，実務における取引とビジネス計算の方法など科学的な根拠に基づいて，契約の締結と履行について，組織の一員としての役割を果たすことができるようにすることをねらいとしている。

　このねらいを実現するために，次のような指導方法が考えられる。
・売買契約の条件には何があるのか考えさせる。
・売買契約の締結に必要な書類を作成させ，売買契約の流れを理解させる。
・小切手，手形を作成させ，その仕組みを理解させる。
・商品に関する代価の計算，割引と割増の計算，売買に必要な度量衡，利益率の計算，仕入原価と売価の計算並びに，複利と単利などの計算を具体的に計算させながら理解させる。

　この単元では，売買取引，代金決済など取引とビジネス計算に関する知識・技術を具体的な事例を用いたり，実際に実習させたりして，契約の締結と履行を行えるよう，職業人として必要な資質・能力を育成することが大切である。計算用具は，生徒の実態に応じて適切に選択し，計算用具を早く扱うことができるようにするといった操作に習熟する学習活動に偏らないよう留意して指導することが大切である。

(5) 企業活動

　学習指導要領解説によれば，この項目のねらいは次のとおりである。

> ここでは，科目の目標を踏まえ，企業の形態と組織，マーケティングの重要性と流れなど企業活動に関する知識などを基盤として，企業活動の動向など科学的な根拠に基づいて，企業活動の展開について，組織の一員としての役割を果たすことができるようにすることをねらいとしている。

このねらいを実現するために，次のような指導方法が考えられる。
・企業の社訓等を調べさせ，クラスで発表させる。
・マーケティング活動の基本的な手順について，具体的な例を調べさせる。
・株式の発行や金融機関からの借入れによる資金調達の方法，特徴について，調べさせる。
・財務諸表を作成させ，利害関係者が意志決定する上での財務諸表の役割について話し合わせる。
・企業活動に対する税について，簡単な例により申告書に記入させる。
・雇用形態の特徴，企業に求められる責任に関する知識を具体的な事例を通して考察させる。

　この単元では，企業の形態と組織，マーケティングの重要性と流れなど企業活動に関する知識などを具体的な事例を取り上げ考察し理解させ，職業人として必要な資質・能力を育成することが大切である。また，この後に学習する「ビジネス・マネジメント」，「マーケティング」及び「財務諸表Ⅰ」などの科目の導入につながるようにすることも大切である。

(6) 身近な地域のビジネス
　学習指導要領解説によれば，この項目のねらいは次のとおりである。

> ここでは，科目の目標を踏まえ，身近な地域のビジネスに関する知識などを基盤として，地域のビジネスを取り巻く環境など科学的な根拠に基づいて，ビジネスの振興による地域の発展について，組織の一員としての役割を果たすことができるようにすることをねらいとしている。

このねらいを実現するために，次のような指導方法が考えられる。
・ビジネスに関する国内の身近な地域の抱える課題について調査して，地域の発展に及ぼす影響と関連付けて分析させ，考察させる。
・国内の身近な地域のビジネスの動向について調査し，ビジネスの動向を捉えて，地域の特色を活かしたビジネスの振興策を考案させ，発表させる。

　この単元では，今まで学習してきたビジネスに関する基礎・基本の内容を踏まえ，身近な地域のビジネスの課題や動向を，具体的に調査・研究させ，ビジネスの振興策を考案し，発表する学習活動を取り入れ，並びに地域のビジネスに興味関心をもたせることが大切である。

❷ 評価の観点

　目指す学力観として「生きる力」，「人生を切り拓いていく力」及び「多様な人々と協働する力」などを，商業教育を通してどの程度育成できたかということが重要になる。あわせて，「ビジネスの基礎・基本の能力」，「課題を発見し解決する力」及び「自ら学ぶ力」の育成などが挙げられており，評価にあたっては，知識・技術の習得の程度を的確に評価するとともに，思考力，判断力，表現力などのほか，自ら学ぶ意欲などを評価することが重要な要素となる。

　評価の観点は「知識及び技術の習得」，「思考力・判断力・表現力等」及び「学びに向かう力，人間性等」が基本となり，育成を目指す人材像を明確にし，そのような人材に求められる資質・能力

「何ができるようになるか」，育成を目指す資質・能力を身に付けるために「何を学ぶか」，そのような資質・能力を身に付けるために「どのように学ぶか」が，これからの授業設計や授業展開に当たって，一層重視されている。これからは，生徒の興味・関心や自分で問題を解決したりする力，生徒個々の伸長の評価などが欠かすことのできないものとなる。

評価は生徒指導要録に基づき，「知識及び技術の習得」，「思考力・判断力・表現力等」及び「学びに向かう力，人間性等」の三つの観点で行う。なお，具体的評価の内容は，特色ある取組を活かす上から，学校におかれた環境，地域や生徒の実態などに応じて設定する。ここでは三つの評価の観点ごとに評価規準の具体例について列挙する。(他の全科目について同じ)

「ビジネス基礎」における評価の観点の具体例は以下のとおりである。

(1) 「知識及び技術の習得」の観点から
　ア　商業を学ぶ意義やビジネスの概要について，理解できている。
　イ　ビジネスに対する心構えについて，理解できている。
　ウ　基本的なビジネスマナーや基礎的なコミュニケーションの方法を身に付けている。
　エ　経済と流通について，具体的な事例と関連付けて理解できている。
　オ　取引とビジネス計算について実務に即して理解できているとともに，関連する技術を身に付けている。
　カ　企業活動について，具体的な事例と関連付けて理解できている。
　キ　身近な地域のビジネスについて，理解できている。

(2) 「思考力・判断力・表現力等の育成」の観点から
　ア　商業を学ぶ重要性などについて，様々な角度から考察しようとしている。
　イ　信頼関係の構築がビジネスに及ぼす影響について，様々な角度から考察しようとしている。
　ウ　経済や流通の動向について，様々な角度から考察しようとしている。
　エ　売買取引や代金決済などに関して考察し，これらにかかる諸問題を自ら発見し，解決しようとしている。
　オ　企業活動の基礎的なことについて理解し，自分で説明できる。
　カ　地域のビジネスを取り巻く環境について，様々な角度から考察しようとしている。
　キ　ビジネスにおける新しい課題についてどのように取り組めばよいかを判断できる。

(3) 「学びに向かう力，人間性等の涵養」の観点から
　ア　授業中の発問や課題に主体的に対応している。自ら課題に向かおうとしている。
　イ　考察した内容を必要な情報をもとに文書でまとめ，発表などをしようとしている。
　ウ　協議や討論にあたり，他の人の意見に耳を傾け，主体的に参加している。
　エ　商業の学習分野を学ぶことにより，将来の進路などについて反映することができている。
　オ　ビジネスに対する心構えを自ら学び，実践しようとしている。
　カ　経済と流通を自ら学び，流通と流通を支える活動に主体的かつ協働的に取り組もうとしている。
　キ　売買取引の手順や代金決済の方法についての資料などを適切に活用することができている。
　ク　企業活動について自ら学び，企業活動に関する事例を説明できている。
　ケ　身近な地域のビジネスについて自ら学び，ビジネスの振興による地域の発展に主体的かつ協働的に取り組もうとしている。

6-1-4 「ビジネス・コミュニケーション」の授業改善

　この科目においては，ビジネスを適切に展開して企業の社会的責任を果たす視点をもち，ビジネスの場面を想定し，日本語と外国語によるコミュニケーションを図る実践的・体験的な学習活動を行うことなどを通して，ビジネスにおいて円滑にコミュニケーションを図ることについて，組織の一員としての役割を果たすことができるようにすることをねらいとしている。
学習指導要領によれば，この科目の目標は次のとおりである。

> 　商業の見方・考え方を働かせ，実践的・体験的な学習活動を行うことなどを通して，ビジネスにおけるコミュニケーションに必要な資質・能力を次のとおり育成することを目指す。
> (1) ビジネスにおけるコミュニケーションについて実務に即して体系的・系統的に理解するとともに，関連する技術を身に付けるようにする。
> (2) ビジネスにおけるコミュニケーションに関する課題を発見し，ビジネスに携わる者として科学的な根拠に基づいて創造的に解決する力を養う。
> (3) ビジネスを円滑に展開する力の向上を目指して自ら学び，ビジネスにおいてコミュニケーションを図ることに主体的かつ協働的に取り組む態度を養う。

　この科目の目標は，①実際のビジネスにおけるコミュニケーションと関連付けられ，ビジネスの様々な場面で役に立つコミュニケーションに関する知識と技術を身に付けるようにすること，②唯一絶対の答えがないことの多い経済社会にあって，ビジネスにおけるコミュニケーションをはじめとした様々な知識・技術などを活用し，ビジネスにおけるコミュニケーションに関する課題を発見するとともに，コミュニケーションが企業活動に及ぼす影響を踏まえ，コミュニケーションに関する理論，成功事例や改善を要する事例など科学的な根拠に基づいて工夫してよりよく解決する力を養うこと，③ビジネスを円滑に展開する力の向上を目指して自らコミュニケーションについて学ぶ態度及び組織の一員として自己の役割を認識して当事者としての意識をもち，他者と信頼関係を構築して積極的にビジネスにおいて日本語や外国語を用いてコミュニケーションを図る態度を養うことを通して，ビジネスにおいて円滑にコミュニケーションを図ることについて，組織の一員としての役割を果たすことができるようにすること，が挙げられる。

　指導に当たっては，ビジネスにおいて組織の内外の関係者と接する場面を想定したロールプレイングなど実践的・体験的な学習活動を通して，コミュニケーションに関する知識・技術などを身に付けるようにするとともに，ビジネスを担う当事者としてコミュニケーションと人的ネットワークの構築に対する意識を高めるようにすることが大切である。また，身に付けた知識・技術などを商業科に属する科目で行う分析，考察，討論，企画の立案，産業界等への提案など様々な学習活動の中で活用する機会を設けるなどして，コミュニケーションに関する知識・技術などをビジネスの場面に即して適切に実践できるようにすることが大切である。「ビジネスと外国語」の単元では，英語を原則とするが，生徒や地域の実態に応じて適切な外国語を扱うことができ，平易な外国語を用いて基本的な会話や文書の作成などできるようにすることが大切である。

　ここでは，各単元の指導に当たって考えられるいくつかの指導例について紹介する。

❶ 指導方法

(1) ビジネスとコミュニケーション

学習指導要領解説によれば，この項目のねらいは次のとおりである。

> ここでは，科目の目標を踏まえ，意思決定，組織の構成者としての行動などビジネスにおけるコミュニケーションに関する知識などを基盤として，コミュニケーションの意義と課題について自らの考えをもつとともに，ビジネスにおいて他者とコミュニケーションを図ることについての意識と意欲を高め，組織の一員としての役割を果たすことができるようにすることをねらいとしている。

このねらいを実現するために，次のような指導方法が考えられる。
- 職業人に求められる倫理観を踏まえた適切な行動について考えさせ，発表させる。
- 職場における信頼関係の構築と接し方が仕事に及ぼす影響を分析し，考察させる。
- 取引先や顧客などと良好な信頼関係が構築できた時のメリットを考えさせ，発表させる。

この単元では，企業の組織の構成者として適切な行動，意志決定の流れや方法，良好な信頼関係の構築と接し方が仕事に及ぼす影響，人的ネットワークの重要性を，具体的な事例を取り上げ考察させ，主体的かつ協働的にコミュニケーションを図れるようにすることが大切である。

(2) ビジネスマナー

学習指導要領解説によれば，この項目のねらいは次のとおりである。

> ここでは，科目の目標を踏まえ，ビジネスマナーに関する知識，技術などを基盤として，ビジネスマナーがコミュニケーションに及ぼす影響など科学的な根拠に基づいて，ビジネスにおける他者への対応について，組織の一員としての役割を果たすことができるようにすることをねらいとしている。

このねらいを実現するために，次のような指導方法が考えられる。
- 受付案内などの応対時の挨拶，言葉遣い，表情，電話応対，座席配置などについて，ビジネスの場面を想定したロールプレイング等の実習を通して習得し，日々の生活で積極的に実践する。
- 慶事，弔事，贈答，会食などについて，ビジネスの場面を想定したロールプレイング等の実習を通して習得し，日々の生活で積極的に実践する。
- 販売活動における接客の心構えについて，ビジネスの場面を想定したロールプレイング等の実習を通して習得し，日々の生活で積極的に実践する。

この単元では，ビジネスの場面を想定して，ビジネスマナーが相手に与える影響を考察させ，仕草や態度，姿勢，目線，声のトーンや抑揚，話すスピード，気持ちの在り方などを意識させることが大切である。また，この単元で習得させたコミュニケーションに関する知識・技術などを様々な高校生活の場で活用させ，ビジネスの場面に即して主体的かつ協働的に他者とコミュニケーションを図れるようにすることが大切である。

(3) ビジネスにおける思考の方法とコミュニケーション

学習指導要領解説によれば，この項目のねらいは次のとおりである。

> ここでは，科目の目標を踏まえ，言語コミュニケーション，非言語コミュニケーションなどビジネスにおける

> 思考の方法とコミュニケーションに関する知識，技術などを基盤として，適切な思考とコミュニケーションがビジネスに与える影響など科学的な根拠に基づいて，ビジネスにおいて適切に思考してコミュニケーションを図ることについて，組織の一員としての役割を果たすことができるようにすることをねらいとしている。

このねらいを実現するために，次のような指導方法が考えられる。

- 非言語コミュニケーションの具体例を調べさせ，相手に与える印象を話し合う。
- 演繹法，帰納法，MECE，ポジショニング・マップ，SWOT分析，PPM分析などを具体的に学び，それらを活用させ，ビジネスの場面を想定した討論及びビジネスに関するテーマを設定したディベートを行う実習を行う。
- 会議，交渉，苦情対応，企画などの提案，商品などの説明，ワークショップ，ソーシャルメディアを活用した情報の発信などについて，ビジネスの場面を想定したロールプレイング等の実習を通して習得し，日々の生活で積極的に実践する。
- 適切な題材を提示し，ブレーンストーミングなどにより協働してアイデアを創出させる。

この単元では，ビジネスにおける思考力として，筋道を立てるなど論理的に捉えたり，分析したりするなどの方法，客観的に信頼性や妥当性などを見定めるなど批判的に捉えたり，分析したりするなどの方法を身に付けるとともに，ビジネスにおけるコミュニケーションとして，ビジネスの場面において相手の考えを迅速に理解して思考し，それを踏まえて自己の考えを伝える工夫，声の強弱と抑揚，話す速度，話の間の取り方，表情，視線の移動などの伝え方の工夫，相づち，姿勢など聞き方の工夫ができるようする。さらに，ビジネスにおける思考の方法とコミュニケーションについて自ら学び，主体的かつ協働的にビジネスにおいて適切に思考してコミュニケーションを図れるようにすることが大切である。

(4) ビジネスと外国語

学習指導要領解説によれば，この項目のねらいは次のとおりである。

> ここでは，科目の目標を踏まえ，企業活動のグローバル化，文化，商慣習などビジネスに必要な外国語に関する知識，技術などを基盤として，外国語によるコミュニケーションがビジネスに及ぼす影響など科学的な根拠に基づいて，ビジネスにおける外国人への対応について，組織の一員としての役割を果たすことができるようにすることをねらいとしている。

このねらいを実現するために，次のような指導方法が考えられる。

- 企業の海外進出の現状と課題について調査し，企業活動のグローバル化とは何かを考える。
- ビジネスを展開する上で踏まえる必要がある文化と商慣習の違いについて，日本と他の国を比較して違いを調べ発表させる。
- オフィス，店頭などにおける受付係や案内係としての応対，電話での応対，商取引に関する会話，観光案内，会議などでの討論，他国を訪れた際のビジネスの場面での会話，税関や空港での応対などのビジネスにおける外国人との会話について，具体的なビジネスの場面を想定したロールプレイング等の実習を通して習得し，日々の生活で積極的に実践する。
- 輸出入取引の流れ及びビジネスレターと取引に用いられるビジネス文書，他国とのビジネスでやりとりする電子メールを作成したり，ビジネス文書を読み取ったりする。
- ビジネスにおける外国人に対するプレゼンテーションについて，ビジネスの場面を想定したロ

ールプレイング等の実習を通して習得し，日々の生活で積極的に実践する。
　この単元では，ビジネスにおける他国との文化や商習慣の違いや外国語の重要性を理解し，ビジネスに必要な平易な外国語により基本的な会話や文書の作成ができるようにする。さらに，ビジネスに必要な外国語について自ら学び，主体的かつ協働的にビジネスにおける外国人への対応ができるようすることが大切である。

❷ 評価の観点

「ビジネス・コミュニケーション」における評価の観点の具体例は以下のとおりである。

(1)　「知識及び技術の習得」の観点から
　　ア　ビジネスにおけるコミュニケーションの概要について，理解できている。
　　イ　対応，交際，接客に関するビジネスマナーを実務に即して理解できている。
　　ウ　言語コミュニケーションと非言語コミュニケーションの違いを理解し，説明できる。
　　エ　ビジネスにおける思考の方法を理解し，説明できる。
　　オ　平易な外国語によるコミュニケーションの方法を身に付けている。

(2)　「思考力・判断力・表現力等の育成」の観点から
　　ア　良好な信頼関係の構築がビジネスに及ぼす影響について，様々な角度から考察しようとしている。
　　イ　対応，交際，接客に関するビジネスマナーを実践し，評価・改善しようとしている。
　　ウ　場に応じたコミュニケーションを図るために，どのようにしたらよいかを考えている。
　　エ　ビジネスの場面において相手の考えを迅速に理解して思考し，それを踏まえて自己の意見を伝えようとしている。
　　オ　文化と商習慣について，様々な角度から考察しようとしている。

(3)　「学びに向かう力・人間性等の涵養」の観点から
　　ア　授業中の質問や課題に主体的に対応している。自ら課題に向かおうとしている。
　　イ　対応，交際，接客に関するビジネスマナーを，場面に応じて実践しようとしている。
　　ウ　討論やディベートにあたり，他の人の意見に耳を傾け，主体的に参加している。
　　エ　ビジネスにおける思考の方法を理解し，討論等に使おうとしている。
　　オ　場に応じたコミュニケーションを自ら学び，実践しようとしている。
　　カ　ビジネスに必要な外国語を自ら学び，場に応じて主体的かつ協働的に外国語を用いようとしている。

6-1-5　学習指導案の例

（例1）商業科「ビジネス基礎」学習指導案

1　単元について
(1) 単元名　第3章　経済と流通　第1節　経済の基本概念
(2) 単元の概要と目標

何ができるようになるのか
経済の基本概念，流通の役割等経済と流通に関する知識等を基盤として，経済と流通の動向等科学的な根拠に基づいて，流通と流通を支える活動の展開について，組織の一員としての役割を果たすことができるようになる。

何を学ぶのか	どのように学ぶのか
土地，資本，労働力といった生産要素の概要と希少性，経済主体の役割，生産，流通，消費等の経済活動の循環，トレード・オフ，機会費用及び市場における価格の決定と変動の仕組みについて学ぶ。	様々なビジネスの事例を取り上げ，ケーススタディやグループで考察するとともに，具体的に説明する学習活動などを取り入れる。

(3) 単元の評価規準

A　知識・技術	B　思考力・判断力・表現力	C　主体的に学習に取り組む態度
①生産・流通・消費という経済を支える仕組みと経済主体としての家計・企業・財政の関係について基礎的・基本的な知識を身に付け，ビジネスの意義について理解している。 ②三大生産要素について理解し，希少性やトレード・オフ，機会費用について理解している。 ③市場における価格の決定と変動の仕組みについて理解している。	①ビジネスと経済の関係，流通の役割等，経済活動の基礎となる基本的な考え方について，経済を支える仕組みや様々なビジネスの例から考察するとともに，具体的に説明することができる。	①ビジネスと経済の関係，流通の役割等，経済活動の基礎となる基本的な考え方について関心をもち，自ら意欲的に身近な事例を調べたりまとめたりして，自ら具体例を挙げようとする。

(4) 単元の指導及び評価計画

指導時間	各時間の指導内容	学習活動における評価規準	評価方法等
1	経済主体の役割，生産，流通，消費等の経済活動の循環	A－①	ワークシート
1 本時	土地，資本，労働といった生産要素の概要と希少性，トレード・オフ，機会費用	A－② B－①	ワークシート
1	市場における価格の決定と変動の仕組み	A－③ B－①	ワークシート

2　本時の学習について
(1) 本時の日時及び教室　　○○○○年○月○日（○）第○限目　　○○○教室
(2) 本時の学習内容

項目名	経済活動の基本的な考え方
項目内容	経済活動の内容や仕組みを理解し，日常生活における判断や行動に活用できるようにする。

(3) 本時の概要

何ができるようになるか	経済活動の内容や仕組みを理解できるようになる。 その考え方が日常生活における判断や行動に活用できるようになる。
何を学ぶか	生産要素，希少性，トレード・オフ，機会費用について学ぶ。
どのように学ぶか	事例を取り上げ，考えさせる学習活動を具体的に説明させる学習活動により理解させる。

(4) 本時の教材

主 教 材	教科書
副 教 材	
そ の 他	ワークシート

(5) 本時の授業展開

段階	時間	学習内容	学習活動	指導の留意点と評価のポイント
導入	7	・本時の目標 ・事例研究	・本時の目標を明確にする ・文書を読み,自分の考えをまとめる ・自分の考えを伝えるとともに,他人の考えを聴く	◇日常生活では判断の連続であることを気づかせる ・事例を解説する(ワークシート) ○自分の考えを書き出している(思考)
展開	10	・生産要素の例	・生産要素を具体的に理解する	・ものを生産する企業について考える ①工業を建てるために何が必要か ②材料を買うためには何が必要か ③ものづくりをするために何が必要か ○自ら意欲的に具体例を挙げている(学びに向かう力)
	10	・希少性	・欲望と資源,希少性と価格について考える	◇欲望は無限,資源は有限,資源を無駄にできないこと,希少性がないものは価格がつかないことに気づかせる ・生産要素(土地,従業員等々)は無限に存在するか ・空気にお金を払ったことがあるか ・価格(価値)が高いものは,どのようなものか ○欲望,資源の関係から希少性について理解を深めている(知識)
	15	・トレード・オフ,機会費用	・ビジネスは選択の連続であることを理解する ・見えない費用について考察するとともに,他人に説明する	◇欲するものを全て手に入れることは不可能で,限られた条件の中で合理的に選択することの大切さを気づかせる ・タクシーかバスか再度考えてみよう ○機会費用を「会計上の費用」と「見えない費用」から考えている(思考)
まとめ	8	・本時のまとめ	・経済活動の内容や仕組み,経済的な考え方を整理する	◇本時の内容を踏まえ,経済活動の基本的な考え方を今後活用できるように考えさせる ○本時の学習内容について振り返り,ワークシートにまとめている(学びに向かう力)

(6) 本時の板書計画
　省略(p73参照)

6−2 マーケティング分野

6-2-1 科目構成

平成30（2018）年の学習指導要領の改訂では，マーケティング分野に関する科目は，「マーケティング」，「商品開発と流通」，「観光ビジネス」の3科目で構成されている。今回の改訂では，市場調査に関する内容及び消費者行動の特徴や意思決定の過程等，消費者の購買行動，商品開発及び流通の仕組みの他に，観光ビジネスに関する内容を充実させるなどの改善を図った。

6-2-2 マーケティング分野が育成を目指す資質・能力

マーケティング分野の学習により生徒が身に付けてほしい資質・能力として，次に示す三つがある。

① 個別の知識・技術

いずれも企業における実際の事例等と関連付けられた環境のもとで身に付ける。

- ビジネスの様々な場面で役に立つマーケティングに関する知識と技術を具体的な事例と関連付けて身に付けている。
- 商品開発と流通について実務に即して関連付けた知識と技術を身に付けている。
- 観光ビジネスに関する基礎的な知識と技術を身に付けている。

② 思考・判断・表現等

唯一絶対の答えがないことの多い経済社会にあって次の力を養う。

- マーケティングをはじめとした様々な知識・技術等を活用し，マーケティングに関する課題を発見する力を養っている。
- 企業活動が社会に及ぼす影響を踏まえ，顧客についての理解，市場の動向，マーケティングに関する理論，データ，成功事例及び改善を要する事例など，科学的な根拠に基づいて工夫してよりよく解決する力を養っている。
- 商品開発と流通をはじめとした様々な知識・技術などを活用し，商品開発と流通に関する課題を発見する力を養っている。
- 観光ビジネスをはじめとした様々な知識・技術などを活用し，観光ビジネスに関する課題を発見する力を養っている。

③ 学びに向かう力，人間性等

- ビジネスを適切に展開する力の向上を目指して，自ら学ぶ態度及び組織の一員として自己の役割を認識して当事者としての意識をもち，他者と信頼関係を構築して積極的に関わっている。
- 市場調査の実施と情報の分析，製品政策，価格政策，チャネル政策及びプロモーション政策の企画と実施などに責任をもって取り組む態度を養っている。
- 商品の企画，事業計画の立案及び流通とプロモーションなどに責任をもって取り組む態度を養っている。
- 観光資源の効果的な活用，マーケティング及び観光の振興策の考案と実施等に責任をもって取り組む態度，ビジネスを適切に展開する力の向上を目指して自ら学び，観光ビジネスに主体的かつ協働的に取り組む態度を養っている。

これらの学習観をもとにして，マーケティング分野におけるマーケティング活用，商品開発と流通の活用及び観光ビジネスの分野に関する知識・技術を習得する。

6-2-3 「マーケティング」の授業改善

　この科目においては，ビジネスを適切に展開して企業の社会的責任を果たす視点をもち，ビジネスの場面を想定し，市場調査，製品政策，価格政策，チャネル政策及びプロモーション政策の立案に取り組む実践的・体験的な学習活動を行うことなどを通して，マーケティングの考え方の広がりに対応し，マーケティングについて組織の一員としての役割を果たすことができるようにすることをねらいとしている。
　学習指導要領によれば，この科目の目標は次のとおりである。

> 　商業の見方・考え方を働かせ，実践的・体験的な学習活動を行うことなどを通して，マーケティングに必要な資質・能力を次のとおり育成することを目指す。
> (1) マーケティングについて実務に即して体系的・系統的に理解するとともに，関連する技術を身に付けるようにする。
> (2) マーケティングに関する課題を発見し，ビジネスに携わる者として科学的な根拠に基づいて創造的に解決する力を養う。
> (3) ビジネスを適切に展開する力の向上を目指して自ら学び，マーケティングに主体的かつ協働的に取り組む態度を養う。

　この科目の目標は，①顧客満足度の実現，顧客の創造及び顧客価値の創造などマーケティングの考え方を理解すること，②新聞，放送，インターネットなどを活用して情報の入手ができること，③マーケティングを担う当事者の視点をもって事例を捉えること，④ケーススタディやディベートなどにより，ビジネスの妥当性と課題等の視点から考察や討論ができること，⑤マーケティング計画を立案し地域や産業界に提案できること，が挙げられる。
　ここでは各単元の指導に当たって考えられるいくつかの指導例について紹介する。

❶ 指導方法

(1) 現代市場とマーケティング

　学習指導要領解説によれば，この項目のねらいは次のとおりである。

> 　ここでは，科目の目標を踏まえ，市場環境の変化，マーケティングの発展など現代市場におけるマーケティングに関する知識などを基盤として，マーケティングの意義と課題について自らの考えをもつとともに，マーケティングについての意識と意欲を高め，組織の一員としての役割を果たすことができるようにすることをねらいとしている。

　このねらいを実現するためには，次のような指導方法が考えられる。
・日本における企業の業態別の割合や，生産品の変化，流通システムの現状及び人口動態や AI の進化など市場を取り巻く環境の変化についてグループで調査し発表する。
・地域の企業などを取り上げ，地域の人々にどのような価値を提供しているか，企業として地域社会にどのように貢献しているかなどの視点で調査するために，企業に出向いて話を聴くなどして

現状を理解するとともに，自分たちが住む地域の産業課題を見つけてレポートにまとめてみる。
・グループごとに身近な商品やサービスを取り上げ，消費者としてなぜ購入したかのきっかけや購入後の満足度を出し合い，ロイヤリティや消費者の行動について様々な分野の商品についても調査し，互いに発表し合う。
・特定の商品を取り上げ，その商品が対象としている顧客層など，セグメンテーション（細分化）やターゲティング（標的市場）及びポジショニング（商品の位置付け）などについて話し合い，マーケティングの重要性を理解する。また，その商品が環境にどのような影響を与えているかなど環境分析も加えて，商品がもつ社会的責任についても話し合う。

(2) 市場調査

学習指導要領解説によれば，この項目のねらいは次のとおりである。

> ここでは，科目の目標を踏まえ，市場調査の目的と方法など市場調査に関する知識，技術などを基盤として，市場調査や統計に関する理論など科学的な根拠に基づいて，マーケティングに必要な情報の収集と分析について，組織の一員としての役割を果たすことができるようにすることをねらいとしている。

このねらいを実現するためには，次のような指導方法が考えられる。
・地域の産業品を取り上げ，市場が求める要素などを仮説として設定し，その仮説が現状を捉えているかを検証するために，企業が発行する資料等を調査するとともに，販売状況の観察，街頭アンケートやインタビューなどを実施して情報の収集を行う。
・インタビューやアンケートなど，定量調査と定性調査の違いを検討し，調査後のサンプルの抽出などを実際に行うことで，資料調査と実態調査の違いを理解する。
・市場調査の結果を受けて，表計算ソフトウェアやデータベースソフトウェアを利用するなど，各種の統計的手法を用いて分析してみる。
・統計手法を用いた分析結果を受けて，仮説に対する検証を行い，実際に得られた結果との違いについて報告書を作成し発表する。
・発表方法についてグループで話し合い，プレゼンテーションソフトウェアの利用やポスターセッションによる発表資料を準備して，発表するなどの学習活動を取り入れる。

(3) 製品政策

学習指導要領解説によれば，この項目のねらいは次のとおりである。

> ここでは，科目の目標を踏まえ，製品政策の概要と目的など製品政策に関する知識などを基盤として，経済や消費者の動向，製品政策に関する具体的な事例など科学的な根拠に基づいて，製品政策について，組織の一員としての役割を果たすことができるようにすることをねらいとしている。

このねらいを実現するためには，次のような指導方法が考えられる。
・身近な製品を題材にして，その魅力や付加価値などについて話し合い，できるだけ多く具体的な項目を出し合い資料にまとめる。
・企業のビジョンと製品のコンセプトなど，広報資料などを用いて調査し，製品と企業の目的との関連性を話し合う。
・ブランドの考え方，ブランドの定義などを確認し，企業のブランド戦略の実際や流れを調べると

ともに，ブランドを構築することの重要性を話し合う。その際，生徒各自がブランドに対してどのような印象をもっているかなど，身近な視点にも配慮して進める。
- ブレーンストーミングなどの手法を用いて，日ごろの生活の中であると便利な製品やサービスを出し合い，製品企画の立案，生産までの計画の立案並びに必要な資金の予測や販売方法の検討など，一連の流れを通して製品企画と生産計画を体験する。
- 季節ごとに需要が変化する製品などに注目し，需要の予測や売上高の予測を立てる科学的な手法を調査する。また，販売予測と在庫管理の関連など，インターネットや販売店に出向いて話を聴くなどして調査する。
- 多様化する顧客のニーズに対応した製品の提供や，製品のサービス化などの状況を調査し，企業と顧客が共同して新たな製品を開発したり，顧客が製品の新たな付加価値を生み出したりするなど，企業と顧客の共創の具体例を調査し発表する。その際，製品の類似品や競合品などにも注目して進める。

(4) 価格政策

学習指導要領解説によれば，この項目のねらいは次のとおりである。

> ここでは，科目の目標を踏まえ，価格政策の概要と目的など価格政策に関する知識などを基盤として，経済や消費者の動向，価格政策に関する具体的な事例など科学的な根拠に基づいて，価格政策について，組織の一員としての役割を果たすことができるようにすることをねらいとしている。

このねらいを実現するためには，次のような指導方法が考えられる。
- 資料を用いて製品の価格が決定されるまでの流れや要件を調査し，法的な規制などにも注目しながら，具体的な企業における事例をもとに価格政策の理解を深める。
- 価格の種類（浸透価格，上澄価格，威光価格，端数価格など）と目的に合った決定方法，価格を決めるにあたっての要因（生産，流通，販売に関わるコスト，競合他社の価格など）について話し合い理解を深める。
- インターネットの活用が価格決定に与える影響を，事例を調べながら意見を交換する。また，価格を決定するときに影響を及ぼす要因（競争志向，消費者志向など）についても話し合う。
- 価格政策において，適切な価格とは何かを自由に対話する。その際，価格競争がもたらす悪影響の事例などにも注目することで，世界がどのようにつながっているかなど，広い視野での話し合いを深める。

(5) チャネル政策

学習指導要領解説によれば，この項目のねらいは次のとおりである。

> ここでは，科目の目標を踏まえ，チャネル政策の概要と目的などチャネル政策に関する知識などを基盤として，経済や消費者の動向，チャネル政策に関する具体的な事例など科学的な根拠に基づいて，チャネル政策について，組織の一員としての役割を果たすことができるようにすることをねらいとしている。

このねらいを実現するためには，次のような指導方法が考えられる。
- 食品，衣料品，家庭用電化製品等，身近な商品を挙げてその流通経路を調べ，チャネル政策について理解を深める。

- チャネル政策の種類(開放的チャネル・選択的チャネル・閉鎖的チャネル)の特徴を調べ，量販店や専門店，専売特約店等の事例を挙げて分類し検討し合う。
- チャネル政策によって私たちの消費行動にどのように影響するかをブレーンストーミング形式で話し合い発表する。
- AIの進化やIOTの普及によって，チャネル政策がどのように変化するか，ネット通販などを題材に将来のチャネル政策を考えさせる。

(6) プロモーション政策

学習指導要領解説によれば，この項目のねらいは次のとおりである。

> ここでは，科目の目標を踏まえ，プロモーション政策の概要と目的などプロモーション政策に関する知識などを基盤として，経済や消費者の動向，プロモーション政策に関する具体的な事例など科学的な根拠に基づいて，プロモーション政策について，組織の一員としての役割を果たすことができるようにすることをねらいとしている。

このねらいを実現するためには，次のような指導方法が考えられる。

- 身近な広告やチラシ，テレビ，ラジオCM及びソーシャルメディアによるプロモーションの例を挙げ，それぞれの特徴や訴求効果について分類整理し，最適なプロモーション政策の例を考えさせる。
- 興味・関心のある商品やサービスについて，キャッチコピーやラジオCMのシナリオを制作することで，プロモーション政策の流れを理解する学習活動を取り入れる。
- プロモーションビデオの制作，リーフレットの制作及びイベントの企画等についても時間の余裕を考慮しながら学習活動に取り入れてもよい。その際，基本的な製作の流れをインターネット等を利用して進めることも可能である。

❷ 評価の観点

「マーケティング」において一般的な評価の観点とその具体例について示してみる。

(1) 「知識及び技能の習得」の観点から
 ア　現代市場とマーケティング知識の活用について認識し説明できる。
 イ　市場調査の実施方法と分析方法の重要性を理解している。
 ウ　製品政策についてその役割を理解している。
 エ　ウに用いられる用語を説明できる。
 オ　価格政策についてその構造を理解し，説明できる。

(2) 「思考力・判断力・表現力等の育成」の観点から
 ア　なぜそのような結果が出るのかなど，自ら考えようとしている。
 イ　必要な情報を得るためにはどのようにしたらよいかを考えている。
 ウ　生み出された結果が正しいものであるかなど，自ら考えて行動している。
 エ　分析結果について自分の意見を論理的に述べられる。
 オ　ビジネスにおける新しい課題についてどのように取り組めばよいかを判断できる。

(3) 「学びに向かう力，人間性等の涵養」の観点から
 ア　授業に積極的に参加している。

イ　マーケティングの課題に主体的に対応し，自ら課題に向かおうとしている。
ウ　作成した資料をもとにして，発表などをしようとしている。
エ　マーケティングミックスを理解し，様々なコンテンツを使おうとしている。
オ　ビジネスにおける新しい課題について分析技法を活用しようとしている。

6-2-4　「商品開発と流通」の授業改善

　この科目においては，ビジネスを適切に展開して企業の社会的責任を果たす視点をもち，ビジネスの場面を想定し，商品の企画，事業計画及び流通とプロモーションに関する計画の立案に取り組む実践的・体験的な学習活動を行うことなどを通して，商品開発と流通について，組織の一員としての役割を果たすことができるようにすることをねらいとしている

　学習指導要領によれば，この科目の目標は次のとおりである。

> 　商業の見方・考え方を働かせ，実践的・体験的な学習活動を行うことなどを通して，商品開発と流通に必要な資質・能力を次のとおり育成することを目指す。
> (1)　商品開発と流通について実務に即して体系的・系統的に理解するとともに，関連する技術を身に付けるようにする。
> (2)　商品開発と流通に関する課題を発見し，ビジネスに携わる者として科学的な根拠に基づいて創造的に解決する力を養う。
> (3)　ビジネスを適切に展開する力の向上を目指して自ら学び，商品開発と流通に主体的かつ協働的に取り組む態度を養う。

　この科目の目標は，①企業が果たす社会的な視点をもつこと，②実際のビジネスの場面を想定し，商品の企画や事業計画，流通プロモーションに関する計画を立案するなど，実践的・体験的な学習活動を行う，③商品開発と流通について組織の一員として役割を担うこと，が挙げられる。

　ここでは各単元の指導に当たって考えられるいくつかの指導例について紹介する。

❶ 指導方法

(1)　現代市場と商品開発・流通

　学習指導要領解説によれば，この項目のねらいは次のとおりである。

> 　ここでは，科目の目標を踏まえ，商品の概念，商品開発の流れなど現代市場における商品開発と流通に関する知識などを基盤として，商品開発と流通の意義と課題について自らの考えをもつとともに，商品開発と流通についての意識と意欲を高め，組織の一員としての役割を果たすことができるようにすることをねらいとしている。

　このねらいを実現するためには，次のような指導方法が考えられる。

・身近な製品を題材にして，その魅力や付加価値等について話し合い，できるだけ多く具体的な項目を出し合い資料にまとめる。
・企業のビジョンと製品のコンセプトなど広報資料などを用いて調査し，製品と企業の目的との関連性を話し合う。
・ブランドの考え方，ブランドの定義などを確認し，企業のブランド戦略の実際や流れを調べるとともに，ブランドを構築することの重要性を話し合う。その際，生徒各自がブランドに対してど

のような印象をもっているかなど，身近な視点にも配慮して進める。
- ブレーンストーミングなどの手法を用いて，日ごろの生活の中であると便利な製品やサービスを出し合い，製品企画の立案や生産までの計画の立案，必要な資金の予測や販売方法の検討など，一連の流れを通して，製品企画と生産計画を体験する。
- 季節ごとに需要が変化する製品などに注目し，需要の予測や売上高の予測を立てる科学的な手法を調査する。また，販売予測と在庫管理の関連など，インターネットや販売店に出向いて話を聴くなどして調査する。
- 多様化する顧客のニーズに対応した製品の提供や，製品のサービス化等の状況を調査し，企業と顧客が共同して新たな製品を開発したり，顧客が製品の新たな付加価値を生み出したりするなど，企業と顧客の共創の具体例を調査し発表する。その際，製品の類似品や競合品などにも注目して進める。
- 日本における企業の業態別の割合や，生産品の変化，流通システムの現状，人口動態及びAIの進化など市場を取り巻く環境の変化についてグループで調査し発表する。
- 企業の商品開発の工程を調査し互いに発表し合う。
- 商品に関連した出来事を題材に，企業の法令遵守を，新聞記事などを参考に考えさせる。

(2) 商品企画

学習指導要領解説によれば，この項目のねらいは次のとおりである。

> ここでは，科目の目標を踏まえ，環境分析など商品の企画に関する知識，技術などを基盤として，経済や消費者の動向，商品の企画に関する具体的な事例など科学的な根拠に基づいて，商品を企画することについて，組織の一員としての役割を果たすことができるようにすることをねらいとしている。

このねらいを実現するためには，次のような指導方法が考えられる。
- 持続可能な社会を実現するために，SDGs（国連が採択した，持続可能な17の開発目標）などを例に，世界の現状を理解する。自分たちができることを考え，商品・サービスを企画する。
- 企業が取り組む環境に配慮した商品を調査し，その効用について調査・研究する。
- 商品のデザインがもつ魅力について，好きなデザインの特徴を細かに観察し互いに出し合い，その特徴や傾向を話し合う。
- 多様化する顧客のニーズに対応した製品の提供や，製品のサービス化などの状況を調査し，企業と顧客が共同して新たな製品を開発したり，顧客が製品の新たな付加価値を生み出したりするなど，企業と顧客の共創の具体例を調査し発表する。その際，製品の類似品や競合品などにも注目する。

(3) 事業計画

学習指導要領解説によれば，この項目のねらいは次のとおりである。

> ここでは，科目の目標を踏まえ，商品仕様の詳細設計と評価など事業計画に関する知識，技術などを基盤として，経済や消費者の動向，事業計画に関する具体的な事例など科学的な根拠に基づいて，商品開発と流通に係る事業について，組織の一員としての役割を果たすことができるようにすることをねらいとしている。

このねらいを実現するためには，次のような指導方法が考えられる。
- 商品本体，容器，包装等の商品仕様を決定して，厚紙等で試作品を作り，評価の項目と基準を設

定して，第三者のインタビューなどを実施しながら評価し，設計と仕様の変更を行う一連の流れについて学習する。
- 好きな商品のデザインを持ち寄り，デザインのもつ効用について話し合う。その際，知的財産権に関する事例を調べ，日ごろインターネット等を利用した情報発信と法令の関連を調べて，知的財産権の重要性を理解させる。
- ある商品をテーマに，需要予測や競合商品，原価や費用，適正な価格などについて試算表を作成し，商品開発における原価計算の視点から原材料などコストについて考察する。
- 商品の企画から事業化までの流れについて，教科書等を参考に計画表を作成して報告書としてまとめる。

(4) 流通とプロモーション

学習指導要領解説によれば，この項目のねらいは次のとおりである。

> ここでは，科目の目標を踏まえ，流通経路の開拓など流通とプロモーションに関する知識などを基盤として，経済や消費者の動向，流通とプロモーションに関する具体的な事例など科学的な根拠に基づいて，流通とプロモーションについて，組織の一員として役割を果たすことができるようにすることをねらいとしている。

このねらいを実現するためには，次のような指導方法が考えられる。
- 商品のプロモーションについて，具体的な事例を挙げてその特徴を話し合う。
- プロモーションの企画を立てて，実施から終了までの流れを企画書にまとめる。
- 現代の流通の仕組みを調査して，流通経路の多様化や情報システムの変化が流通とプロモーションに影響を及ぼしている具体的な事例を挙げて考察する。
- 身近な広告やチラシ，テレビ，ラジオ CM 及びソーシャルメディアによるプロモーションの例を挙げ，それぞれの特徴や訴求効果について分類整理し，最適なプロモーション政策を考えさせる。
- 興味・関心のある商品やサービスについて，キャッチコピーやラジオ CM のシナリオを制作することで，プロモーション政策の流れを理解する学習活動を取り入れる。
- プロモーションビデオの制作，リーフレットの制作及びイベントの企画等についても時間の余裕を考慮しながら学習活動に取り入れてもよい。その際，基本的な製作の流れについてインターネット等を利用して学びを進めることも可能である。

❷ 評価の観点

商品開発と流通における評価の観点の具体例は以下のとおりである。

(1) 「知識及び技術の習得」の観点から
　ア　商品についての機能や特性を認識している。
　イ　商品開発の流れの知識と技術を習得している。
　ウ　流通とプロモーションの一連の流れを理解している。
　エ　ケーススタディや意見交換の効用と利用方法を理解している。
　オ　商品やプロモーションにおける企業の社会的な責任について理解している。

(2) 「思考力・判断力・表現力等の育成」の観点から
　ア　なぜそのような商品が求められるのか，自ら考えようとしている。

イ　販売促進に必要な情報を得るためにはどのようにしたらよいかを考えている。
　　ウ　市場の動向や情報が正しいものであるかなど，自ら考えて行動している。
　　エ　市場の分析結果について自分の意見を論理的に述べられる。
　　オ　商品開発や流通に関する新しい課題についてどのように取り組めばよいかを思考できる。
(3)　「学びに向かう力，人間性等の涵養」の観点から
　　ア　授業に主体的に参加している。
　　イ　商品開発と流通の課題に主体的に対応し，自ら課題に向かおうとしている。
　　ウ　作成した資料をもとにして，発表などをしようとしている。
　　エ　考察した資料や情報を効果的に使おうとしている。
　　オ　プロモーションや市場分析などに関してIT機器を効果的に活用しようとしている。

6-2-5　「観光ビジネス」の授業改善

　この科目においては，ビジネスを適切に展開して企業の社会的責任を果たす視点をもち，ビジネスの場面を想定し，観光資源の効果的な活用，マーケティング及び国内旅行と訪日観光の振興策の考案に取り組む実践的・体験的な学習活動を行うことなどを通して，観光ビジネスの展開について，組織の一員としての役割を果たすことができるようにすることをねらいとしている。
　学習指導要領によれば，この科目の目標は次のとおりである。

> 　商業の見方・考え方を働かせ，実践的・体験的な学習活動を行うことなどを通して，観光ビジネスの展開に必要な資質・能力を次のとおり育成することを目指す。
> (1)　観光ビジネスについて実務に即して体系的・系統的に理解するとともに，関連する技術を身に付けるようにする。
> (2)　観光ビジネスに関する課題を発見し，ビジネスに携わる者として科学的な根拠に基づいて創造的に解決する力を養う。
> (3)　ビジネスを適切に展開する力の向上を目指して自ら学び，観光ビジネスに主体的かつ協働的に取り組む態度を養う。

　この科目の目標は，①観光ビジネスの今後の動向，課題を的確に捉えること，②観光ビジネスに関する具体的な事例について，多面的・多角的に捉えること，③企業で行う観光ビジネスについて理解を深めること，④観光ビジネスに関する理論について実験などにより確認すること，⑤観光の振興策を考案して地域や産業界に提案すること，が挙げられる。
　ここでは各単元の指導に当たって考えられるいくつかの指導例について紹介する。

❶ 指導方法

(1)　観光とビジネス
　学習指導要領解説によれば，この項目のねらいは次のとおりである。

> 　ここでは，科目の目標を踏まえ，観光とビジネスとの関係及び観光ビジネスに関する知識などを基盤として，観光ビジネスの意義と課題について自らの考えをもつとともに，観光ビジネスの展開についての意識と意欲を高め，組織の一員としての役割を果たすことができるようにすることをねらいとしている。

このねらいを実現するためには，次のような指導方法が考えられる。
- 観光ビジネスの特徴として中心的な産業がサービス産業であり，無形サービス，生産と消費が同時に行われ，その場で消えてしまう消滅性や，季節による需要量の変動が大きいこと，供給量の調整が困難であることなどを挙げて，観光の特異性について話し合う。
- 自分が住む地域の身近な観光資源について，フィールド調査などを交えて，大きな地図に付箋に記入したものを貼り付け，改めて地元の観光資源を観察する。
- 観光資源としてあってほしい要素を考え，イラストや写真でアイデアを出し合う。
- 観光の多様化並びに訪日旅行，海外旅行，国内旅行，宿泊旅行及び日帰り旅行など，国内の身近な地域をはじめ日本における観光ビジネスの今後の動向について，ブレーンストーミングの手法を交えて理解を深める。

(2) 観光資源と観光政策

学習指導要領解説によれば，この項目のねらいは次のとおりである。

> ここでは，科目の目標を踏まえ，国内の観光資源，観光資源の保護と保全など観光資源と観光政策に関する知識などを基盤として，消費者の動向，観光資源の活用や観光政策に関する具体的な事例など科学的な根拠に基づいて，観光資源の効果的な活用について，組織の一員としての役割を果たすことができるようにすることをねらいとしている。

このねらいを実現するためには，次のような指導方法が考えられる。
- 自然，景勝地，歴史遺産，伝統工芸，郷土料理，風習，美術館・博物館及び伝統行事など，身近な地域に存在する主要な観光資源について，産業，気候，歴史及び文化などと関連付けて調べ，グループで発表する。
- 身近な地域の宿泊業，飲食業，旅客輸送業及び旅行業など観光ビジネスに従事している方々の話を聴き，観光ビジネスのビジョンや課題について理解を深める。
- 身近な地域や全国の観光資源について，その保護と保全の状況や取り組み，観光資源が地域社会の経済や生活環境に与える影響について調査し，具体的な事例と関連付けて分析し，考察する学習活動を取り入れる。
- 持続可能な観光（サステイナブル・ツーリズム）の考え方について，国内や海外の事例を参考に主体的な活動として何ができるか話し合う学習活動を取り入れる。
- 観光資源の保護と保全に関する行政の取組及び企業などによる観光資源の保護と保全活動について，身近な地域や国内及び海外の事例を取り上げて考察する。
- 国内の身近な地域をはじめ日本における観光政策の動向について調査し，海外の事例と関連付けながら考察する。
- 身近な地域の観光協会，観光地域におけるマーケティングやマネジメントなどによりまちづくりを行う組織の話を聴き，観光振興の組織がどのようなビジョンで活動しているかなどを報告書としてまとめ発表する。
- 観光ビジネスの傾向や実態について調査する活動を通じて，互いに気づいたことや学んだことを話し合い発表する。

(3) 観光ビジネスとマーケティング

学習指導要領解説によれば，この項目のねらいは次のとおりである。

> ここでは，科目の目標を踏まえ，観光ビジネスの主体など観光ビジネスにおけるマーケティングに関する知識，技術などを基盤として，消費者の動向，観光ビジネスにおけるマーケティングに関する具体的な事例など科学的な根拠に基づいて，観光ビジネスにおけるマーケティングについて，組織の一員としての役割を果たすことができるようにすることをねらいとしている。

このねらいを実現するためには，次のような指導方法が考えられる。

・宿泊業，飲食業，旅客輸送業及び旅行業など観光ビジネスに従事する組織について，役割や業務などの概要及び関連する法規の概要について調査・研究する。
・観光情報の発信や観光キャンペーンがどのように実施されているか，観光案内所や駅のパンフレット，ポスターなどを観察し資料を収集する。また，ターゲットとなる顧客の具体的なイメージや顧客満足度を考慮したプロモーションの実際を観察するなど，実際の観光ビジネスにおけるマーケティングの特徴について扱い分析し考察する。
・身近な地域の観光客を対象にインタビュー調査などによって，顧客の年代層や具体的な生活スタイル，旅行の目的や観光に求める要素，満足について分析する。
・宿泊業，飲食業及び旅客輸送業等に従事する方をまねき，観光ビジネスにおける接客方法と接客マナーについて，ビジネスの場面を想定した学習活動を取り入れる。
・ユニバーサルツーリズムの視点から，宿泊・観光施設のバリアフリー化などの，実際に観光地を歩きながら受け入れ体制を考える。また，ユニバーサルデザインの視点から，観光案内や情報の提供方法などにも配慮した受け入れ体制を考える。
・事故や災害などの緊急時において，安全に避難誘導する体制や避難所での安全管理について話し合う。

(4) 観光ビジネスの展開と効果

学習指導要領解説によれば，この項目のねらいは次のとおりである。

> ここでは，科目の目標を踏まえ，観光振興とまちづくりとの関係など観光ビジネスの展開と効果に関する知識などを基盤として，消費者の動向，観光による地域の活性化に関する具体的な事例など科学的な根拠に基づいて，地域活性化に向けた観光ビジネスの展開について，組織の一員としての役割を果たすことができるようにすることをねらいとしている。

このねらいを実現するためには，次のような指導方法が考えられる。

・身近な地域の観光産業の発展が，地域社会におけるまちづくりとどのような関係にあり，連携することでどのように影響し合うかなど，その意義や成果について，また課題についても事例を用いて分析し考察する。
・エコツーリズム，グリーンツーリズム及びフードツーリズムなど，顧客が求める要素や観光目的に対応したまちづくりについて扱い，地域社会が観光客を受け入れるための取組など具体的な事例を話し合う。
・観光地をもつ地域にはどのような課題があるのかを調査し，その現状や対応策について具体的な

事例を挙げて分析し考察する。
・観光ビジネスが，地域の産業振興や雇用に与える影響について，税収の増加が地域の財政や社会基盤の整備など，経済的・社会的な効果に与える影響について，考察する。
・地域の観光地を活性化するためワークショップなどを企画し，新たな観光資源の創造，観光商品の開発，観光資源のブランド戦略，観光イベントの企画・運営並びに観光資源の効果的な情報発信などについて，新たな振興策を話し合い地域の観光地を活性化するアイデアをまとめ提案する。

❷ 評価の観点

「観光ビジネス」における評価の観点の具体例は以下のとおりである。

(1) 「知識及び技術の習得」の観点から
　ア　観光ビジネスについての目的を認識している。
　イ　観光ビジネスを支える仕組みや資源について調査できる。
　ウ　インターネット等を利用する知識と技術を習得している。
　エ　広報等に用いられる専門的な用語を習得している。
　オ　観光ビジネスにおける企業のモラルや社会的責任について認識している。

(2) 「思考力・判断力・表現力等の育成」の観点から
　ア　観光ビジネスの魅力について，自ら考えようとしている。
　イ　観光ビジネスを発展させるために必要な要素について考えている。
　ウ　立てた仮説が理論的に説明できるものであるかなど，自ら考えて行動している。
　エ　調査結果について自分の意見を論理的に述べられる。
　オ　観光ビジネスにおける新しい課題についてどのように取り組めばよいかを思考できる。

(3) 「学びに向かう力，人間性等の涵養」の観点から
　ア　授業に主体的に参加している。
　イ　授業中の質問や課題に主体的に対応している。自ら課題に向かおうとしている。
　ウ　作成した資料をもとにして，発表などをしようとしている。
　エ　観光ビジネスの未来を思考している。
　オ　具体的な提案をまとめようとしている。

6-2-6 学習指導案の例

(例2)商業科「観光ビジネス」学習指導案

1 単元について
(1) 単元名　第○章　観光ビジネスとマーケティング　第○節　観光ビジネスの主体
(2) 単元の概要と目標

何ができるようになるのか
観光ビジネスの主体等観光ビジネスにおけるマーケティングに関する知識，技術などを基準として，消費者の動向，観光ビジネスにおけるマーケティングに関する具体的な事例等科学的な根拠に基づいて，観光ビジネスにおけるマーケティングについて，組織の一員としての役割を果たすことができる。

何を学ぶのか	どのように学ぶのか
身近な地域の宿泊業，飲食業，旅客輸送業，旅行業など観光ビジネスの各主体に関して，役割や業務などの概要及び関連する法規について学ぶ。	グループで身近な地域の宿泊業，飲食業，旅客輸送業，旅行業等の企業を訪れ，観光ビジネスの実際や課題などについて話を聴き，まとめた内容を発表し理解を共有する。

(3) 単元の評価規準

A　知識・技術	B　思考力・判断力・表現力	C　主体的に学習に取り組む態度
①身近な地域の宿泊業，飲食業，旅客輸送業，旅行業など観光ビジネスの各主体に関してビジネスの意義について理解している。 ②宿泊業，飲食業，旅客輸送業，旅行業のそれぞれの役割を理解している。	①身近な地域の観光資源について具体的に説明することができる。 ②身近な地域の宿泊業，飲食業，旅客輸送業の魅力について具体的に説明することができる。	①身近な地域の観光資源や宿泊業，飲食業，旅客輸送業に関心をもち，自ら意欲的に事例を調べたりまとめたりして，自ら課題や具体例を挙げようとする。

(4) 単元の指導及び評価計画

指導時間	各時間の指導内容	学習活動における評価規準	評価方法等
3 本時	観光ビジネスの主体	A －①② B －①②	ワークシート
1	観光ビジネスにおけるマーケティングの特徴	A －③ B －①②	ワークシート 発表資料
3	顧客理解	B －①② C －①	ワークシート 発表資料
3	顧客サービス	B －①② C －①	ワークシート 発表資料

2 本時の学習について
(1) 本時の日時及び教室　　○○○○年○月○日（○）第○限目　　○○○教室
(2) 本時の学習内容

項目名	観光ビジネスの主体
項目内容	身近な地域の宿泊業，飲食業，旅客輸送業，旅行業など観光ビジネスの各主体に関して，役割や業務などについて学ぶ。

(3) 本時の概要

何ができるようになるか	身近な地域の観光資源について具体的に説明することができるようになる。
何を学ぶか	身近な地域の宿泊業，飲食業，旅客輸送業，旅行業など観光ビジネスの各主体に関して，役割や業務などの概要を学ぶ。
どのように学ぶか	グループで身近な地域の宿泊業，飲食業，旅客輸送業，旅行業などの企業を訪れ，観光ビジネスの実際や課題などについて話を聴くための内容を検討する。

(4) 本時の教材

主　教　材	教科書
副　教　材	ワークシート
そ の 他	観光案内資料　インターネット検索

(5) 本時の授業展開

段階	時間	学習内容	学習活動	指導の留意点と評価のポイント
導入	7	・本時の目標 ・事例研究の内容の提示 ・話し合いのルールの確認	・本時の目標を明確にする ・資料を読み，自分の考えをまとめる ・自分の考えを伝えるとともに，他人の考えを聴く	◇自分の住む地域の観光資源に興味関心をもたせる ・観光事例を解説する （ワークシート） ○自分の考えを書き出している（思考）
展開	10	・資料読み	・地元の観光資源を具体的に理解する ・資料を分担して読み合い，共有して知識を深める	・観光を成り立たせる企業について考える ①地域には宿泊施設は何軒あるか。 ②飲食店の種類と件数，所在地の状況はどうか。 ③鉄道やバス，タクシー等旅客輸送の方法にはどのような種類があるか。 ④地元の旅行取扱企業は何軒あるか。 ○自ら意欲的に具体例を挙げている（学びに向かう力）
展開	10	・付加価値と希少性	・自分の住む地域の観光資源の希少性と魅力について地域のマップを利用して考える	◇自分たちが住む地域の観光資源の魅力に気づかせる。 ・観光客に好まれるには ・地域の産業の魅力は ○観光資源の魅力や希少性について理解を深めている（知識）
展開	15	・班に分かれての調査項目の割り出し	・地域の観光産業について整理する ・互いに魅力的と感じる観光資源を割り出し，その理由を説明する	◇観光ビジネスの役割に気づく ○観光ビジネスの魅力と課題について考える（思考）
まとめ	8	・本時のまとめ	・次回までに，調査項目の割り出しとワークシートの整理を確認する ・可能であれば訪問先の候補や訪問の問い合わせについて担当を確認する	◇本時の内容を踏まえ，観光ビジネスの基本的な考え方を今後活用できるように考えさせる ○本時の学習内容について振り返り，ワークシートにまとめている（学びに向かう力）

(6) 本時の板書計画
　省略（p73 参照）

6-3 マネジメント分野

6-3-1 科目構成

　平成30(2018)年の学習指導要領の改訂では，商業の教科のマネジメント分野に関する科目は，「ビジネス・マネジメント」，「グローバル経済」，「ビジネス法規」の3科目から構成されている。

　従来の「ビジネス経済応用」については，経営資源を最適に組み合わせて適切にマネジメントを行うために必要な資質・能力を育成する視点から，企業経営，ビジネスの創造などに関する指導項目を分離し「ビジネス・マネジメント」とした。従来の「ビジネス経済」の指導項目と「ビジネス経済応用」の経済に関する指導項目については，経済のグローバル化に適切に対応して直接的・間接的に他国と関わりをもってビジネスを展開するために必要な資質・能力を育成する視点から整理して統合し「グローバル経済」とした。従前の「経済活動と法」については，法規に基づいてビジネスを適切に展開するために必要な資質・能力を育成する視点から指導項目を改善し，科目の名称を「ビジネス法規」に改めた。

6-3-2 マネジメント分野が育成を目指す資質・能力

　マネジメント分野の学習により生徒が身に付けてほしい資質・能力として，次に示す三つがある。

① 個別の知識・技術
　・ビジネスにおけるマネジメントについての実務に即した体系的・系統的理解ができている。
　・経済のグローバル化についての実務に即した体系的・系統的な理解ができている。
　・ビジネスに関する法規についての実務に即した体系的・系統的な理解ができている。

② 思考・判断・表現等
　・経営資源を最適に組み合わせて，適切にマネジメントを行うための課題を発見し，科学的な根拠に基づいて創造的に解決する力がある。
　・経済のグローバル化に適切に対応して直接的・間接的に他国と関わりをもってビジネスを展開するための力がある。
　・法的側面からビジネスに関する課題を発見し，ビジネスに携わる者として法的な根拠に基づいて，ビジネスを適切に展開するための力がある。

③ 学びに向かう力，人間性等
　・ビジネスを適切に展開する力の向上を目指して自ら学び，ビジネスにおけるマネジメントに主体的・協働的に取り組む態度を身に付けている。
　・経済のグローバル化への対応に関する課題を発見し，ビジネスに携わる者として科学的な根拠に基づいて創造的に解決に取り組む態度を身に付けている。
　・ビジネスを適切に展開する力の向上を目指して自ら学び，法規に基づくビジネスに主体的かつ協働的に取り組む態度を身に付けている。

　これらの学力観をもとにして，マネジメント分野におけるマネジメントを適切に行うための能力，経済のグローバル化に対応できる能力，法規に基づいて適切にビジネスを展開できる能力などに関する知識・技術を習得する。

マネジメント分野では，経済社会の動向や法規などを踏まえて経営資源を最適に組み合わせて，ビジネスを展開する力を育成することが挙げられている。「ビジネス・マネジメント」では，経営資源を最適に組み合わせて適切にマネジメントを行うために必要な資質・能力の育成が求められる。「グローバル経済」では，地球規模で経済を俯瞰し，経済のグローバル化に適切に対応して直接的・間接的に他国と関わりをもってビジネスを展開するために必要な資質・能力の育成が求められる。「ビジネス法規」では，法規に基づいて適切に展開するために必要な資質・能力の育成が求められる。

6-3-3 「ビジネス・マネジメント」の授業改善

ビジネスを取り巻く環境が変化する中で，企業活動が社会に及ぼす影響に責任をもち，経営資源を最適に組み合わせて適切にマネジメントを行うために必要な資質・能力を育成する視点から，従前の「ビジネス経済応用」の企業経営，ビジネスの創造などに関する指導項目を分離したものである。今回の改訂では，人的資源，物的資源等経営資源のマネジメントに関する指導項目を取り入れるなどの改善が図られている。

学習指導要領によれば，この科目の目標は次のとおりである。

> 商業の見方・考え方を働かせ，実践的・体験的な学習活動を行うことなどを通して，ビジネスにおけるマネジメントに必要な資質・能力を次のとおり育成することを目指す。
> (1) ビジネスにおけるマネジメントについて実務に即して体系的・系統的に理解するようにする。
> (2) ビジネスにおけるマネジメントに関する課題を発見し，ビジネスに携わる者として科学的な根拠に基づいて創造的に解決する力を養う。
> (3) ビジネスを適切に展開する力の向上を目指して自ら学び，ビジネスにおけるマネジメントに主体的かつ協働的に取り組む態度を養う。

この科目の目標は，①産業構造の変化や経済の国際化などビジネスに必要な経済に関する知識を習得させる，②経済社会の動向について理解させる，③経済に関する知識を応用して，ビジネスの機会を捉えた適切な経済活動や地域の資源を活用した地域産業の振興などを主体的，創造的に行うなど，サービス経済社会に適切に対応する能力と態度を育てること，が挙げられる。

指導に当たっては，我が国の経済を通して世界経済の動向を理解させるとともに，地域産業の振興への寄与について考えさせる。さらに各種メディア教材を活用して，我が国の経済の動向に着目させるとともに，適切な企業活動の在り方について考えさせることが必要である。

ここでは各単元の指導に当たって考えられるいくつかの指導例について紹介する。

❶ 指導方法

(1) ビジネスとマネジメント

学習指導要領解説によれば，この項目のねらいは次のとおりである。

> ここでは，科目の目標を踏まえ，マネジメントの役割，イノベーションの重要性などビジネスにおけるマネジメントに関する知識などを基盤として，マネジメントの意義と課題について自らの考えをもつとともに，マネジメントについての意識と意欲を高め，組織の一員としての役割を果たすことができるようにすることをねらいとしている。

このねらいを実現するために，次のような指導方法が考えられる。
・企業の発展のためにマネジメントが果たす役割，日本の伝統的経営が企業の発展にもたらした影響について，具体的な事例を用いて分析し，考察させる。
・イノベーションの重要性について，技術革新，新しい商品や市場の開拓，新しいビジネスの仕組みや経営組織の形成などが企業に新たな利益をもたらすことについて扱い，具体的な事例を用いて分析し，考察させる。
・経済のグローバル化の進展，規制緩和，情報技術の進歩，少子高齢化の進行など企業を取り巻く環境の変化が企業のマネジメントに影響を及ぼしている現状について，具体的な事例と関連付けて理解させることが望ましい。

　ビジネスにおけるマネジメントに関する知識などを基盤として，マネジメントの意義と課題について自らの考えをもつとともに，マネジメントについての意識と意欲を高め，組織の一員としての役割を果たすことができるようにさせることが求められる。

(2) 組織のマネジメント

　学習指導要領解説によれば，この項目のねらいは次のとおりである。

> ここでは，科目の目標を踏まえ，組織の形態，経営理念など組織のマネジメントに関する知識などを基盤として，企業を取り巻く環境の変化，組織のマネジメントに関する具体的な事例など科学的な根拠に基づいて，組織の適切な管理と活性化について，組織の一員としての役割を果たすことができるようにすることをねらいとしている。

このねらいを実現するために，次のような指導方法が考えられる。
・組織の形態については，機能別組織，事業部制組織，カンパニー制組織など組織の主要な形態と特徴，権限と責任の一致，統制範囲の適正化について把握させる。
・経営理念及びそれに基づく経営目標，経営方針，経営行動基準，コーポレート・アイデンティティなどの意義については，具体的な事例と関連付けながら理解させる。
・この単元では，実際のビジネスにおける具体的な事例を挙げ，関連付けさせながら理解させることが望ましい。

　組織のマネジメントに関する知識などを基盤として，企業を取り巻く環境の変化，組織のマネジメントに関する具体的な事例など科学的な根拠に基づいて，組織の適切な管理と活性化について，組織の一員としての役割を果たすことができるようにする。

(3) 経営資源のマネジメント

　学習指導要領解説によれば，この項目のねらいは次のとおりである。

> ここでは，科目の目標を踏まえ，経営資源のマネジメントに関する知識などを基盤として，企業を取り巻く環境の変化，経営資源のマネジメントに関する具体的な事例など科学的な根拠に基づいて，経営資源の適切な管理と効果的な活用について，組織の一員としての役割を果たすことができるようにすることをねらいとしている。

このねらいを実現するために，次のような指導方法が考えられる。
・経営資源には，人的資源，物的資源，財務的資源，情報的資源などがあることを理解させる。
・人的資源については，採用計画や研修計画の重要性，労務管理や動機付けの方法，集団の行動様

式の概要，対立や軋轢などコンフリクトの概要，リーダーシップの重要性，労働環境の整備とメンタルヘルス対策の重要性及び人的資源をマネジメントする上での課題について扱うようにする。
- 物的資源については，効率的な生産方式，調達ルートと販売ルートの確立など商品と施設・設備管理の方法及び物的資源をマネジメントする上での課題について扱う。
- 財務的資源のマネジメントについては，財務管理の考え方，財務的資源をマネジメントする上での課題について扱い，株式と社債の発行，金融機関からの借入れなど資金調達の方法，様々な金融商品が生み出されている現状，情報技術の進歩に伴う金融サービスなどの変化，金融商品の利点とリスク及び資金の調達と運用の現状・課題について扱う。
- 情報的資源のマネジメントでは，企業を取り巻く外部環境に関する情報，顧客情報，知的財産等の技術力，信用等情報的資源の重要性とその管理の方法について扱う。
- 経営資源を最適に組み合わせて活用することの重要性について扱い，さらにそれぞれの経営資源をマネジメントする上での課題について扱うようにする。

　経営資源のマネジメントに関する知識などを基盤として，企業を取り巻く環境の変化，経営資源のマネジメントに関する具体的な事例などを科学的な根拠に基づいて，経営資源の適切な管理と効果的な活用について，組織の一員としての役割を果たすことができるようにする。

(4) 企業の秩序と責任

学習指導要領解説によれば，この項目のねらいは次のとおりである。

> 　ここでは，科目の目標を踏まえ，企業統治（コーポレート・ガバナンス），リスク・マネジメントなど企業の秩序と責任に関する知識などを基盤として，企業を取り巻く環境の変化，企業の秩序と責任に関する具体的な事例など科学的根拠に基づいて，企業の秩序を維持し，責任を果たすことについて，組織の一員としての役割を果たすことができるようにすることをねらいとしている。

このねらいを実現するために，次のような指導方法が考えられる。
- 企業が継続的に活動するうえで，利害関係者（ステークホルダー）がマネジメントを監視するシステム及び情報開示（ディスクロージャー）を行うシステムを構築するなど企業統治（コーポレート・ガバナンス）の重要性について扱い，具体的な事例と関連付けて分析，考察する学習活動を取り入れるようにする。
- リスク・マネジメントや法令遵守（コンプライアンス），企業倫理，説明責任（アカウンタビリティ）の重要性について扱い，ビジネスの世界で起こった具体的な事例と関連付けて考察する学習活動を取り入れる。
- 我が国の企業の組織や経営管理についての具体的な事例を取り上げ，企業経営の特徴について理解させるとともに，経営理念の重要性について考察させる。

　企業の秩序と責任に関する知識などを基盤として，企業を取り巻く環境の変化，企業の秩序と責任に関する具体的な事例など科学的な根拠に基づいて，企業の秩序を維持し，責任を果たすことについて，組織の一員としての役割を果たすことができるようにする。

(5) ビジネスの創造と展開

学習指導要領解説によれば，この項目のねらいは次のとおりである。

> ここでは，科目の目標を踏まえ，ビジネスの創造の意義と課題，プロジェクト管理等ビジネスの創造と展開に関する知識などを基盤として，企業を取り巻く環境の変化，ビジネスの創造と展開に関する具体的な事例など科学的な根拠に基づいて，ビジネスの創造と展開について，組織の一員としての役割を果たすことができるようにすることをねらいとしている。

このねらいを実現するために，次のような指導方法が考えられる。
・我が国における新たなビジネスの展開の現状について，具体的な事例の調査や研究を通して理解させる。
・具体的なテーマを設定し，食料問題，環境問題，技術進歩などビジネスを取り巻く状況を踏まえた新たなビジネスを考案させる。
・企業家精神の重要性，起業の意義及び手続きの概要など，新たなビジネスの展開の現状及び身近な地域のビジネス事情などの取り扱いについては，企業の手続きを模擬的に行うなど，できるだけ具体的な事例を用いて理解を深めさせる。

ビジネスの創造と展開に関する知識などを基盤として，企業を取り巻く環境の変化，ビジネスの創造と展開に関する具体的な事例など科学的な根拠に基づいて，ビジネスの創造と展開について，組織の一員としての役割を果たすことができるようにする。

❷ 評価の観点

「ビジネス・マネジメント」における評価の観点の具体例は以下のとおりである。
(1) 「知識及び技術の習得」の観点から
　　ア　ビジネスにおけるマネジメントの概要について理解している。
　　イ　組織マネジメントについて企業における事例と関連付けて理解している。
　　ウ　経営資源のマネジメントについて企業における事例と関連付けて理解している。
　　エ　企業の秩序と責任について企業における事例と関連付けて理解している。
　　オ　ビジネスの創造と展開について企業における事例と関連付けて理解している。
(2) 「思考力・判断力・表現力等の育成」の観点から
　　ア　マネジメントの意義と課題について，ビジネスの適切な展開と関連付けて見いだそうとしている。
　　イ　組織のマネジメントに関する課題を発見し，それを踏まえ，科学的な根拠に基づいて，組織の管理と活性化の方策を考案して実施し，評価・改善しようとしている。
　　ウ　経営資源のマネジメントに関する課題を発見し，それを踏まえ科学的な根拠に基づいて，経営資源の管理と活用の方策を考案して実施し，評価・改善しようとしている。
　　エ　企業の秩序と責任に関する課題を発見し，それを踏まえ，科学的な根拠に基づいて，企業の秩序の維持と責任を果たす方策を考案して実施し，評価・改善しようとしている。
　　オ　ビジネスの創造と展開に関する課題を発見し，それを踏まえ，科学的な根拠に基づいて，ビジネスの創造と展開に関する計画を立案して実施し，評価・改善しようとしている。
(3) 「学びに向かう力・人間性等の涵養」の観点から
　　ア　ビジネスにおけるマネジメントについて自ら学び，企業を取り巻く環境を踏まえ，マネジ

イ　組織のマネジメントについて自ら学び，組織の一員として組織の適切な管理と活性化に主体的かつ協働的に取り組んでいる。

ウ　経営資源のマネジメントについて自ら学び，経営資源の適切な管理と効果的な活用に主体的かつ協働的に取り組んでいる。

エ　企業の秩序と責任について自ら学び，企業の秩序を維持し，責任を果たすことに主体的かつ協働的に取り組んでいる。

オ　ビジネスの創造と展開について自ら学び，プロジェクトを適切に管理し，ビジネスの創造と展開等に主体的かつ協働的に取り組んでいる。

6-3-4　「グローバル経済」の授業改善

　経済のグローバル化が進展する中で，企業活動が社会に及ぼす影響に責任をもち，地球規模で経済を俯瞰し，経済のグローバル化に適切に対応して直接的・間接的に他国と関わりをもってビジネスを展開するために必要な資質・能力を育成する視点から，従前の「ビジネス経済」の指導項目と「ビジネス経済応用」の経済に関する指導項目を整理して統合した。今回の改訂では，人材や金融等のグローバル化の動向・課題・企業活動のグローバル化に関する指導項目を取り入れるなどの改善が図られている。

　学習指導要領解説によれば，この科目の目標は次のとおりである。

> 　商業の見方・考え方を働かせ，実践的・体験的な学習活動を行うことなどを通して，グローバル化する経済社会におけるビジネスの展開に必要な資質・能力を次のとおり育成することを目指す。
> (1)　経済のグローバル化について実務に即して体系的・系統的に理解するようにする。
> (2)　経済のグローバル化への対応に関する課題を発見し，ビジネスに携わる者として科学的な根拠に基づいて創造的に解決する力を養う。
> (3)　ビジネスを適切に展開する力の向上を目指して自ら学び，グローバル化する経済社会におけるビジネスに主体的かつ協働的に取り組む態度を養う。

　この科目の目標は，①経済のグローバル化と日本経済の現状に関する知識などを基盤として，経済のグローバル化の意義と課題について自らの考えを持たせる，②市場の役割と課題，経済成長など市場と経済に関する知識などを基盤として，市場と経済の動向，経済に関する理論について，③人材のグローバル化などグローバル化の動向・課題に関する知識などを基盤として，グローバル化に関する事例，経済に関する理論などについて，④企業の海外進出，グローバル化に伴う企業の社会的責任等企業活動のグローバル化に関する知識などを基盤として，経済のグローバル化の動向，企業におけるグローバル化への対応に関することについて，組織の一員としての役割を果たすことができるようにすること，が挙げられる。

　ここでは各単元の指導に当たって考えられるいくつかの指導例について紹介する。

❶ 指導方法

(1)　経済のグローバル化と日本

　学習指導要領解説によれば，この項目のねらいは次のとおりである。

> ここでは，科目の目標を踏まえ，経済のグローバル化と日本経済の現状に関する知識などを基盤として，経済のグローバル化の意義と課題について自らの考えをもつとともに，ビジネスの展開についての意識と意欲を高め，組織の一員としての役割を果たすことができるようにすることをねらいとしている。

このねらいを実現するために，次のような指導方法が考えられる。
・地球規模で経済を俯瞰して経済社会の動向・課題を捉える学習活動をさせる。経済のグローバル化と国際化の違い，欧州，アジア，太平洋地域等における地域経済の統合の現状，グローバル化の進展と経済成長との関係及び富の集中やタックス・ヘイブン等の課題について扱う。
・日本経済の現状について扱い，地球規模で経済を俯瞰し，日本経済を取り巻く環境，国際収支などと関連付けて考察させる。

経済のグローバル化と日本経済の現状に関する知識などを基盤として，経済のグローバル化の意義と課題について自らの考えをもつとともに，ビジネスの展開についての意識と意欲を高め，組織の一員としての役割を果たすことができるようにする。

(2) 市場と経済

学習指導要領解説によれば，この項目のねらいは次のとおりである。

> ここでは，科目の目標を踏まえ，市場の役割と課題，経済成長など市場と経済に関する知識などを基盤として，市場と経済の動向，経済に関する理論など科学的根拠に基づいて，ビジネスの展開について，組織の一員としての役割を果たすことができるようにすることをねらいとしている。

このねらいを実現するために，次のような指導方法が考えられる。
・市場の役割について，価格決定や生産要素の配分の側面から扱う。
・価格決定の仕組み及び市場の課題について扱い，独占や寡占など具体的な事例と関連付けて分析し，考察する学習活動を取り入れる。
・日本における経済成長の現状とその要因について扱い，経済指標の国際比較などを基に分析させ，国内総生産の概念及び現状を考察する学習活動を取り入れる。
・景気循環では，景気循環の局面，仕組みについて触れ，インフレーション，デフレーションが経済社会に及ぼす影響など具体的な事例のもと考察させる。
・経済政策では，財政政策と金融政策の意義及び財政と中央銀行の役割について扱い，日本における財政政策と金融政策の現状・課題などについて具体的な事例と関連付けさせて分析・考察をさせる。

市場と経済に関する知識などを基盤として，市場と経済の動向，経済に関する理論など科学的な根拠に基づいて，ビジネスの展開について，組織の一員としての役割を果たすことができるようにする。

(3) グローバル化の動向・課題

学習指導要領解説によれば，この項目のねらいは次のとおりである。

> ここでは，科目の目標を踏まえ，人材のグローバル化などグローバル化の動向・課題に関する知識などを基盤として，グローバル化に関する事例，経済に関する理論など科学的根拠に基づいて，ビジネスの展開について，組織の一員としての役割を果たすことができるようにすることをねらいとしている。

このねらいを実現するために，次のような指導方法が考えられる。

- ビジネスを担う人材が国境を越えて移動し，ビジネスが展開されているなど人材のグローバル化の動向とそれに伴う課題について，経済社会における具体的な事例と関連付けて分析させる。
- 財とサービスのグローバル化では，生産財，消費財及びサービスのグローバル化の動向とその課題について扱い，貿易とその秩序を確保することの意義，比較優位による貿易の利益，自由貿易が経済に及ぼす影響及び貿易の秩序の確保や発展のための機関と協定について扱う。
- 金融と資本のグローバル化では，金融のグローバル化の動向とその経済社会における具体的な事例と関連付けて分析し，考察する学習活動を取り入れる。
- 外国為替の仕組み，外国為替相場が変動する要因と貿易への影響，日本における外国為替相場の現状及び為替リスクに対する企業の対応策について扱う。
- 情報のグローバル化では，情報技術の進歩により，大量の情報が地球規模で行き交い，ビジネスに活用されているなど情報のグローバル化の動向とそれに伴う課題について具体的な事例と関連付けて分析，考察させる。

　グローバル化の動向や課題に関する知識などを基盤として，グローバル化に関する事例，経済に関する理論など科学的な根拠に基づいて，ビジネスの展開について，組織の一員としての役割を果たすことができるようにする。

(4) 企業活動のグローバル化

学習指導要領解説によれば，この項目のねらいは次のとおりである。

> ここでは，科目の目標を踏まえ，企業の海外進出，グローバル化に伴う企業の社会的責任など企業活動のグローバル化に関する知識などを基盤として，経済のグローバル化の動向，企業におけるグローバル化への対応に関する具体的な事例など科学的な根拠に基づいて，ビジネスの展開について，組織の一員としての役割を果たすことができるようにすることをねらいとしている。

このねらいを実現するために，次のような指導方法が考えられる。

- 企業の海外進出の現状や課題について扱い，海外に進出している日本企業の具体的な事例と関連付けて分析・考察させる。
- 経済のグローバル化に伴って，企業活動が日本にとどまらず，経済社会に広く影響を及ぼしている現状及び企業活動に責任をもつことの重要性について扱い，考察させる。
- 企業が地球規模で経済を俯瞰し直接的・間接的に世界の市場と関わりをもってビジネスを展開していることについて扱い，世界と関わりをもってビジネスを展開することを想定し，地域の資源をビジネスに役立てる方策などを考察するとともに，地域や産業界等に提案し，改善を図る学習活動を取り入れる。

　企業のグローバル化に関する知識などを基盤として，経済のグローバル化の動向，企業におけるグローバル化への対応に関する具体的な事例など科学的な根拠に基づいて，ビジネスの展開について組織の一員としての役割を果たすことができるようにする。

❷ 評価の観点

「グローバル経済」における評価の観点の具体例は以下のとおりである。

(1) 「知識及び技術の習得」の観点から

ア　経済のグローバル化と日本経済の現状について理解できている。
　　イ　市場と経済について理論と関連付けて理解できている。
　　ウ　グローバル化の動向・課題について理論と関連付けて理解できている。
　　エ　企業活動のグローバル化について経済社会における事例と関連付けて理解できている。
　　オ　企業活動について，具体的な事例と関連付けて理解できている。
(2)　「思考力・判断力・表現力等の育成」の観点から
　　ア　経済のグローバル化の意義と課題について，経済社会の発展と関連付けて見いだすことができる。
　　イ　市場と経済の変化に伴うビジネスに関する課題を発見し，科学的な根拠に基づいて，課題への対応策を考案して実施し，評価・改善をしている。
　　ウ　グローバル化に伴うビジネスに関する課題を発見し，科学的な根拠に基づいて，課題への対応策を考案して実施し，評価・改善をしている。
　　エ　企業活動のグローバル化に関する課題を発見し，科学的な根拠に基づいて，課題への対応策を考案して実施し，評価・改善をしている。
(3)　「学びに向かう力・人間性等の涵養」の観点から
　　ア　経済のグローバル化と日本経済の現状について自ら学び，それを踏まえ，ビジネスに主体的かつ協働的に取り組むことができる。
　　イ　市場と経済について自ら学び，その動向を踏まえ，ビジネスに主体的かつ協働的に取り組んでいる。
　　ウ　グローバル化の動向や課題について自ら学び，それらを踏まえ，ビジネスに主体的かつ協働的に取り組んでいる。
　　エ　企業活動のグローバル化について自ら学び，その動向を踏まえ，ビジネスに主体的かつ協働的に取り組んでいる。
　　オ　ビジネスに対する心構えを自ら学び，実践しようとしている。

6-3-5　「ビジネス法規」の授業改善

　経済のグローバル化，規制緩和，情報化等経済環境が変化する中で，法規に基づいてビジネスを適切に展開するために必要な資質・能力を育成する視点から，従前の「経済活動と法」の指導項目を改善し，科目の名称を改めた。今回の改訂では，民法に関する指導項目を精選するとともに労働者と情報の保護及び税に係る法規に関する指導項目を取り入れるなどの改善が図られた。
　学習指導要領によれば，この科目の目標は次のとおりである。

> 　商業の見方・考え方を働かせ，実践的・体験的な学習活動を行うことなどを通して，法規に基づくビジネスの展開に必要な資質・能力を次のとおり育成することを目指す。
> (1)　ビジネスに関する法規について実務に即して体系的・系統的に理解するようにする。
> (2)　法的側面からビジネスに関する課題を発見し，ビジネスに携わる者として法的な根拠に基づいて創造的に解決する力を養う。
> (3)　ビジネスを適切に展開する力の向上を目指して自ら学び，法規に基づくビジネスに主体的かつ協働的に取り組む態度を養う。

この科目の目標は，①ビジネスにおける法の役割，法の体系と解釈・適用など法に関する知識などを基盤として，法の意義と課題について，②企業活動に係る法規に関する知識などを基盤として法的な根拠に基づいた適切な企業活動の展開について，③知的財産に係る法規に関する知識などを基盤として，法的な根拠に基づいた知的財産の適切な保護と効果的な活用について，④税に係る法規に関する知識などを基盤として，法的な根拠に基づいた税に関する適切な手続きについて，⑤企業責任に係る法規に関する知識などを基盤として，法的な根拠に基づいて適切に企業責任を果たすことについて，組織の一員としての役割を果たすことができるようにすること，が挙げられる。
　ここでは各単元の指導に当たって考えられるいくつかの指導例について紹介する。

❶ 指導方法

（1）　法の概要

　学習指導要領解説によれば，この項目のねらいは次のとおりである。

> 　ここでは，科目の目標を踏まえ，ビジネスにおける法の役割，法の体系と解釈・適用など法に関する知識などを基盤として，法の意義と課題について自らの考えをもつとともに，適切なビジネスの展開についての意識と意欲を高め，組織の一員としての役割を果たすことができるようにすることをねらいとしている。

　このねらいを実現するために，次のような指導方法が考えられる。
・ビジネスを適切に行うための法の役割について扱う。
・ビジネスを円滑に行うことができるようにするため，経済のグローバル化，規制緩和，情報化など経済指標の変化に伴って法規の改正などが行われている現状について扱う。
・法が憲法を最高法規として体系的に存在していることを理解させる。
・一般法・特別法などの法の分類，法の解釈と適用の考え方について扱う。
・権利と義務の概要，権利行使の制限及び物件，債権等財産権の概要について，法規と関連付けて扱う。
　法に関する知識等を基盤として，法の意義と課題について自らの考えをもつとともに，適切なビジネスの展開についての意識と意欲を高め，組織の一員としての役割を果たすことができるようにする。

（2）　企業活動と法規

　学習指導要領解説によれば，この項目のねらいは次のとおりである。

> 　ここでは，科目の目標を踏まえ，企業活動に係る法規に関する知識などを基盤として，法的な根拠に基づいた適切な企業活動の展開について，組織の一員としての役割を果たすことができるようにすることをねらいとしている。

　このねらいを実現するために，次のような指導方法が考えられる。
・株式会社の意義，株主の責任，株式の譲渡，資本と経営の分離について法規と関連付けて扱う。
・雇用契約，売買契約，企業活動における契約，契約当事者の権利・義務関係についても具体的な事例を用いて，法規と関連付けて扱う。この際，法規を教えるだけにならないように留意する必要がある。
・株式と社債の発行，金融機関からの借入れ及び金融商品取引法の概要についても扱い，具体的な事例を用いて，法規と関連付けて分析し，考察させる学習活動を取り入れるようにする。
・株式会社を含め，企業の組織再編の形態についても触れ，日本における企業の組織再編と清算・

再建の現状・課題について扱い，具体的事例(特に時事的なもの)を用いて，法規と関連付けて分析し，考察する学習活動を取り入れる。

企業活動に係る法規に関する知識などを基盤として，法的な根拠に基づいた適切な企業活動の展開について，組織の一員としての役割を果たすことができるようにする。

(3) 知的財産と法規

学習指導要領解説によれば，この項目のねらいは次のとおりである。

> ここでは，科目の目標を踏まえ，知的財産に係る法規に関する知識などを基盤として，法的な根拠に基づいた知的財産の適切な保護と効果的な活用について，組織の一員としての役割を果たすことができるようにすることをねらいとしている。

このねらいを実現するために，次のような指導方法が考えられる。
・知的財産権の種類とその権利について，法規と関連付けながら扱う。
・国際競争力の強化とビジネスを持続的に展開する際の知的財産の保護と活用の重要性及び知的財産を活用したビジネスの現状について扱う。
・知的財産権が侵害されたときの対抗手段について扱い，具体的な事例を用いて，法規と関連付けて分析し，考察させる。

知的財産に係る法規に関する知識などを基盤として，法的な根拠に基づいた知的財産の適切な保護と効果的な活用について，組織の一員としての役割を果たすことができるようにする。

(4) 税と法規

学習指導要領解説によれば，この科目のねらいは次のとおりである。

> ここでは，科目の目標を踏まえ，税に係る法規に関する知識などを基盤として，法的な根拠に基づいた税に関する適切な手続きについて，組織の一員としての役割を果たすことができるようにすることをねらいとしている。

このねらいを実現するために，次のような指導方法が考えられる。
・国税，地方税等の税の種類と分類，法人税など法人に対する税の概要，固定資産税など不動産に対する税の概要と税額決定の考え方及び内国法人と外国法人の納税義務について，法規と関連付けて扱う。
・企業会計と税務会計との関係，税務調整，法人税の申告と納付の仕組み，申告書の作成，消費税の仕組み，課税事業者と免税事業者の違い，税額計算の考え方など，法規と関連付けて扱う。

税に係る法規に関する知識などを基盤として，法的な根拠に基づいた税に関する適切な手続きについて，組織の一員としての役割を果たすことができるようにする。

(5) 企業責任と法規

学習指導要領解説によれば，この科目のねらいは次のとおりである。

> ここでは，科目の目標を踏まえ，企業責任に係る法規に関する知識などを基盤として，法的な根拠に基づいた適切に企業責任を果たすことについて，組織の一員としての役割を果たすことができるようにすることをねらいとしている。

このねらいを実現するために，次のような指導方法が考えられる。

- 法令遵守（コンプライアンス）と説明責任（アカウンタビリティ），企業統治（コーポレート・ガバナンス）の意義と重要性について扱い，具体的な事例と関連付けて分析し，考察させる。
- 労働三法，労働三権等の労働者の権利の保護や労働時間，休日，就業規則及び労働災害に関する規定と考え方について扱う。
- 消費者基本法，消費者契約法等消費者の保護に関する法規の概要についても扱う。このとき，企業の立場での学習であることに留意し，消費者教育にならないように注意すること。
- 紛争の予防と解決において，公証制度の概要，和解，調停及び仲裁の目的，手続き，効力並びに民事訴訟制度の概要等，法規と関連付けてこのような制度があることを教える。

　企業責任に係る法規に関する知識などを基盤として，法的な根拠に基づいた適切に企業責任を果たすことについて，組織の一員としての役割を果たすことができるようにする。

❷ 評価の観点

「ビジネス法規」における評価の観点の具定例は以下のとおりである。

(1) 「知識及び技術の習得」の観点から
　　ア　商業を学ぶ意義や法の概要について理解できている。
　　イ　企業活動に係る法規について企業における事例と関連付けて理解できている。
　　ウ　知的財産に係る法規について企業における事例と関連付けて理解できている。
　　エ　税に係る法規について企業における事例と関連付けて理解できている。
　　オ　企業責任に係る法規について企業における事例と関連付けて理解できている。

(2) 「思考力・判断力・表現力等の育成」の観点から
　　ア　法の意義と課題について，ビジネスの適切な展開と関連付けて見いだすことができる。
　　イ　企業活動に関する課題を発見し，法的な根拠に基づいて，課題への対応策を考案して実施し評価・改善しようとしている。
　　ウ　知的財産の保護と活用に関する課題を発見し，それを踏まえ，法的な根拠に基づいて，知的財産を保護し活用する方策を考案して実施し，評価・改善できる。
　　エ　企業における税の申告と納付に関する課題を発見し，それを踏まえ，法的な根拠に基づいて税に関する責任を果たす方策を考案して実施し，評価・改善できる。
　　オ　企業責任に関する課題を発見し，それを踏まえ，法的な根拠に基づいて，企業責任を果たす方策を考案して実施し，評価・改善しようとしている。

(3) 「学びに向かう力，人間性等の涵養」の観点から
　　ア　法の概要について自ら学び，法規に基づく適切なビジネスに主体的かつ協働的に取り組んでいる。
　　イ　企業活動に係る法規について自ら学び，法規に基づく適切な企業活動に主体的かつ協働的に取り組んでいる。
　　ウ　知的財産に係る法規について自ら学び，法規に基づく知的財産の適切な保護と効果的な活用に主体的かつ協働的に取り組んでいる。
　　エ　税に係る法規について自ら学び，法規に基づく税に関する適切な手続に主体的かつ協働的に取り組んでいる。

オ　必要な資料を適切に収集することができる。
カ　企業責任に係る法規について自ら学び，法規に基づいて適切に企業責任を果たすことに主体的かつ協働的に取り組んでいる。

6-3-6　学習指導案の例

(例3) 商業科「グローバル経済」学習指導案

1　単元について
(1) 単元名　第○章　経済成長と景気循環　○節　GDP（国内総生産）
(2) 単元の概要と目標

何ができるようになるのか
一国の経済の大きさをはかるものとしてGDPがあることを理解し，GDPは，どうやって求めるのか理解できるようになる。

何を学ぶのか	どのように学ぶのか
GDPの概念について，学ぶ。 日本のGDPについて，学ぶ。	コンピュータを使用して調査したり周りの仲間と意見交換したりしながら，自分の意見を確立して学ぶ。

(3) 単元の評価規準

A　知識・技術	B　思考力・判断力・表現力	C　主体的に学習に取り組む態度
①極端に簡略化された数値モデルを用いて，付加価値や最終生産物という観点から，GDPを算出できる。 ②GDPと豊かさは必ずしも結び付けて考えることができないことを説明できる。 ③経済の豊かさを論じるための知識を身に付けている。	①付加価値の合計や最終生産物等の観点から，GDPを表現することができる。 ②GDPと「豊かさ」について，現実の社会を例に適切に表現できる。	①GDPについて関心をもち，マクロ経済の代表的な指標として考察する態度を身に付けている。 ②「豊かさ」に関心をもち，多様な資料や指標から考察する態度がある。

(4) 単元の指導及び評価計画

指導時間	各時間の指導内容	学習活動における評価規準	評価方法等
1	付加価値とGDP/日本のGDP マクロ経済学について確認させる。 GDPについて，付加価値の合計と最終生産物の生産額という二つの側面から理解させる。	A－① B－① C－①	行動の観察 課題の確認
1	GDPと豊かさ GDPと豊かさの関係を考えさせる。購買力平価を理解させ，GDPの国際比較の方法を認識させる。	A－② B－② C－②	行動の観察 課題の確認
4	国民総生産/資本ストック GDPとGNPの相違を理解させる。フローとストックの概念について理解させ，ストックによる豊かさについて考察させる。	A－③ B－② C－②	行動の観察 課題の確認

2　本時の学習について
(1) 本時の日時及び教室　　○○○○年○月○日（○）第○限目　　○○○教室
(2) 本時の学習内容

項目名	GDP（国内総生産）
項目内容	経済の活発さを表す指標の一つにGDP（国内総生産）があることを理解する。日本のGDPについて理解する。

(3) 本時の概要

何ができるようになるか	一国の経済指標を示すものとして，GDP があることを理解する。
何を学ぶか	日本は経済大国にあたるのか，日本の GDP は世界の何位にあたるのかを考え，調査しながらグループで答えを求め学ぶ。
どのように学ぶか	GDP は，付加価値の合計であるとともに，最終生産物の生産額にも相当することを確認し，学ぶ。

(4) 本時の教材

主 教 材	教科書「グローバル経済」
副 教 材	問題集「○○問題集」
そ の 他	パソコン(調査活動)

(5) 本時の授業展開

段階	時間	学習内容	学習活動	指導の留意点と評価のポイント
導入	5分	マクロ経済，ミクロ経済について	・経済をはかる指標について考え，発言する。 ・経済をはかる指標の大きさが一国の経済の大きさを示していることを理解する。 ・一国全体の経済活動に着目し，経済を巨視的に観察したのがマクロ経済であることを理解する。	出欠席の確認 ・日本は経済大国といわれるが，こうしたものの基準となっている一国の経済の活発さをはかる指標には，どんなものがあるか発問して，知っているものを挙げさせる。（知識） ・出された意見は黒板の端に板書していく。
展開	20分	GDP について	・GDP は一国内で一定期間に生み出された付加価値の合計であることを理解する。 ・GDP は付加価値の合計であって，中間生産物は含まれないことを理解する。	・各生産段階の業者ごとに付加価値・中間費用を色分けし，別々のものと認識させる。GDP は，付加価値の合計であることを説明する。同時に付加価値が付け加えられて，新しい生産物となることを理解させる。（知識）
		GDP の算出	・パンが製造されるまでに，小麦農家⇒製粉業者⇒製パン業者が存在し，それぞれが付加価値を加えていることを理解する。その合計が GDP であることを理解する。	・パン1個における GDP はいくらになるか具体的な数値を出して求めさせる。（思考力）
	20分	日本の国民一人当たりの GDP	・GDP は最終生産物の生産額に相当することを理解する。 ・日本の国民一人当たりの GDP は，世界の国々の中で，世界第何位であるかを理解する。	・GDP は，付加価値の合計であり，最終生産物の生産額に相当することを理解させる。（知識） ・日本の国民一人当たりの GDP は世界第何位か調査させる。 ・人口が多い国のほうが GDP は大きくなることを気づかせる。日本の GDP については，コンピュータを使って調査させる。（学びに向かう力）
まとめ	5分	本時のまとめ 次時の予告	・問題集の問題を解きながら，本時の授業の理解度を確認する。 ・次時の内容を確認する。	・問題集の取組状況を机間巡視しながら，生徒の理解度を確認していく。（知識） ・次時は，GDP と豊かさについて学習することを予告する。

(6) 本時の板書計画

省略(p73 参照)

6-4 会計分野

6-4-1 科目構成

　平成30(2018)年の学習指導要領の改訂では，会計情報分野に関する科目は，「簿記」，「財務会計Ⅰ」，「財務会計Ⅱ」，「原価計算」及び「管理会計」の5科目構成となった。

　科目名の変更はないが，生徒が何を知らなければいけないのか，どこまで知っておく必要があるのか，無理のない範囲はどこまでなのかを検討し，実社会で必要とされている知識・技術も配慮することにより，各科目の指導内容の再構成が行われた。

6-4-2 会計分野が育成を目指す資質・能力

　会計分野の学習により，生徒が身に付けてほしい資質・能力として，次に示す三つがある。
① 個別の知識・技術
　・企業会計に関する基礎的な知識と技術を，具体的な事例と関連付けて身に付けている。
　・企業会計に関する法規と基準に基づき適正な会計処理を行う。
　・企業会計について実務に即した例題を活用して理解するとともに，関連する技術を身に付けている。
② 思考・判断・表現等
　・企業会計に関する様々な知識・技術などを活用し，ビジネスに関する課題を発見するとともに，科学的な根拠に基づいて工夫してよりよく解決する力を養っている。
　・利害関係者（ステークホルダー）に会計情報を提供する力及び会計情報をビジネスに効果的に活用する力を身に付けている。
　・ビジネスの場面を分析し，科学的な根拠に基づいて，場面に応じて思考して，評価・改善できている。
③ 学びに向かう力，人間性等
　・自ら学び，ビジネスに主体的かつ協働的に取り組んでいる。
　・会計処理の方法等について考察や討論を行うことによって，自己の役割を認識し，当事者としての意識をもち，他者と信頼関係を構築して積極的に関わり，ビジネスに責任をもって取り組む態度を養っている。

　以上の資質・能力をもとにして，会計分野における帳簿の記帳方法，会計情報の提供と活用，会計法規や法令遵守の重要性並びに会計処理の方法などに関する知識・技術を習得する。

6-4-3 「簿記」の授業改善

　「簿記」は，会計分野の基礎的科目として位置付けられており，平成30(2018)年の学習指導要領の改訂では，指導内容の精選がなされ，より実社会で必要とされている知識・技術に絞られて指導内容が検討され改訂がされた。

　学習指導要領によれば，この科目の目標は次のとおりである。

> 　商業の見方・考え方を働かせ，実践的・体験的な学習活動を行うことなどを通して，取引の記録と財務諸表の作成に必要な資質・能力を次のとおり育成することを目指す。
> (1)　簿記について実務に即して体系的・系統的に理解するとともに，関連する技術を身に付けるようにする。
> (2)　取引の記録と財務諸表の作成の方法の妥当性と課題を見いだし，ビジネスに携わる者として科学的な根拠に基づいて創造的に課題に対応する力を養う。
> (3)　企業会計に関する法規と基準を適切に適用する力の向上を目指して自ら学び，適正な取引の記録と財務諸表の作成に主体的かつ協働的に取り組む態度を養う。

　この科目の目標は，①簿記に関する理論的な知識と技術にとどまらず，実務と関連付けられ，ビジネスの様々な場面で役に立つ実務に即した知識と技術を身に付けるようにすること，②唯一絶対の答えがないことの多い経済社会にあって，簿記をはじめとした様々な知識，技術などを活用し，取引の記録と財務諸表の作成の方法の妥当性と実務に適用することに伴う課題を見いだすとともに，会計情報が社会に及ぼす影響を踏まえ，簿記に関する理論，企業活動の流れなど科学的な根拠に基づいて工夫してよりよく課題に対応する力を養うこと，③企業会計に関する法規と基準を適切に適用する力の向上を目指して自ら簿記について学ぶ態度及び組織の一員として自己の役割を認識して当事者としての意識をもち，他者と信頼関係を構築して積極的に関わり，記帳，決算など適正な取引の記録と財務諸表の作成に責任をもって取り組む態度を養うこと，が挙げられる。
　ここでは各単元の指導に当たって考えられるいくつかの指導例について紹介する。

❶ 指導方法

(1)　簿記の原理

　学習指導要領解説によれば，この項目のねらいは次のとおりである。

> 　ここでは，科目の目標を踏まえ，簿記の原理に関する知識，技術などを基礎として，取引を記録することと決算の意義について自らの考えをもつとともに，適正な取引の記録と記録の効果的な活用についての意識と意欲を高め，組織の一員としての役割を果たすことができるようにすることをねらいとしている。

　このねらいを実現するために，次のような指導方法が考えられる。
・小遣い帳や家計簿を記入させ，企業の経営活動を会計帳簿に記録することの重要性について指導する。この時，簿記は企業活動について重要なものであり，生徒に簿記について興味・関心をもってもらうことが大切である。
・企業の決算公告での貸借対照表や損益計算書を提示し，財務諸表を身近に感じてもらう。
・取引を仕訳してから勘定へ転記をし，決算に至る簿記一巡の手続きの基本的な流れを理解させ，その上で取引の概念，取引の二面性，仕訳の方法，勘定の役割，総勘定元帳の記帳法，試算表の作成方法，決算の目的，基本的な決算手続きについて理解させる。

(2)　取引の記帳

　学習指導要領解説によれば，この項目のねらいは次のとおりである。

> 　ここでは，科目の目標を踏まえ，記帳に関する知識，技術などを基盤として，企業会計に関する法規と基準を実務に適用し，適正な会計帳簿の作成について，組織の一員としての役割を果たすことができるようにすること

> をねらいとしている。

このねらいを実現するために，次のような指導方法が考えられる。
・簿記上の現金と入金・出金，現金過不足及び小口現金の記帳法について，模擬現金と帳簿を用いて理解させる。
・小切手の仕組み，手形の種類や決済方法については，ビジネス基礎において学習しているので，当座預金や手形に関する記帳方法を簿記で展開し，理解を深めさせる。
・商品売買に関する取引の記帳法については，ビジネス基礎での売買契約の締結と履行に関連付けて授業を展開し，理解を深めさせる。
・販売費及び一般管理費については，企業活動で発生する費用を考えさせ，販売費及び一般管理費の概念と種類を見いだし，記帳法について考えさせる。
・固定資産については，身近にある固定資産を考えさせ，固定資産の概念と種類を見いだし，記帳法について考えさせる。
・個人企業の純資産と税については，純資産の概念を再確認させ，増加・減少させる取引を理解させる。税については，身近にある税金を考えさせ，税金の概念及び記帳法について理解させる。この単元においては，会計事務所・商工会議所等の外部機関と連携して，租税の単元や租税教室などを活用し，理解を深めさせる。

(3) 「決算」
学習指導要領解説によれば，この項目のねらいは次のとおりである。

> ここでは，科目の目標を踏まえ，決算整理など決算に関する知識，技術などを基盤として，企業会計に関する法規と基準を実務に適用し，適正な決算整理と財務諸表の作成について，組織の一員としての役割を果たすことができるようにすることをねらいとしている。

このねらいを実現するために，次のような指導方法が考えられる。
・総勘定元帳から試算表を作成し，決算整理事項に係る処理と記帳法を理解させ，その上で総勘定元帳など各種帳簿の締め切りと精算表・貸借対照表・損益計算書を作成する方法について理解させる。
・貸借対照表・損益計算書が企業で重要な財務諸表であることを理解させ，その上で企業のホームページやEDINETを活用して公表されていることを確認させる。

(4) 本支店会計
学習指導要領解説によれば，この項目のねらいは次のとおりである。

> ここでは，科目の目標を踏まえ，本店・支店間取引，支店間取引など本支店会計に関する知識，技術などを基盤として，企業会計に関する法規と基準を実務に適用し，適正な本店・支店間取引と支店間取引の記録及び財務諸表の合併について，組織の一員としての役割を果たすことができるようにすることをねらいとしている。

このねらいを実現するために，次のような指導方法が考えられる。
・支店会計が独立している場合の本店・支店に関する知識と記帳法を具体的な事例を用いて理解させる。

- 生徒を二人１組にして本店・支店間取引の記帳法を具体的な例を挙げて理解させたり，三人１組にして支店相互間の記帳法を具体的な例を挙げて理解させる。
- 本店・支店の合併財務諸表の作成方法の理解は，「財務会計Ⅰ」や「財務会計Ⅱ」での連結財務諸表作成での基礎となるため，本店・支店における決算手続きから合併財務諸表作成までの流れを時系列に指導する。

(5) 記帳の効率化

学習指導要領解説によれば，この項目のねらいは次のとおりである。

> ここでは，科目の目標を踏まえ，伝票の利用など記帳の効率化に関する知識，技術などを基盤として，企業会計に関する法規と基準を実務に適用し，伝票の利用と会計ソフトウェアの効果的な活用について，組織の一員としての役割を果たすことができるようにすることをねらいとしている。

- 入金伝票・出金伝票・振替伝票の３伝票について，起票・集計・総勘定元帳への転記の方法について扱う。文房具店等で販売されている伝票を見本として用いて提示するとよい。
- 会計ソフトウェアの活用については，会計ソフトウェアを導入し，「情報処理」や情報科等の科目と連携し，コンピュータを効果的に活用し，会計ソフトウェア活用の利点や効率的な取引の記録と財務諸表の作成を行う方法を理解させる。
- この単元は，今回の学習指導要領改訂での簿記における追加項目であり，取引の記録などについての学習を通じて学ばせることにより，記帳の効率化の理解を深める。また，入力の際には，伝票や証ひょうが重要な根拠となることを理解させる。

❷ 評価の観点

「簿記」における評価の観点の具体例は以下のとおりである。

(1) 「知識及び技術の習得」の観点から
　ア　簿記の基礎的・基本的な知識と技術を身に付け，簿記の一巡の手続きと手順を理解できている。
　イ　個人企業の取引の仕訳から決算までの基本的な手順を理解できている。
　ウ　会計帳簿の種類と帳簿全体の仕組みを理解し，合理的な会計処理ができる。
　エ　必要な会計帳簿を選択し，正しく記帳することができる。

(2) 「思考力・判断力・表現力等の育成」の観点から
　ア　簿記に関する課題を見いだし，自ら思考を深め，知識と技術を活用して適切に処理する能力を身に付けようとしている。
　イ　作成した帳簿をもとに，分析・活用しようとしている。
　ウ　企業の財政状態や経営成績を示し，企業の状況について自分の意見を述べられる。
　エ　生み出された情報が正しいものであるかなど，自ら考えて分析している。

(3) 「学びに向かう力，人間性等の涵養」の観点から
　ア　課題に対し主体的に対応し，自分の考えをしっかり伝えている。
　イ　財務諸表の作成の方法の妥当性と課題を見いだそうとしている。
　ウ　科学的な根拠に基づいて創造的に課題に対応しようとしている。
　エ　ビジネスにおける新しい課題について，学んだ知識・技術を活用しようとしている。

6-4-4 「財務会計Ⅰ」の授業改善

「財務会計Ⅰ」は、「財務会計Ⅱ」につながる科目として位置付けられており、平成30(2018)年の学習指導要領の改訂では、指導内容の精選がなされた。学習指導要領によれば、この科目の目標は次のとおりである。

> 商業の見方・考え方を働かせ、実践的・体験的な学習活動を行うことなどを通して、会計情報の提供と活用に必要な資質・能力を次のとおり育成することを目指す。
> (1) 財務会計について実務に即して体系的・系統的に理解するとともに、関連する技術を身に付けるようにする。
> (2) 企業会計に関する法規と基準及び会計処理の方法の妥当性と課題を見いだし、ビジネスに携わる者として科学的な根拠に基づいて創造的に課題に対応するとともに、会計的側面から企業を分析する力を養う。
> (3) 会計責任を果たす力の向上を目指して自ら学び、適切な会計情報の提供と効果的な活用に主体的かつ協働的に取り組む態度を養う。

この科目の目標は、①財務会計に関する理論的な知識と技術にとどまらず、実務と関連付けられ、ビジネスの様々な場面で役に立つ実務に即した知識と技術を身に付けるようにすること、②唯一絶対の答えがないことの多い経済社会にあって、財務会計をはじめとした様々な知識・技術などを活用し、企業会計に関する法規と基準及び会計処理の方法の妥当性と実務に適用することに伴う課題を見いだすとともに、会計情報が社会に及ぼす影響を踏まえ、財務会計に関する理論、企業活動の流れなど科学的な根拠に基づいて工夫してよりよく課題に対応する力及び財務指標を組み合わせて企業の実態を総合的に分析する力を養うこと、③会計責任を果たす力の向上を目指して自ら財務会計について学ぶ態度及び組織の一員として自己の役割を認識して当事者としての意識をもち、他者と信頼関係を構築して積極的に関わり、適正な会計処理、財務諸表の作成と分析などによる会計情報の提供と効果的な活用に責任をもって取り組む態度を養うこと、が挙げられる。

指導に当たっては、単に知識や技術を身に付けることにとどまらず、実務的・体験的な学習活動を展開し、具体的な事例を取り上げる学習活動を取り入れることが大切である。

ここでは各単元の指導に当たって考えられるいくつかの指導例について紹介する。

❶ 指導方法

(1) 財務会計の概要

学習指導要領解説によれば、この項目のねらいは次のとおりである。

> ここでは、科目の目標を踏まえ、企業会計と財務会計の意義・役割、財務諸表の構成要素など財務会計に関する知識などを基盤として、財務会計及び関連する法規と基準の意義について自らの考えをもつとともに、適切な会計情報の提供と効果的な活用についての意識と意欲を高め、組織の一員としての役割を果たすことができるようにすることをねらいとしている。

このねらいを実現するために、次のような指導方法が考えられる。

・財務会計の意義、役割及び財務諸表の構成要素を理解させ、関連する法規と基準について興味・関心をもたせる。
・適切な会計情報の提供方法や効果的な活用方法をインターネットやホームページ、ニュースや新

聞記事を活用して理解させ，意欲を高めさせる。
(2) 会計処理
学習指導要領解説によれば，この項目のねらいは次のとおりである。

> ここでは，科目の目標を踏まえ，資産，負債，純資産などの会計処理に関する知識，技術などを基盤として，企業会計に関する法規と基準を実務に適用し，適切な会計情報の提供と効果的な活用について，組織の一員としての役割を果たすことができるようにすることをねらいとしている。

このねらいを実現するために，次のような指導方法が考えられる。
・会計処理について理論と実務とを関連付けて理解させ，関連する技術を身に付けさせる。
・以前は「財務会計Ⅱ」で指導していた外貨建取引の会計処理がこの単元で指導することとなった。外国貨幣の計算と換算，外貨相場の変動要因については，ビジネス基礎やグローバル経済などにおいて学習しているので，記帳方法を指導することで，理解を深めさせる。
・以前は「財務会計Ⅱ」で指導していた税効果会計に関する会計処理がこの単元で指導することとなった。企業会計上の利益と税法上の課税所得の違い，税効果会計の意義及び将来減算一時差異と将来加算一時差異に関する基礎的な会計処理について理解させる。

(3) 財務諸表の作成
学習指導要領解説によれば，この項目のねらいは次のとおりである。

> ここでは，科目の目標を踏まえ，財務諸表の作成に関する知識，技術などを基盤として，企業会計に関する法規と基準を実務に適用し，適正な財務諸表による適切な会計情報の提供について，組織の一員としての役割を果たすことができるようにすることをねらいとしている。

このねらいを実現するために，次のような指導方法が考えられる。
・棚卸法と誘導法，報告式の貸借対照表と損益計算書の表示区分と作成方法について理解させ，資料を基に報告式の貸借対照表と損益計算書を作成する学習活動を取り入れる。
・株主資本等変動計算書の意義と作成方法について理解させ，資料を基に株主資本等変動計算書を作成する学習活動を取り入れる。
・貸借対照表，損益計算書，株主資本等変動計算書が企業で重要な財務諸表であることを理解させ，企業のホームページや EDINET を活用して公表していることを確認させる。

(4) 財務諸表分析の基礎
学習指導要領解説によれば，この項目のねらいは次のとおりである。

> ここでは，科目の目標を踏まえ，財務諸表分析に関する知識，技術などを基盤として，財務指標を組み合わせて総合的に分析し，会計情報の効果的な活用について，組織の一員としての役割を果たすことができるようにすることをねらいとしている。

このねらいを実現するために，次のような指導方法が考えられる。
・財務指標の概念及び収益性，成長性，安全性の面から企業の実態を分析する方法について理解させ，財務指標の具体的な例を用いて，同一企業における期間比較や同業他社比較等，財務諸表を分析する学習活動を取り入れる。

・生徒複数名を1組として企業のホームページやEDINETを活用して財務諸表を入手し，学んだ財務指標を活用して企業の財政状態や経営成績を分析・発表させる授業展開が可能である。
・連結財務諸表の目的と種類及び企業集団の実態を分析する上での連結財務諸表の有用性について触れ，「財務会計Ⅱ」へ展開する。

❷ 評価の観点

「財務会計Ⅰ」における評価の観点の具体例は以下のとおりである。

(1) 「知識及び技術の習得」の観点から
　ア　様々な処理方法や財務諸表の作成方法を理解し，適正な方法を活用して処理できる。
　イ　会計法規，会計基準を活用して，企業の財政状態，経営成績を適切に分析できる。
　ウ　財務会計の一巡の処理手続きと手順が理解できる。
　エ　必要な会計帳簿を選択し，正しく記帳することができる。

(2) 「思考力・判断力・表現力等の育成」の観点から
　ア　企業における財務会計の意義，必要性について考え，自らの考えを述べようとしている。
　イ　課題を見いだし，自ら思考を深め，知識と技術を活用して適切に処理する能力を身に付けようとしている。
　ウ　財務諸表に関する基本的な会計理論の構造について分析・活用し，説明できる。
　エ　財務諸表を分析し，企業の収益性や安全性など，自らの考えや意見を述べられる。
　オ　生み出された情報が正しいものであるかなど，自ら考えて分析している。

(3) 「学びに向かう力，人間性等の涵養」の観点から
　ア　企業の経営や財務に関して関心をもち，理解しようとしている。
　イ　協議や討論では，主体的に参加し，自分の考えをしっかり発言し，他の意見に耳を傾け，自分の考えとの違いを把握しようとしている。
　ウ　ビジネスにおける新しい課題について，学んだ知識・技術を活用しようとしている。

6-4-5 「財務会計Ⅱ」の授業改善

「財務会計Ⅱ」は，「財務会計Ⅰ」の学習を基礎として学ぶ科目であり，「財務会計Ⅰ」を履修したあとに履修することが望ましいとされている。また，科目の指導内容も，平成30 (2018) 年の学習指導要領の改訂において，指導内容の精選がなされた。学習指導要領によれば，この科目の目標は次のとおりである。

> 　商業の見方・考え方を働かせ，実践的・体験的な学習活動を行うことなどを通して，会計情報の提供と活用に必要な資質・能力を次のとおり育成することを目指す。
> (1) 財務会計について実務に即して体系的・系統的に理解するとともに，関連する技術を身に付けるようにする。
> (2) 企業会計に関する法規と基準及び会計処理の方法の妥当性と課題を見いだし，ビジネスに携わる者として科学的な根拠に基づいて創造的に課題に対応するとともに，会計的側面から企業及び企業の経営判断を分析する力を養う。
> (3) 会計責任を果たす力の向上を目指して自ら学び，国際的な会計基準を踏まえた適切な会計情報の提供と効果的な活用に主体的かつ協働的に取り組む態度を養う。

この科目の目標は，①財務会計に関する理論的な知識と技術にとどまらず，実務と関連付けられ，ビジネスの様々な場面で役に立つ実務に即した知識と技術を身に付けるようにすること，②唯一絶対の答えがないことの多い経済社会にあって，財務会計をはじめとした様々な知識・技術等を活用し，企業会計に関する法規と基準及び会計処理の方法の妥当性と実務に適用することに伴う課題を見いだすとともに，会計情報が社会に及ぼす影響を踏まえ，財務会計に関する理論，企業活動の流れなど科学的な根拠に基づいて工夫してよりよく課題に対応する力，財務指標を組み合わせて企業の実態を総合的に分析する力及び経営判断が企業に及ぼす影響を会計的側面から分析する力を養うこと，③会計責任を果たす力の向上を目指して自ら財務会計について学ぶ態度及び組織の一員として自己の役割を認識して当事者としての意識をもち，他者と信頼関係を構築して積極的に関わり，国際的な会計基準を踏まえた企業集団の会計処理などによる会計情報の提供と効果的な活用に責任をもって取り組む態度を養うこと，が挙げられる。
　ここでは，各単元の指導に当たって考えられるいくつかの指導例について紹介する。

❶ 指導方法

(1) 財務会計の基本概念と会計基準

　学習指導要領解説によれば，この項目のねらいは次のとおりである。

> 　ここでは，科目の目標を踏まえ，財務会計の基本概念と会計基準に関する知識などを基盤として，財務会計と会計基準の意義について自らの考えをもつとともに，適切な会計情報の提供と効果的な活用についての意識と意欲を高め，組織の一員としての役割を果たすことができるようにすることをねらいとしている。

　このねらいを実現するために，次のような指導方法が考えられる。
・財務会計の基本概念と会計基準について理解させ，国際会計基準について書籍が多く出版されていることを紹介し，経済のグローバル化と関連付けて説明することが大切である。
・資産負債アプローチと収益費用アプローチの意義及び純利益と包括利益の概念について理解させる。
・財務会計に関する基準の国際的な動向及び日本の会計基準の特徴について，事例やニュースなどを活用して理解させる。

(2) 会計処理

　学習指導要領解説によれば，この項目のねらいは次のとおりである。

> 　ここでは，科目の目標を踏まえ，金融商品，収益，費用などの会計処理に関する知識，技術などを基盤として，企業会計に関する法規と基準を実務に適用し，適切な会計情報の提供と効果的な活用について，組織の一員としての役割を果たすことができるようにすることをねらいとしている。

　このねらいを実現するために，次のような指導方法が考えられる。
・金融商品の会計処理や収益と費用，固定資産の会計処理，固定負債，純資産，税効果会計について理解させる。以前の学習指導要領では，「財務会計Ⅰ」で社債の会計処理を指導していたが，今回の学習指導要領ではこの項目で指導する。
・固定資産では，有形固定資産の総合償却及び圧縮記帳について，リース取引における利息の計算に関しては，利息法のみ扱う。なお，圧縮記帳を行う利点についても考察させる。

(3) キャッシュ・フローに関する財務諸表

学習指導要領解説によれば，この項目のねらいは次のとおりである。

> ここでは，科目の目標を踏まえ，キャッシュ・フローに関する財務諸表に関する知識，技術などを基盤として，企業会計に関する法規と基準を実務に適用し，適正なキャッシュ・フローに関する財務諸表による適切な会計情報の提供について，組織の一員としての役割を果たすことができるようにすることをねらいとしている。

このねらいを実現するために，次のような指導方法が考えられる。
・企業における資金繰りの重要性及び適切な資金繰りを行うためのキャッシュ・フロー計算書の意義と重要性，作成方法について理解させる。
・企業のホームページやEDINETを活用して公表していることを確認させ，キャッシュ・フロー計算書の意義と重要性について再確認させる。

(4) 企業集団の会計

学習指導要領解説によれば，この項目のねらいは次のとおりである。

> ここでは，科目の目標を踏まえ，企業結合の形態，合併後の財務諸表の作成など企業集団の会計に関する知識，技術などを基盤として，企業会計に関する法規と基準を実務に適用し，適切な会計情報の提供と効果的な活用について，組織の一員としての役割を果たすことができるようにすることをねらいとしている。

このねらいを実現するために，次のような指導方法が考えられる。
・合併，株式交換及び株式移転など企業結合の形態について理解させ，ビジネスマネジメントにおいて企業間連携について学習するので，指導の合理化を図るとよい。また，ニュースや新聞記事を活用して理解を深める。
・株式の一括取得，支配獲得までの株式の段階取得，支配獲得後の株式の追加取得と一部売却の会計処理，支配獲得後の連結修正，持分法の範囲と基礎的な会計処理，連結貸借対照表，連結損益計算書，連結包括利益計算書，連結株主資本等変動計算書及び連結キャッシュ・フロー計算書の作成方法について理解させ，資料をもとに連結財務諸表を作成する学習活動を取り入れる。
・企業のホームページやEDINETを活用して連結財務諸表が公表していることを確認させる。

(5) 財務諸表分析

学習指導要領解説によれば，この項目のねらいは次のとおりである。

> ここでは，科目の目標を踏まえ，企業価値の評価，連結財務諸表分析など財務諸表分析に関する知識，技術などを基盤として，財務指標を組み合わせて総合的に分析し，会計情報の効果的な活用について，組織の一員としての役割を果たすことができるようにすることをねらいとしている。

このねらいを実現するために，次のような指導方法が考えられる。
・企業価値の評価の意義，キャッシュ・フロー分析などを活用した企業価値の評価方法，連結情報を分類・整理し，企業グループ全体の業績と連結経営を評価する方法について理解させる。
・四半期財務情報の意義，連結キャッシュ・フロー計算書の分析方法について扱い，生徒複数名を1組として企業のホームページやEDINETを活用して財務諸表を入手し，学んだ財務指標を活用して企業の財政状態や経営成績を分析・発表させる授業展開が可能である。

(6) 監査と職業会計人

学習指導要領解説によれば，この項目のねらいは次のとおりである。

> ここでは，科目の目標を踏まえ，監査と職業会計人に関する知識などを基盤として，監査と職業会計人に関する制度に基づいて，会計情報の信頼性の確保について，組織の一員としての役割を果たすことができるようにすることをねらいとしている。

このねらいを実現するために，次のような指導方法が考えられる。

・会計責任を果たすことと監査の重要性について扱い，具体的な事例と関連付けて考察する学習活動を取り入れる。また，監査の仕組みと過程について扱い，監査の場面を想定して財務諸表の適正性を検討する学習活動を取り入れる。
・税理士と公認会計士の職務，社会的役割及び求められる倫理について扱い，税理士や公認会計士による講演会やインターンシップなど，外部機関との連携することが大切である。

❷ 評価の観点

「財務会計Ⅱ」における評価の観点の具体例は以下のとおりである。

(1) 「知識及び技術の習得」の観点から
　ア　会計実務の知識と技術を活用して，ビジネスの諸活動を計数的に把握し，適切に処理することができる。
　イ　財務会計の基礎的・基本的な知識と技術をもとに，連結財務諸表やキャッシュ・フロー計算書が作成できる。
　ウ　企業会計に関する新しい法規や基準について学び，それらの法規や基準にしたがって会計処理を的確に行うことを理解している。
　エ　会計責任を果たすことの重要性と監査の重要性について理解している。
　オ　財務諸表に関する内容と作成方法及び連結情報を有効に利用する知識を身に付けている。

(2) 「思考力・判断力・表現力等の育成」の観点から
　ア　企業における財務会計の意義，必要性について考え，自らの考えを述べようとしている。
　イ　企業環境の変化とそれに伴う会計実務の対応，国際的調和についての働きについて考え，意見をまとめ発表しようとしている。
　ウ　連結財務諸表やキャッシュ・フロー計算書の必要性や適切な表示方法について考え，それぞれの財務諸表の関連性について考え学習を進めようとしている。
　エ　会計責任を果たすことの重要性と監査の意義について説明できる。

(3) 「学びに向かう力，人間性等の涵養」の観点から
　ア　会計を活用して企業の実態を的確に捉える意欲と態度を身に付けようとしている。
　イ　新聞やインターネット，会計に関する書籍を活用して調べたりまとめたりする意欲と態度が見られる。
　ウ　協議や討論では，主体的に参加し，自分の考えをしっかり発言し，他の人の意見に耳を傾け，自分の考えとの違いを把握しようとしている。
　エ　ビジネスにおける新しい課題について，学んだ知識・技術を活用しようとしている。

6-4-6 「原価計算」の授業改善

「原価計算」は，実務で必要とされる原価計算，会計処理等の内容を踏まえ，指導内容の精選がなされた。学習指導要領によれば，この科目の目標は次のとおりである。

> 商業の見方・考え方を働かせ，実践的・体験的な学習活動を行うことなどを通して，原価情報の提供と活用に必要な資質・能力を次のとおり育成することを目指す。
> (1) 原価計算，原価計算に関する会計処理及び原価情報の活用について実務に即して体系的・系統的に理解するとともに，関連する技術を身に付けるようにする。
> (2) 原価計算，原価計算に関する会計処理及び原価情報を活用する方法の妥当性と課題を見いだし，ビジネスに携わる者として科学的な根拠に基づいて創造的に課題に対応する力を養う。
> (3) 企業会計に関する法規と基準を適切に適用する力及び適切な原価管理を行う力の向上を目指して自ら学び，適切な原価情報の提供と効果的な活用に主体的かつ協働的に取り組む態度を養う。

この科目の目標は，①原価計算，原価計算に関する会計処理及び原価情報の活用に関する理論的な知識と技術にとどまらず，実務と関連付けられ，ビジネスの様々な場面で役に立つ実務に即した知識と技術を身に付けるようにすること，②唯一絶対の答えがないことの多い経済社会にあって，原価計算をはじめとした様々な知識・技術などを活用し，原価計算，原価計算に関する会計処理及び原価情報の活用の方法の妥当性と実務に適用することに伴う課題を見いだすとともに，原価情報が社会に及ぼす影響を踏まえ，原価計算に関する理論，企業活動の流れなど科学的な根拠に基づいて工夫してよりよく課題に対応する力を養うこと，③企業会計に関する法規と基準を適切に適用する力及び適切な原価管理を行う力の向上を目指して自ら原価計算について学ぶ態度及び組織の一員として自己の役割を認識して当事者としての意識をもち，他者と信頼関係を構築して積極的に関わり，適切な原価の費目別計算，部門別計算，製品別計算などによる原価情報の提供と効果的な活用に責任をもって取り組む態度を養うこと，が挙げられる。

ここでは，各単元の指導に当たって考えられるいくつかの指導例について紹介する。

❶ 指導方法

(1) 原価と原価計算

学習指導要領解説によれば，この項目のねらいは次のとおりである。

> ここでは，科目の目標を踏まえ，原価の概念など原価と原価計算に関する知識，技術などを基盤として，原価計算の意義について自らの考えをもつとともに，適切な原価情報の提供と効果的な活用についての意識と意欲を高め，組織の一員としての役割を果たすことができるようにすることをねらいとしている。

このねらいを実現するために，次のような指導方法が考えられる。

・製造原価と総原価の違い及び発生の形態，製品との関連や原価要素の分類について理解させ，共通教科「家庭科」の調理実習など，実際にモノを作る場面を想定して原価の概念を定着させ，理解させる。
・原価計算の目的，手続，期間，種類について理解させ，身近にある商品の原価について書籍や事例を用いて理解させる。

・インターンシップでの工場見学や工業高校と連携することによって，実際に製造現場に出向き，生産ライン等を見学し，理解を深めさせる。

(2) 原価の費目別計算

学習指導要領解説によれば，この項目のねらいは次のとおりである。

> ここでは，科目の目標を踏まえ，原価の費目別計算に関する知識，技術などを基盤として，原価の費目別計算の方法を実務に適用し，適切な原価情報の提供と効果的な活用について，組織の一員としての役割を果たすことができるようにすることをねらいとしている。

このねらいを実現するために，次のような指導方法が考えられる。

・材料費・労務費・経費の分類や消費における計算方法と仕訳の方法について理解させ，関連する技術を身に付ける。
・原価の費目別計算について自ら学ぶことによって，適正な原価の費目別計算による適切な原価情報の提供と効果的な活用について理解し，主体的かつ協働的に取り組み理解を深めさせる。

(3) 原価の部門別計算と製品別計算

学習指導要領解説によれば，この項目のねらいは次のとおりである。

> ここでは，科目の目標を踏まえ，原価の部門別計算と製品別計算に関する知識，技術などを基盤として，原価の部門別計算と製品別計算の方法を実務に適用し，適切な原価情報の提供と効果的な活用について，組織の一員としての役割を果たすことができるようにすることをねらいとしている。

このねらいを実現するために，次のような指導方法が考えられる。

・原価計算表の作成，原価計算表と仕掛品勘定との関係，製造間接費の配賦並びに仕損と作業くずの処理方法について理解させ，製造間接費差異の原因別分析に関して，公式法変動予算と固定予算を採用した場合の予算差異と操業度差異について理解を深める。
・部門別個別原価計算と総合原価計算の特徴や考え方，計算方法の違いについて理解させ，自らの考えや意見を発表させる。

(4) 内部会計

学習指導要領解説によれば，この項目のねらいは次のとおりである。

> ここでは，科目の目標を踏まえ，製品の完成と販売，工場会計の独立など内部会計に関する会計処理に関する知識，技術などを基盤として，内部会計に関する会計処理の方法を実務に適用し，適切な原価情報の提供と効果的な活用について，組織の一員としての役割を果たすことができるようにすることをねらいとしている。

このねらいを実現するために，次のような指導方法が考えられる。

・製品の完成と販売の記帳法，工場会計が本社会計から独立している場合における製品の完成や販売などに係る本社と工場間の取引，製造業における決算の特徴と手続き，製造原価報告書について理解させる。
・生徒を二人1組にして本社・工場間取引の記帳法を具体的な例を挙げて理解させる。

(5) 標準原価計算

学習指導要領解説によれば，この項目のねらいは次のとおりである。

> ここでは，科目の目標を踏まえ，標準原価計算に関する知識，技術などを基盤として，標準原価計算の方法を実務に適用し，適切な原価情報の提供と効果的な活用について，組織の一員としての役割を果たすことができるようにすることをねらいとしている。

このねらいを実現するために，次のような指導方法が考えられる。
・標準原価計算の目的，標準原価計算の一連の手続及びシングルプランとパーシャルプランによる記帳法について理解させる。なお，今回の学習指導要領では，シングルプランの記帳法が追加された。
・直接材料費差異，直接労務費差異及び公式法変動予算と固定予算を採用した場合の3分法による製造間接費差異の分析について理解させ，標準原価計算の妥当性と実務における課題を見いだし理解を深めさせる。

(6) 直接原価計算

学習指導要領解説によれば，この項目のねらいは次のとおりである。

> ここでは，科目の目標を踏まえ，直接原価計算に関する知識，技術などを基盤として，直接原価計算の方法を実務に適用し，適切な原価情報の提供と効果的な活用について，組織の一員としての役割を果たすことができるようにすることをねらいとしている。

このねらいを実現するために，次のような指導方法が考えられる。
・直接原価計算の目的と方法，直接原価計算による損益計算書の作成方法及び全部原価計算による損益計算書との違いについて理解させ，自らの考えや意見を発表させる。
・直接原価計算が短期利益計画に有用な情報を提供できること並びに原価，営業量及び利益の関係を分析する方法について理解させる。なお，文化祭での物品販売などのデータを活用して，直接原価計算における分析を行い理解を深めさせる。

❷ 評価の観点

「原価計算」における評価の観点の具体例は以下のとおりである。

(1) 「知識及び技術の習得」の観点から
　ア　原価計算に関する基礎的・基本的な技術を身に付け，原価計算の一巡の手続きを理解している。
　イ　原価計算の基礎的・基本的な知識と技術をもとに，適切に仕訳・勘定記入ができる技術を身に付けている。
　ウ　製造業の決算の特徴について理解している。
　エ　標準原価計算と直接原価計算に関する基礎的な会計理論を理解している。

(2) 「思考力・判断力・表現力等の育成」の観点から
　ア　原価計算を学ぶことの意義や必要性について考えようとしている。
　イ　原価情報の活用について，自ら思考を深め，基礎的・基本的な知識と技術を活用して，適切に判断・処理する能力を身に付けようとしている。
　ウ　原価情報をまとめ，適切に処理するとともに，その成果を的確に説明できる。

(3) 「学びに向かう力，人間性等の涵養」の観点から
　ア　原価計算に関心をもち，その知識と技術の習得を目指して意欲的に取り組んでいる。
　イ　製造業の原価計算及び会計処理から得られる情報を活用し，まとめたりする意欲と態度が見られる。
　ウ　協議や討論では，主体的に参加し，自分の考えをしっかり発言し，他の人の意見に耳を傾け，自分の考えとの違いを把握しようとしている。
　エ　ビジネスにおける新しい課題について，学んだ知識・技術を活用しようとしている。

6-4-7　「管理会計」の授業改善

　「管理会計」は，実務で必要とされる経営管理等の内容を踏まえ，指導内容の精選がなされた。学習指導要領によれば，この科目の目標は次のとおりである。

> 　商業の見方・考え方を働かせ，実践的・体験的な学習活動を行うことなどを通して，経営管理に有用な会計情報の提供と活用に必要な資質・能力を次のとおり育成することを目指す。
> (1)　管理会計について実務に即して体系的・系統的に理解するとともに，関連する技術を身に付けるようにする。
> (2)　会計情報を活用した経営管理の方法の妥当性と課題を見いだし，ビジネスに携わる者として科学的な根拠に基づいて創造的に課題に対応する力を養う。
> (3)　適切な経営管理を行う力の向上を目指して自ら学び，経営管理に有用な会計情報の提供と効果的な活用に主体的かつ協働的に取り組む態度を養う。

　この科目の目標は，①管理会計に関する理論的な知識と技術にとどまらず，実務と関連付けられ，ビジネスの様々な場面で役に立つ実務に即した知識と技術を身に付けるようにすること，②唯一絶対の答えがないことの多い経済社会にあって，管理会計をはじめとした様々な知識，技術などを活用し，会計情報を活用した経営管理の方法の妥当性と実務に適用することに伴う課題を見いだすとともに，経営管理が社会に及ぼす影響を踏まえ，管理会計に関する理論，企業活動の流れなど科学的な根拠に基づいて工夫してよりよく課題に対応する力を養うこと，③会計情報を活用して適切な経営管理を行う力の向上を目指して自ら管理会計について学ぶ態度及び組織の一員として自己の役割を認識して当事者としての意識をもち，他者と信頼関係を構築して積極的に関わり，短期利益計画の立案，業績測定など経営管理に有用な会計情報の提供と効果的な活用に責任をもって取り組む態度を養うこと，が挙げられる。
　ここでは，各単元の指導に当たって考えられるいくつかの指導例について紹介する。

❶ 指導方法

(1)　管理会計と経営管理
　学習指導要領解説によれば，この項目のねらいは次のとおりである。

> 　ここでは，科目の目標を踏まえ，管理会計と経営管理との関係に関する知識などを基盤として，管理会計の意義について自らの考えをもつとともに，経営管理に有用な会計情報の提供と効果的な活用についての意識と意欲を高め，組織の一員としての役割を果たすことができるようにすることをねらいとしている。

　このねらいを実現するために，次のような指導方法が考えられる。

- 管理会計と財務会計の目的の違い及び企業が発展する上で経営管理が重要な役割を担っていることについて理解させ，自らの考えや意見を発表させる。
- 教科書や他の書籍を活用し，管理会計について自ら学び，経営管理に有用な会計情報の提供と効果的な活用に主体的かつ協働的に取り組み理解させる。

(2) 短期利益計画

学習指導要領解説によれば，この項目のねらいは次のとおりである。

> ここでは，科目の目標を踏まえ，原価予測の方法，損益分岐分析など短期利益計画に関する知識，技術などを基盤として，短期利益計画の立案の方法を実務に適用し，会計情報に基づく適切な短期利益計画の立案について，組織の一員としての役割を果たすことができるようにすることをねらいとしている。

このねらいを実現するために，次のような指導方法が考えられる。

- 原価予測の方法に関して，費目別精査法，高低点法及び最小自乗法について理解させ，安全余裕率，損益分岐点比率及び経営レバレッジ係数の計算方法と活用方法について理解させる。
- 販売価格，販売量，変動費及び固定費等の変化が営業利益に及ぼす影響について理解させる。なお，文化祭での物品販売などのデータを活用して分析を行い，自らの意見や改善点等を報告させ理解を深めさせる。

(3) 業績測定

学習指導要領解説によれば，この項目のねらいは次のとおりである。

> ここでは，科目の目標を踏まえ，業績測定に関する知識，技術などを基盤として，業績測定の方法を実務に適用し，会計情報に基づく適切な業績測定について，組織の一員としての役割を果たすことができるようにすることをねらいとしている。

このねらいを実現するために，次のような指導方法が考えられる。

- 事業部制組織と職能別組織の特徴や，責任センターの損益計算書を作成し，投下資本利益率，残余利益及び資本コスト率を用いて責任センターの業績測定を行う方法について理解させる。
- 業績測定の方法の妥当性と実務における課題を見いだし，自らの意見や改善点等を報告させ理解を深めさせる。

(4) 予算編成と予算統制

学習指導要領解説によれば，この項目のねらいは次のとおりである。

> ここでは，科目の目標を踏まえ，予算編成と予算統制に関する知識，技術などを基盤として，予算編成と予算統制の方法を実務に適用し，会計情報に基づく適切な予算編成と予算統制について，組織の一員としての役割を果たすことができるようにすることをねらいとしている。

このねらいを実現するために，次のような指導方法が考えられる。

- 企業予算の意義及び予算編成の手続について扱い，四半期の予想現金収支を基にした予定貸借対照表と予定損益計算書の作成方法について，具体的な例を用いて理解させる。
- 予算統制と予算実績差異分析の意義及び全部原価計算と直接原価計算における予算実績差異分析の方法について理解させる。

(5) コスト・マネジメント

学習指導要領解説によれば，この項目のねらいは次のとおりである。

> ここでは，科目の目標を踏まえ，標準原価計算，直接標準原価計算などによるコスト・マネジメントに関する知識，技術などを基盤として，コスト・マネジメントの方法を実務に適用し，経営管理に有用な会計情報の提供と効果的な活用について，組織の一員としての役割を果たすことができるようにすることをねらいとしている。

このねらいを実現するために，次のような指導方法が考えられる。
- 標準原価計算，直接標準原価計算，目標原価計算，活動基準原価計算及び品質原価計算を事例を用いて特徴や計算方法を理解させる。
- コスト・マネジメントの方法の妥当性と実務における課題を見いだし，自らの意見や考えをまとめ，発表することにより理解を深めさせる。

(6) 経営意思決定

学習指導要領解説によれば，この項目のねらいは次のとおりである。

> ここでは，科目の目標を踏まえ，経営意思決定に関する知識，技術などを基盤として，経営意思決定の方法を実務に適用し，会計情報に基づく適切な経営意思決定について，組織の一員としての役割を果たすことができるようにすることをねらいとしている。

このねらいを実現するために，次のような指導方法が考えられる。
- 企業が発展していく上での経営意思決定の意義，経営意思決定の過程及び業務的意思決定と構造的意思決定の特徴について理解させる。
- 差額原価収益分析として，特別注文引受可否の意思決定，内製か購入かの意思決定及び追加加工の要否の意思決定の方法について理解させる。

❷ 評価の観点

「管理会計」における評価の観点の具体例は以下のとおりである。

(1) 「知識及び技術の習得」の観点から
　ア　管理会計の知識と技術を活用して，ビジネスの諸活動を計数的に把握し，適切に処理することができる。
　イ　標準原価計算による直接原価計算を採用した場合の差異分析を伴った財務諸表の作成ができる。
　ウ　管理会計の意義や経営戦略の重要性について理解している。
　エ　短期利益計画を策定するための基礎的な知識と技術を習得している。
　オ　経営意思決定の概要を理解し，適切な経営意思決定を行うための基礎的な知識と技術を習得している。

(2) 「思考力・判断力・表現力等の育成」の観点から
　ア　管理会計についての計算の処理法などに自ら思考を深め，基礎的・基本的な知識や技術及び創意工夫して適切に活用する能力を身に付けようとしている。
　イ　制約条件のもとで，いかに営業利益を最大にするかを考え，発表することができる。
　ウ　管理会計と財務会計を比較し，その違いを区別し発表することができる。

(3)「学びに向かう力，人間性等の涵養」の観点から
ア　経営管理についての必要な情報を活用する意欲と態度が見られる。
イ　製造業の原価計算及び会計処理から得られる情報を活用し，まとめたりする意欲と態度が見られる。
ウ　管理会計の知識と技術を活用して，企業の実態を的確に捉えることのできる態度を身に付けている。

6-4-8　学習指導案の例

(例4)商業科「財務会計Ⅰ」学習指導案

1　単元について
(1) 単元名　第○編　第○章　損益計算書の作成
(2) 単元の概要と目標

何ができるようになるのか
報告式損益計算書の作成方法を理解し，営業利益・経常利益・税引前当期純利益・当期純利益の利益構造が理解できるようになる。

何を学ぶのか	どのように学ぶのか
営業利益・経常利益・税引前当期純利益・当期純利益の特徴について学ぶ。 報告式損益計算書の作成方法について学ぶ。	報告式損益計算書の作成方法を，事前に問題を解いた周りの仲間から教授してもらいながら学ぶ。 営業利益・経常利益・税引前当期純利益・当期純利益の利益構造について，周りの仲間と意見交換しながら学ぶ。

(3) 単元の評価規準

A　知識・技術	B　思考力・判断力・表現力	C　主体的に学習に取り組む態度
①適正な財務諸表を作成し，適切な会計情報の提供方法について理解する。 ②営業利益・経常利益・税引前当期純利益・当期純利益の違いについて説明できる。	①適正な財務諸表の作成方法を説明することができる。 ②報告式損益計算書を見て，収益力のある企業を選択し，理由を適切に表現できる。	①企業の経営や財務に関して関心をもち，経営状況を考察する態度がある。 ②主体的に授業に参加し，自分の考えをしっかり発言し，他の人の意見に耳を傾ける態度がある。

(4) 単元の指導及び評価計画

指導時間	各時間の指導内容	学習活動における評価規準	評価方法等
1	報告式損益計算書の作成方法について確認させる。営業利益・経常利益・税引前当期純利益・当期純利益の意味と算出方法を理解させる。	A－① B－① C－①	行動の観察
2	報告式損益計算書の作成方法について確認させる。収益性の分析方法について理解させる。	A－①② B－① C－②	行動の観察 課題の確認
1 本時	報告式損益計算書の作成方法について確認させる。収益力のある企業を選択し，理由を発表する。	A－①② B－①② C－②	行動の観察 課題の確認 ワークシート

2　本時の学習について

(1) 本時の日時及び教室　　○○○○年○月○日（○）第○限目　　○○○教室

(2) 本時の学習内容

項目名	損益計算書の作成例
項目内容	報告式損益計算書の作成方法について理解する。収益力のある企業を選択し，理由を発表する。

(3) 本時の概要

何ができるようになるか	報告式損益計算書の作成方法を理解できるようになる。営業利益・経常利益・税引前当期純利益・当期純利益の利益構造が理解できるようになる。
何を学ぶか	損益計算書の作成方法，利益の構造。
どのように学ぶか	損益計算書の作成問題を取り上げ，考えさせる学習活動や具体的に説明させる学習活動により理解させる。

(4) 本時の教材

主　教　材	教科書
副　教　材	問題集
そ の 他	自作プリント（2社の損益計算書作成問題）・評価ワークシート

(5) 本時の授業展開

段階	時間	学習内容	学習活動	指導の留意点と評価のポイント
導入	5	・前時の授業内容の確認	・前時に作成した振り返りシートの確認を行う。 ・前時に作成した報告式損益計算書の要点を確認する。	・振り返りシートを活用して，前時にできたこととできなかったことを確認し，本時の計画を立てさせる。 ・前時に作成した損益計算書で自分自身が解けなかった部分を確認し，印を付けさせる。
展開	30	・報告式の損益計算書作成と売上高利益率の算出・比較	・報告式損益計算書の作成方法を理解する。 ・作成した損益計算書から，売上高利益率を求め，2社比較を行う。	・不明な点や分からない点はチーム内で相談し合いながら作成する。 ・前時に作成した損益計算書と本時に作成した損益計算書を比較し，売上高利益率を求め，特質や比率の意味するものを理解させる。
	10	・比較結果の報告	・班ごとに収益性の高い会社とその理由を報告する。 ・報告していない班は，報告している班の発表を聞き，自分の班の意見と比較する。	・班で発表を担当する生徒を選出させ，班員全員で発表内容をまとめさせる。 ・発表を聞く姿勢を整えさせ，他の班の発表を聞き，メモを取らせる。
		・各班の発表に対するまとめ	・各班の発表に対する総括を行う。	・各班の発表に対する教員の感想や意見を伝え，メモを取らせる。 ・他の班の発表や教員の総括を聞き，自己の意見と比較し総括をさせる。
まとめ	5	・本時のまとめ ・次回の予告	・振り返りシートを作成し，本時を振り返る。 ・株主資本等変動計算書を作成することを確認する。	・振り返りシートの作成状況について机間指導をしながら確認していく。 ・次時は，株主資本等変動計算書を作成することを予告する。

(6) 本時の板書計画

省略（p73参照）

6-5 ビジネス情報分野

6-5-1 科目構成

　平成30(2018)年の高等学校学習指導要領の改訂では，ビジネス情報分野に関する科目は，「情報処理」，「ソフトウェア活用」，「プログラミング」，「ネットワーク活用」，「ネットワーク情報管理」の5科目構成となった。

　従来のコンピュータの活用の他に，インターネットのビジネスへの活用や，それに伴う情報管理やセキュリティ等，ネットワークに重点を置いた科目が新設された。

　平成元(1989)年の改訂では，商業科における情報処理教育は，それまでのプログラミング中心の教育からコンピュータを活用する教育へと幅を広げた。しかし，平成29(2017)年改訂の小学校学習指導要領には，早期からのプログラミング教育の実施が明記され，再び，高等学校でのプログラミング教育にも注目が集まっている。

6-5-2 ビジネス情報分野が育成を目指す資質・能力

　ビジネス情報分野の学習により，生徒が身に付けてほしい資質・能力として，次に示す三つがある。
①個別の知識・技術
　・企業において情報を扱うことの意義。
　・企業活動におけるソフトウェアの活用。
　・プログラムと情報システムの開発。
　・ビジネスにおけるインターネットの活用。
　・情報資産を共有し保護する環境の提供。
②思考・判断・表現等
　・企業において情報を扱うことに関する課題。
　・企業活動におけるソフトウェアの活用に関する課題。
　・企業活動に有用なプログラムと情報システムの開発に関する課題。
　・ビジネスにおいてインターネットを活用することに関する課題。
　・情報資産を共有し保護する環境の提供に関する課題。
③学びに向かう力，人間性等
　・企業において情報を適切に扱うこと。
　・企業活動におけるソフトウェアの活用。
　・企業活動に有用なプログラムと情報システムの開発。
　・ビジネスにおけるインターネットの活用。
　・情報資産を共有し保護する環境の提供。

　これらの学力観をもとにして，コンピュータの活用，ソフトウェアの活用，簡易なシステム構築，インターネットの活用，プログラミング技術，企業内の情報通信ネットワークの構築及びセキュリティ等に関する知識・技術を習得する。

6-5-3 「情報処理」の授業改善

「情報処理」は，ビジネスに関する情報を収集・処理・分析して表現し，活用する一連の活動を，情報セキュリティの確保，知的財産の保護等に留意して行う等，企業において情報を適切に扱うために必要な資質・能力を育成することを主眼としたものである。今回の改訂では，情報を適切に表現し，活用できるようにする視点から，情報デザイン及び問題の発見と解決の方法に関する指導項目を取り入れるなどの改善が図られている。

学習指導要領によれば，この科目の目標は次のとおりである。

> 商業の見方・考え方を働かせ，実践的・体験的な学習活動を行うことなどを通して，企業において情報を適切に扱うために必要な資質・能力を次のとおり育成することを目指す。
> (1) 企業において情報を扱うことについて実務に即して体系的・系統的に理解するとともに，関連する技術を身に付けるようにする。
> (2) 企業において情報を扱うことに関する課題を発見し，ビジネスに携わる者として科学的な根拠に基づいて創造的に解決する力を養う。
> (3) 企業活動を改善する力の向上を目指して自ら学び，企業において情報を適切に扱うことに主体的かつ協働的に取り組む態度を養う。

この科目の目標は，①ビジネスを適切に展開して企業の社会的責任を果たす視点をもつこと，②ビジネスの場面を想定し，情報の集計と分析，ビジネス文書の作成，プレゼンテーションに取り組む実践的・体験的な学習活動を行うこと，③情報を適切に扱うことについて，組織の一員としての役割を果たすことができるようにすること，が挙げられる。

指導に当たっては，実務と関連付けられ，ビジネスの様々な場面で役に立つ情報の収集・処理・分析・表現と活用に関する知識と技術を身に付け，それを活用し，企業において情報を収集・処理・分析して表現し，活用することに関する課題を発見するとともに，情報の管理と発信が社会に及ぼす影響を踏まえ，情報セキュリティの確保等に関する技術，情報の扱いに関する成功事例並びに改善を要する事例等科学的な根拠に基づいて工夫して最適な解を導き出し，よりよく解決する力を養うことを目指さなければいけない。

また，企業活動を改善する力の向上を目指して自ら情報を収集・処理・分析して表現し，活用することについて，学ぶ態度や組織の一員として自己の役割を認識して，当事者としての意識をもち，他者と信頼関係を構築して積極的に関わり，情報の集計と分析，ビジネス文書の作成及びプレゼンテーション等に責任をもって取り組む態度を養うことも重要である。

そのためには，企業における情報の管理と活用に関する具体的な事例について多面的・多角的に分析し，考察や討論を行う学習活動を通して，情報を扱う者としての役割と責任について理解を深めることができるように指導すること，情報技術の進歩に留意しながら，各種ソフトウェアの操作方法を習得することにとどまらず，企業において情報を扱う具体的な場面を想定した実習を通して，情報を適切に扱うことができるように指導することが重要である。

ここでは，各単元の指導に当たって考えられるいくつかの指導例について紹介する。

❶ 指導方法

(1) 企業活動と情報処理

学習指導要領解説によれば，この項目のねらいは次のように示されている。

> ここでは，科目の目標を踏まえ，企業における情報処理に関する知識，技術などを基盤として，情報処理の意義と課題について自らの考えをもつとともに，企業における適切な情報処理についての意識と意欲を高め，組織の一員としての役割を果たすことができるようにすることをねらいとしている。

このねらいを実現するために，次のような指導方法が考えられる。

・企業においてコンピュータを活用することの重要性について扱う。
・ビジネスに関する情報を収集・処理・分析して表現し，活用することの重要性について扱う。
・情報処理に関わる職業や仕事の概要，情報システムの概要について扱う。
・情報を分かりやすく伝達するために必要な情報デザインの要素(色彩，光等)，文字，図形，音声等の特性及び色彩が心理や感情に及ぼす影響について扱う。
・伝えたい意図を的確に表現するための要素構成と配置及び図解表現の効果と方法について扱う。
・情報技術の進歩や情報が社会で果たす役割と社会に及ぼす影響について扱う。
・情報に対する個人と企業の責任及び情報を取り扱う際に留意点について扱う。
・個人情報と知的財産の適切な取扱いと保護の重要性について扱う。

(2) コンピュータシステムと情報通信ネットワーク

学習指導要領解説によれば，この項目のねらいは次のように示されている。

> ここでは，科目の目標を踏まえ，コンピュータシステムと情報通信ネットワークに関する知識，技術などを基盤として，情報技術の進歩，コンピュータシステムと情報通信ネットワークの活用に関する具体的な事例など科学的な根拠に基づいて，適切な情報の収集と管理について，組織の一員としての役割を果たすことができるようにすることをねらいとしている。

このねらいを実現するために，次のような指導方法が考えられる。

・コンピュータの基本的な機能と構成について理解させる。
・コンピュータ内部におけるデータの表現及びデータ処理の仕組みについて理解させる。
・ハードウェアとソフトウェアの種類，オペレーティングシステムのファイル管理の機能について理解させる。
・情報通信ネットワークを構成するハードウェアとソフトウェアについて理解させる。
・LANの仕組みと構成について理解させる。
・インターネットの基本的な仕組み，インターネットへの接続形態及び通信プロトコルの役割について理解させ，インターネットを経由して情報システムがサービスを提供する仕組みについて理解させる。
・ウェブページを活用してビジネスに関する情報を検索・収集する方法，情報の信頼性と価値を見極める方法について理解させる。
・電子メールを活用してビジネスに関する情報を受・発信する方法，ファイルの扱い方について

理解させる。
・不正アクセスやそれを防止するための対策ソフトウェアの活用法，利用者認証や情報の暗号化について理解させる。

(3) 情報の集計と分析

学習指導要領解説によれば，この項目のねらいは次のように示されている。

> ここでは，科目の目標を踏まえ，統計，表・グラフの作成など情報の集計と分析に関する知識，技術などを基盤として，ビジネスに関する情報の集計と分析に対する要求などに基づいた適切な情報の提供と効果的な活用について，組織の一員としての役割を果たすことができるようにすることをねらいとしている。

このねらいを実現するために，次のような指導方法が考えられる。

・統計的手法等を用いてビジネスに関する情報を分析することの重要性について理解させる。
・散布図や相関関係図，パレート図等のグラフから情報の傾向，特徴などを読み取る方法について理解させる。
・表やグラフを用いて伝えたいことを表現する方法について理解させる。
・表計算ソフトウェアの日付，数学，統計，検索，論理，データベース等の基本的な関数，整列や検索，抽出等の基本的な機能，グラフを作成する方法について理解させる。
・シミュレーションを行う基礎的な技法について理解させる。
・ソフトウェアを用いたプログラミングについて理解させる。
・ロジックツリー，MECE，デシジョンテーブル，ガントチャート，SWOT分析，PPM分析等の分析手法について理解させる。

(4) 「ビジネス文書の作成」

学習指導要領解説によれば，この項目のねらいは次のように示されている。

> ここでは，科目の目標を踏まえ，文章の表現，ビジネス文書の種類などビジネス文書の作成に関する知識，技術などを基盤として，ビジネス文書の作成に対する要求などに基づいた適切な情報の発信について，組織の一員としての役割を果たすことができるようにすることをねらいとしている。

このねらいを実現するために，次のような指導方法が考えられる。

・伝えたい内容を簡潔に分かりやすく表現する方法について理解させる。
・ビジネスにおける文章の表現方法，敬語表現について理解させる。
・文書作成ソフトウェアを活用して，表，グラフ，図形，静止画を効果的に用いて報告書，企画書，リーフレット等を作成する方法について理解させる。

(5) プレゼンテーション

学習指導要領解説によれば，この項目のねらいは次のように示されている。

> ここでは，科目の目標を踏まえ，プレゼンテーションの技法などプレゼンテーションに関する知識，技術などを基盤として，プレゼンテーションに対する要求などに基づいた適切な情報の伝達について，組織の一員としての役割を果たすことができるようにすることをねらいとしている。

このねらいを実現するために，次のような指導方法が考えられる。

- 正確，簡潔に伝える話の構成，発声，話す速度，表情と姿勢及びリハーサルの進行などのプレゼンテーションを行うための技法について理解させる。
- プレゼンテーションソフトウェアを活用した図形，静止画，動画，アニメーション，音声の効果的な利用方法，目的や形態及び対象と規模によるプレゼンテーションの方法の違いについて理解させる。

❷ 評価の観点

「情報処理」における評価の観点の具体例は以下のとおりである。

(1) 「知識及び技術の習得」の観点から
　ア　ビジネスとコンピュータの活用について正確に認識し発表できる。
　イ　情報を的確に表現する方法を正しく理解している。
　ウ　ネットワーク社会における情報モラルやセキュリティ管理及び関連する法規について正しく理解し，説明できる。
　エ　表計算ソフトウェア，文書作成ソフトウェア及びプレゼンテーションソフトウェアを正しく利用でき，また，専門用語を説明できる。
　オ　問題解決に対し必要な手法やソフトウェアを選択できる。
　カ　各種課題に対し正しい報告書を作成できる。
　キ　コンピュータ以外の情報機器も活用しようとしている。
　ク　ビジネスにおける新しい課題についてどのように取り組めばよいかを判断できる。

(2) 「思考力・判断力・表現力等の育成」の観点から
　ア　なぜそのような結果が出るのかなど，自ら考えようとしている。
　イ　必要な情報を得るためにはどのようにしたらよいかを考えている。
　ウ　生み出された情報が正しいものであるかなど，自ら考えて行動している。
　エ　処理結果について自分の意見を論理的に述べられる。

(3) 「学びに向かう力，人間性の涵養」の観点から
　ア　授業中の質問や課題に主体的に対応している。自ら課題に向かおうとしている。
　イ　作成した情報をもとにして，発表等をしようとしている。
　ウ　コンピュータを理解し，正しくコンピュータを使おうとしている。
　エ　ビジネスにおける新しい課題についてコンピュータを活用しようとしている。

6-5-4　「ソフトウェア活用」の授業改善

　「ソフトウェア活用」は，企業活動においてソフトウェアを活用するために必要な資質・能力を育成する視点から，従前の「ビジネス情報」の指導項目を改善し，科目の名称を改めたものである。
　今回の改訂では，ビジネス計算に関する指導項目を「ビジネス基礎」に移行するとともに，仕入・販売管理ソフトウェアとグループウェアの活用に関する指導項目を従前の「ビジネス実務」から移行するなどの改善が図られている。
　学習指導要領によれば，この科目の目標は次のとおりである。

商業の見方・考え方を働かせ，実践的・体験的な学習活動を行うことなどを通して，企業活動におけるソフトウェアの活用に必要な資質・能力を次のとおり育成することを目指す。
(1) 企業活動におけるソフトウェアの活用について実務に即して体系的・系統的に理解するとともに，関連する技術を身に付けるようにする。
(2) 企業活動におけるソフトウェアの活用に関する課題を発見し，ビジネスに携わる者として科学的な根拠に基づいて創造的に解決する力を養う。
(3) 企業活動を改善する力の向上を目指して自ら学び，企業活動におけるソフトウェアの活用に主体的かつ協働的に取り組む態度を養う。

　この科目の目標は，①ビジネスを適切に展開して企業の社会的責任を果たす視点をもつこと，②ビジネスの場面を想定し，表計算ソフトウェア，データベースソフトウェア等の活用に取り組む実践的・体験的な学習活動を行うこと，③企業活動におけるソフトウェアの活用について，組織の一員としての役割を果たすことができるようにすること，が挙げられる。

　指導に当たっては，実務と関連付けられ，ビジネスの様々な場面で役に立つソフトウェアの効果的な活用に関する知識と技術を身に付けるようにすること，ソフトウェアの活用をはじめとした様々な知識・技術等を活用し，企業活動におけるソフトウェアの活用に関する課題を発見するとともに，ソフトウェアの活用が企業活動に及ぼす影響を踏まえ，ソフトウェアに関する技術，ソフトウェアの活用に関する成功事例や改善を要する事例等科学的な根拠に基づいて工夫して最適な解を導き出し，よりよく解決する力を養うことを目指さなければいけない。

　また，企業活動を改善する力の向上を目指して自らソフトウェアの活用について学ぶ態度や組織の一員として自己の役割を認識して当事者としての意識をもち，他者と信頼関係を構築して積極的に関わり，企業活動における表計算ソフトウェア，データベースソフトウェア等の活用に責任をもって取り組む態度を養うことも重要である。

　そのためには，情報を多面的・多角的に分析し工夫して表現する学習活動，情報の管理と提供の方法について考察や討論を行う学習活動及びソフトウェアを活用する具体的な場面を想定した実習を通して，企業活動においてソフトウェアを適切に活用することができるように指導すること，表計算ソフトウェアやデータベースソフトウェア等各種ソフトウェアの操作方法を習得することにとどまらず，考察や討論を行う学習活動及びソフトウェアを活用して有用な情報を導き出す具体的な場面を想定した実習を取り入れることが大切である。

　ここでは，各単元の指導に当たって考えられるいくつかの指導例について紹介する。

❶ 指導方法

(1) 企業活動とソフトウェアの活用

　学習指導要領解説によれば，この項目のねらいは次のように示されている。

　　ここでは，科目の目標を踏まえ，ソフトウェアの重要性，情報通信ネットワークの導入と運用など企業活動におけるソフトウェアの活用に関する知識，技術などを基盤として，ソフトウェアを活用することの意義と課題について自らの考えをもつとともに，企業活動の改善についての意識と意欲を高め，組織の一員としての役割を果たすことができるようにすることをねらいとしている。

このねらいを実現するために，次のような指導方法が考えられる。
・企業活動を正確かつ迅速に行う上でソフトウェアを活用することの重要性について扱う。
・ビジネス用ソフトウェアの活用に関する具体的な事例について扱う。
・有線LAN，無線LAN及び情報通信ネットワークに用いられるネットワーク機器の機能について扱う。
・情報技術の進歩に伴う通信手段の変化について扱う。
・コンピュータやプリンタをLANに接続するための基礎的な方法，インターネットに接続するための基礎的な方法について扱う。
・情報通信ネットワークのシステム障害に対処するための基礎的な方法，入退室やコンピュータ，記録媒体の管理について扱う。
・情報を共有するためのファイルとフォルダのアクセス権の設定，暗号化の種類，リスク管理（バックアップ，ファイアウォール，脆弱性への対応及び無停電電源装置の活用等）について扱う。

(2) 表計算ソフトウェアの活用

学習指導要領解説によれば，この項目のねらいは次のように示されている。

> ここでは，科目の目標を踏まえ，オペレーションズ・リサーチ，情報の集計と分析など表計算ソフトウェアの活用に関する知識，技術などを基盤として，企業活動の改善に対する要求などに基づいた情報の効率的な集計・分析と分析結果の適切な表現について，組織の一員としての役割を果たすことができるようにすることをねらいとしている。

このねらいを実現するために，次のような指導方法が考えられる。
・在庫管理，回帰分析を用いた売上予測及び日程管理の方法について扱う。
・線形計画法，待ち行列及びゲーム理論について扱う。
・標本を用いて母集団の傾向を推測する基礎的な方法について扱う。
・グループ別集計，クロス集計，情報の傾向の分析及びシミュレーションを行う方法について扱う。
・操作を自動化する方法について扱う。
・メニューを作成する方法について扱う。

(3) データベースソフトウェアの活用

学習指導要領解説によれば，この項目のねらいは次のように示されている。

> ここでは，科目の目標を踏まえ，データベースの重要性，データベースの設計などデータベースソフトウェアの活用に関する知識，技術などを基盤として，企業活動の改善に対する要求などに基づいた情報の効率的な管理と適切な提供について，組織の一員としての役割を果たすことができるようにすることをねらいとしている。

このねらいを実現するために，次のような指導方法が考えられる。
・ビジネスに関する情報をデータベース化して管理し，活用することの重要性について扱う。
・データウェアハウス，データマイニングの概要について扱う。
・データベースの機能と役割について扱う。
・ロック機能，障害対策について扱う。
・データベースを設計（表の定義，正規化，表の関連付け等）する方法について扱う。

- データベースを作成する方法について扱う。
- 利用者の立場に立ったユーザインタフェースを作成する方法について扱う。
- 表の結合・整列・検索・抽出・集計をする方法について扱う。
- データベースから得られた情報を目的に応じて適切な報告書として出力する方法について扱う。
- 操作を自動化する方法について扱う。
- メニューを作成する方法について扱う。

(4) 業務処理用ソフトウェアの活用

学習指導要領解説によれば，この項目のねらいは次のように示されている。

> ここでは，科目の目標を踏まえ，仕入・販売管理ソフトウェア，給与計算ソフトウェアなど業務処理用ソフトウェアの活用に関する知識，技術などを基盤として，企業活動の改善に対する要求などに基づいたソフトウェアを活用した業務の効率的な処理について，組織の一員としての役割を果たすことができるようにすることをねらいとしている。

このねらいを実現するために，次のような指導方法が考えられる。
- 仕入れ・販売管理ソフトウェアの活用（利点や業務の効率化等）方法について理解させる。
- 給与計算ソフトウェアの活用（利点や業務の効率化等）方法について扱う。
- グループウェアの活用（利点や業務の効率化等）方法について扱う。

(5) 情報システムの開発

学習指導要領解説によれば，この項目のねらいは次のように示されている。

> ここでは，科目の目標を踏まえ，表計算ソフトウェアやデータベースソフトウェアによる情報システムの開発に関する知識，技術などを基盤として，企業活動の改善に対する要求などに基づいた適切な情報システムの開発について，組織の一員としての役割を果たすことができるようにすることをねらいとしている。

このねらいを実現するために，次のような指導方法が考えられる。
- 表計算ソフトウェアによる簡易な情報システムの開発について扱う。
- データベースソフトウェアによる簡易な情報システムの開発について扱う。

❷ 評価の観点

「ソフトウェア活用」における評価の観点は以下のとおりである。

(1) 「知識及び技術の習得」の観点から

ア　ビジネスでのソフトウェアの活用について，正しく理解している。
イ　情報通信ネットワークについて，その仕組みを正しく理解している。
ウ　情報資産の管理，保護について正しく理解している。
エ　表計算ソフトウェア，データベースソフトウェアを活用・応用できる。
オ　オペレーションズリサーチの手法を用いて，各種の情報を分析できる。
カ　業務処理ソフトウェアの種類や活用事例を正しく理解している。
キ　表計算ソフトウェアやデータベースソフトウェアの自動化を実行できる。
ク　表計算ソフトウェアやデータベースソフトウェアのプログラミング機能を活用できる。

ケ　各種課題に対し正しい報告書を作成できる。
　　コ　コンピュータ以外の情報機器も活用しようとしている。
　　サ　プログラミングの論理構築が正しくできる。
　　シ　システム開発における必要な手法を判断できる。
(2)　「思考力・判断力・表現力等の育成」の観点から
　　ア　なぜそのような結果が出るのかなど，自ら考えようとしている。
　　ウ　開発システムが正しいものであるかなど，自ら考えて行動している。
　　エ　システム開発の結果について，自分の意見を論理的に述べられる。
(3)　「学びに向かう力，人間性の涵養」の観点から
　　ア　授業中の質問や課題に主体的に対応している。
　　イ　ソフトウェアの応用利用に積極的に取り組んでいる。
　　ウ　情報システムを理解し，情報システムの構築に取り組もうとしている。

6-5-5 「プログラミング」の授業改善

　「プログラミング」は，プログラムと情報システムの開発を一連の流れとして捉え，企業活動に有用なプログラムと情報システムを開発するために必要な資質・能力を育成する視点から，従前の「プログラミング」の指導項目と「ビジネス情報管理」の情報システムの開発に関する指導項目を移行し整理して統合したものである。

　今回の改訂では，開発環境の多様化に対応し，携帯型情報通信機器用ソフトウェアの開発環境の利用に関する指導項目を取り入れるなど改善が図られている。

　学習指導要領によれば，この科目の目標は次のとおりである。

　商業の見方・考え方を働かせ，実践的・体験的な学習活動を行うことなどを通して，企業活動に有用なプログラムと情報システムの開発に必要な資質・能力を次のとおり育成することを目指す。
(1)　プログラムと情報システムの開発について実務に即して体系的・系統的に理解するとともに，関連する技術を身に付けるようにする。
(2)　企業活動に有用なプログラムと情報システムの開発に関する課題を発見し，ビジネスに携わる者として科学的な根拠に基づいて創造的に解決する力を養う。
(3)　企業活動を改善する力の向上を目指して自ら学び，企業活動に有用なプログラムと情報システムの開発に主体的かつ協働的に取り組む態度を養う。

　この科目の目標は，①ビジネスを適切に展開して企業の社会的責任を果たす視点をもつこと，②ビジネスの場面を想定し，プログラムと情報システムの開発に取り組む実践的・体験的な学習活動を行うこと，③企業活動に有用なプログラムと情報システムの開発について，組織の一員としての役割を果たすことができるようにすること，が挙げられる。

　指導に当たっては，実務と関連付けられ，ビジネスの様々な場面で役に立つプログラムと情報システムの開発に関する知識と技術を身に付けるようにすること，プログラミングをはじめとした様々な知識・技術等を活用し，企業活動に有用なプログラムと情報システムの開発に関する課題を発見するとともに，プログラムと情報システムの開発が企業活動に及ぼす影響を踏まえ，プログラムと情報システムの開発に関する技術，成功事例や改善を要する事例等科学的な根拠に基づいて工夫し

て最適な解を導き出し，よりよく解決する力を養うことを目指さなければならない。

そのためには，情報技術の進歩に留意し，プログラムと情報システムを開発する手順と方法について考察や討論を行う学習活動及び企業活動に有用なプログラムと情報システムを開発する具体的な場面を想定した実習を通して，情報を処理する環境の構築ができるように指導すること，生徒の興味・関心や多様な進路希望，学科の特色に応じて，「手続き型言語」，「オブジェクト指向型言語」及び「携帯型情報通信機器用ソフトウェアの開発環境」の中から一つ以上を選択して実習を行うことが大切である。

ここでは，各単元の指導に当たって考えられるいくつかの指導例について紹介する。

❶ 指導方法

(1) 情報システムとプログラミング

学習指導要領解説によれば，この項目のねらいは次のように示されている。

> ここでは，科目の目標を踏まえ，情報システムの重要性，プログラム言語の種類と特徴など情報システムとプログラミングに関する知識，技術などを基盤として，情報システムとプログラミングの意義と課題について自らの考えをもつとともに，企業活動に有用なプログラムと情報システムの開発についての意識と意欲を高め，組織の一員としての役割を果たすことができるようにすることをねらいとしている。

このねらいを実現するために，次のような指導方法が考えられる。
・企業における情報システムの重要性について扱う。
・情報システムを構築し，企業活動を改善している具体的な事例について扱う。
・プログラム言語の種類と記述方法等の特徴について扱う。
・プログラムや情報システム開発支援ソフトウェアについて扱う。
・プログラミングの手順（問題の分析からテストラン，デバッグ）について扱う。

(2) ハードウェアとソフトウェア

学習指導要領解説によれば，この項目のねらいは次のように示されている。

> ここでは，科目の目標を踏まえ，データの表現，ソフトウェアの体系と役割などハードウェアとソフトウェアに関する知識，技術などを基盤として，ハードウェアとソフトウェアとの関連を見いだし，プログラムと情報システムを開発する上でのハードウェアの機能とソフトウェアの効果的な活用について，組織の一員としての役割を果たすことができるようにすることをねらいとしている。

このねらいを実現するために，次のような指導方法が考えられる。
・コンピュータ内部における数値データの表現方法について扱う。
・処理内容に適したデータ形式への変換方法について扱う。
・文字データの表現方法について扱う。
・中央処理装置におけるアドレス指定の種類，命令実行の仕組みと高速化の方法について扱う。
・算術演算，論理演算，シフト演算の仕組み及び論理回路と演算回路について扱う。
・主記憶装置の仕組みとアクセスの高速化の方法について扱う。
・入出力装置と入出力インタフェースの種類・機能について扱う。

- 補助記憶装置の種類について扱う。
- 記録の仕組みについて扱う。
- 信頼性と可用性を向上させる技術について扱う。
- ソフトウェアの体系について扱う。
- システムソフトウェアとアプリケーションソフトウェアの役割について扱う。

(3) アルゴリズム

学習指導要領解説によれば，この項目のねらいは次のように示されている。

> ここでは，科目の目標を踏まえ，アルゴリズムの表現技法，データ構造，制御構造などアルゴリズムに関する知識，技術などを基盤として，企業活動の改善に対する要求などに基づいた適切なアルゴリズムの考案について，組織の一員としての役割を果たすことができるようにすることをねらいとしている。

このねらいを実現するために，次のような指導方法が考えられる。
- 流れ図等アルゴリズムを表現するための技法について扱う。
- UMLのようなオブジェクト指向分析とオブジェクト指向設計のための基本的な表記について扱う。
- 基本データ構造と問題向きデータ構造の種類と特徴について扱う。
- プログラムの設計段階において，適切なデータ構造を選択することの重要性について扱う。
- 制御構造（順次，選択，繰り返し）の種類とアルゴリズムでの表現について扱う。
- 変数・定数の種類と特徴，変数へのデータの代入及び変数や定数の演算を行うための技法について扱う。
- データを入力し，出力するための技法，データの入力によりエラーが発生した際に適切な処理を行うための技法について扱う。
- 様々な条件により判定を行い，処理を選択するための技法について扱う。
- 一定回数処理を繰り返すための技法について扱う。
- 条件に応じて処理を繰り返すための技法について扱う。
- 様々なエラーが発生した際に適切な処理を行うための技法について扱う。
- 配列を利用する意義，配列を利用して，集計，探索，順位付け及び内部整列を行うための技法について扱う。

(4) プログラムと情報システムの開発

学習指導要領解説によれば，この項目のねらいは次のように示されている。

> ここでは，科目の目標を踏まえ，情報システム開発の手法と手順，プロジェクト管理などプログラムと情報システムの開発に関する知識，技術などを基盤として，企業活動の改善に対する要求などに基づいた適切なプログラムと情報システムの開発について，組織の一員としての役割を果たすことができるようにすることをねらいとしている。

このねらいを実現するために，次のような指導方法が考えられる。
- 情報システムの開発に関する手法の種類や特徴，開発する情報システムの規模や内容等に応じて適切な手法を選択することの重要性について扱う。
- 要件定義，外部設計及び内部設計等の情報システムの開発に関する手順について扱う。
- プロジェクト管理の意義と手法について扱う。

- 手続き型言語，オブジェクト指向型言語及び携帯型情報通信機器用ソフトウェアの開発環境を利用した情報システムを開発する実習（データの入出力，演算，条件判定，繰り返し処理及び配列とファイルの利用等）について扱う。
- 情報システムの評価の意義とその手法について扱う。
- 評価を踏まえた情報システムの改善の流れについて扱う。

❷ 評価の観点

「プログラミング」における評価の観点は以下のとおりである。

(1) 「知識及び技術の習得」の観点から
- ア　情報システムの重要性を理解し，企業活動の改善を提案できる。
- イ　ハードウェアとソフトウェアについて，正しく理解している。
- ウ　アルゴリズムを正しく理解し，図で表現することができる。
- エ　問題に対し必要なアルゴリズムを組み立て，プログラムを作成できる。
- オ　プログラミングに関する文法や手順を理解し活用できる。
- カ　システム開発に必要な手順を習得している。
- キ　アルゴリズムに対応して，言語やソフトウェアの特性に応じたプログラムが作成できる。
- ク　プログラムで生み出された情報をもとに，効果的なプレゼンテーションを行える。
- ケ　完成した情報システムを評価し，その結果を踏まえて，情報システムを改善できる。

(2) 「思考力・判断力・表現力等の育成」の観点から
- ア　なぜそのような結果が出るのかなど，論理を自ら考えようとしている。
- イ　必要な情報を得るためのアルゴリズムは，どのようにしたらよいかを考えている。
- ウ　プログラムにより出力された情報が正しいものか，自ら考えて行動している。
- エ　処理結果について自分の意見を論理的に述べられる。
- オ　新しい課題について，アルゴリズムを利用した取り組みを判断できる。

(3) 「学びに向かう力，人間性の涵養」の観点から
- ア　授業中の質問や課題に主体的に対応している。
- イ　作成したプログラムや出力結果をもとにして，発表等をしようとしている。
- ウ　プログラム作成等，自ら取り組んで問題解決をしようとしている。
- エ　コンピュータやプログラムを新しい分野で活用しようとしている。

6-5-6　「ネットワーク活用」の授業改善

「ネットワーク活用」は，インターネットを効果的に活用するとともに，インターネットを活用したビジネスの創造と活性化に取り組むために必要な資質・能力を育成する視点から，従前の「電子商取引」の指導項目を再構成したものである。

今回の改訂では，情報技術の進歩に伴うビジネスの多様化とビジネスにおいてインターネットを活用することに伴う様々な課題に適切に対応し，インターネットを活用したビジネスの創造に関する指導項目を取り入れる等改善が図られている。

学習指導要領によれば，この科目の目標は次のとおりである。

> 商業の見方・考え方を働かせ，実践的・体験的な学習活動を行うことなどを通して，ビジネスにおけるインターネットの活用に必要な資質・能力を次のとおり育成することを目指す。
> (1) ビジネスにおけるインターネットの活用について実務に即して体系的・系統的に理解するとともに，関連する技術を身に付けるようにする。
> (2) ビジネスにおいてインターネットを活用することに関する課題を発見し，ビジネスに携わる者として科学的な根拠に基づいて創造的に解決する力を養う。
> (3) 企業活動を改善する力の向上を目指して自ら学び，ビジネスにおけるインターネットの活用に主体的かつ協働的に取り組む態度を養う。

　この科目の目標は，①ビジネスを適切に展開して企業の社会的責任を果たす視点をもつこと，②ビジネスの場面を想定し，情報コンテンツの制作，インターネットを活用した企業情報の発信に取り組む実践的・体験的な学習活動を行うこと，③ビジネスにおけるインターネットの活用について，組織の一員としての役割を果たすことができるようにすること，が挙げられる。

　指導に当たっては，実務と関連付けられ，ビジネスの様々な場面で役に立つインターネットの効果的な活用に関する知識と技術を身に付けるようにすること，インターネットの活用をはじめとした様々な知識，技術などを活用し，ビジネスにおいてインターネットを活用することに関する課題を発見するとともに，企業活動が社会に及ぼす影響を踏まえ，ウェブページの制作に関する理論と技術，経済社会の動向及びインターネッを活用したビジネスに関する成功事例や改善を要する事例等科学的な根拠に基づいて工夫して最適な解を導き出し，よりよく解決する力を養うことをめざさなければならない。

　そのためには，新聞，放送及びインターネット等を活用して情報を入手し，インターネットを活用した企業情報の発信や商取引等のビジネスの動向・課題についてビジネスを担う当事者の視点をもって捉えられる学習活動を取り入れ，ビジネスにおけるインターネットの活用について理解を深められるように指導すること，情報技術の進歩や顧客のニーズの変化等に合わせた企業情報の発信や商取引を行うウェブページの制作，新たに生み出されるビジネスに関する具体的な事例を取り上げ，インターネットを活用した新たなビジネスを考案して，地域や産業界等に提案等を行えるような学習活動も取り入れることが大切である。

　ここでは，各単元の指導に当たって考えられるいくつかの指導例について紹介する。

❶ 指導方法

(1) 情報技術の進歩とビジネス

　学習指導要領解説によれば，この項目のねらいは次のように示されている。

> ここでは，科目の目標を踏まえ，情報技術の進歩とビジネスとの関係及び情報技術をビジネスに活用することに関する知識などを基盤として，情報技術を活用することの意義と課題について自らの考えをもつとともに，ビジネスにおけるインターネットの効果的な活用についての意識と意欲を高め，組織の一員としての役割を果たすことができるようにすることをねらいとしている。

　このねらいを実現するために，次のような指導方法が考えられる。
・情報技術の進歩に伴うビジネス形態の変化について扱う。

・情報資産の共有について扱う。
・携帯型情報通信機器やウェブページの活用について扱う。
・メールの配信について扱う。
・インターネットを活用したビジネスを展開する際の個人情報と知的財産の保護の重要性について扱う。
・インターネットを活用したビジネスに関する法規及び関係団体のガイドラインの概要について扱う。

(2) インターネットと情報セキュリティ

学習指導要領解説によれば，この項目のねらいは次のように示されている。

> ここでは，科目の目標を踏まえ，インターネットの仕組み，情報セキュリティの確保などインターネットと情報セキュリティに関する知識，技術などを基盤として，企業活動の改善に対する要求などに基づいたインターネットを活用する適切な環境の構築と情報セキュリティの確保について，組織の一員としての役割を果たすことができるようにすることをねらいとしている。

このねらいを実現するために，次のような指導方法が考えられる。
・インターネットの仕組みについて扱う。
・ビジネスにおいてインターネットを活用する利点について扱う。
・インターネットサービスプロバイダの役割と業務について扱う。
・ビジネスにおいてインターネットを活用するために必要な環境について扱う。
・コンピュータをインターネットに接続する手続と方法について扱う。
・ビジネスにおいてインターネットを活用する際の情報セキュリティの確保について扱う。

(3) 情報コンテンツの制作

学習指導要領解説によれば，この項目のねらいは次のように示されている。

> ここでは，科目の目標を踏まえ，図形，静止画など情報コンテンツの制作に関する知識，技術等を基盤として，企業活動の改善に対する要求などに基づいた適切な情報コンテンツの制作について，組織の一員としての役割を果たすことができるようにすることをねらいとしている。

このねらいを実現するために，次のような指導方法が考えられる。
・図形や静止画を取得，作成，編集する方法について扱う。
・図形や静止画の特徴に即した，適切なファイル形式の選択方法について扱う。
・動画や音声を取得，作成，編集する方法について扱う。
・動画や音声の特徴に即した，適切なファイル形式の選択方法について扱う。
・インターネットでの企業情報の発信や商取引等に活用する方法について扱う。

(4) インターネットの活用

学習指導要領解説によれば，この項目のねらいは次のように示されている。

> ここでは，科目の目標を踏まえ，ウェブページの制作とデザイン，企業情報の発信などインターネットの活用に関する知識，技術などを基盤として，企業活動の改善に対する要求などに基づいたインターネットの活用について，組織の一員としての役割を果たすことができるようにすることをねらいとしている。

このねらいを実現するために，次のような指導方法が考えられる。

- ウェブページに対する要求を分析し，それをもとに企画を立案して制作する手順と方法，ウェブページの制作に必要な配色，構成，フォントの選択等デザインに関する技法について扱う。
- 閲覧者の立場に立ったウェブページの工夫，ウェブページへのアクセス数を増加させるための工夫，アクセス解析のための技法について扱う。
- 商品や企業の概要等企業情報を発信するウェブページの制作，企業情報を発信するウェブページを制作する実習について扱う。
- 電子商取引及び電子決済の仕組みと活用の重要性，電子商取引を行うためのウェブページの制作について扱う。
- インターネットを活用した様々なビジネスの概要と動向，インターネットを活用したビジネスを創造することの重要性について扱う。
- 情報技術の進歩や顧客のニーズと関連付けた情報の分析について扱う。
- インターネットを活用した新たなビジネスモデルとその実現の方策，地域や産業界等への新たなビジネスモデルの提案について扱う。

❷ 評価の観点

「ネットワーク活用」における評価の観点は以下のとおりである。

(1) 「知識及び技術の習得」の観点から
　ア　情報技術とビジネスの関係を理解している。
　イ　個人情報と知的財産の保護とそれに関する法規を理解している。
　ウ　インターネットの仕組みを理解している。
　エ　インターネットを活用したビジネス活動について理解している。
　オ　図形・画像・音声ファイル特徴や効果について正しく理解し活用できる。
　カ　図形・画像・音声ファイルを編集できる。
　キ　ビジネスに必要な広報活動にWebページを活用する方法を理解している。
　ク　Webページの公開に必要なハードウェア，ソフトウェアを理解している。
　ケ　電子商取引，電子決済の仕組みを理解している。
　コ　Webページを公開する手段を理解している。
　サ　インターネットを活用した新たなビジネスモデルを提案できる。

(2) 「思考力・判断力・表現力等の育成」の観点から
　ア　なぜそのような広告・広報が必要になるのかなど，自ら考えようとしている。
　イ　情報を取得，作成，編集するにはどのようにしたらよいか考えている。
　ウ　作成したWebページ等が公序良俗に反することなく正しいものであるか考えている。
　エ　Webページの作成が論理的に行われている。
　オ　新しい課題について，インターネットを活用した取り組みを判断できる。

(3) 「学びに向かう力，人間性の涵養」の観点から
　ア　授業中の質問や課題に主体的に対応している。また，自ら課題に向かおうとしている。
　イ　学習したデザインの基礎を広告・広報活動に活用しようとしている。
　ウ　広報活動に必要な情報を理解し，正しく使おうとしている。

エ　マルチメディア等コンピュータを新しい分野で活用しようとしている。

6-5-7 「ネットワーク管理」の授業改善

「ネットワーク管理」は，情報資産を共有し保護する環境を提供するために必要な資質・能力を育成する視点から，従前の「ビジネス情報管理」の情報通信ネットワークに関する指導項目を分離したものである。

今回の改訂では，情報通信ネットワークの活用の拡大と情報セキュリティ管理の必要性の高まりに対応し，人的対策，技術的対策等情報セキュリティ管理に関する指導項目を充実させるなど改善が図られている。

学習指導要領によれば，この科目の目標は次のとおりである。

> 　商業の見方・考え方を働かせ，実践的・体験的な学習活動を行うことなどを通して，情報資産を共有し保護する環境の提供に必要な資質・能力を次のとおり育成することを目指す。
> (1)　情報資産を共有し保護する環境の提供について実務に即して体系的・系統的に理解するとともに，関連する技術を身に付けるようにする。
> (2)　情報資産を共有し保護する環境の提供に関する課題を発見し，ビジネスに携わる者として科学的な根拠に基づいて創造的に解決する力を養う。
> (3)　企業活動を改善する力の向上を目指して自ら学び，情報資産を共有し保護する環境の提供に主体的かつ協働的に取り組む態度を養う。

この科目の目標は，①ビジネスを適切に展開して企業の社会的責任を果たす視点をもつこと，②ビジネスの場面を想定し，情報セキュリティ管理や情報通信ネットワークの設計・構築と運用管理に取り組む実践的・体験的な学習活動を行うこと，③情報資産を共有し保護する環境の提供について，組織の一員としての役割を果たすことができるようにすること，が挙げられる。

指導に当たっては，実務と関連付けられ，ビジネスの様々な場面で役に立つ情報セキュリティ管理及び情報通信ネットワークの設計・構築と運用管理に関する知識と技術を身に付けるようにすること，ネットワークの管理をはじめとした様々な知識，技術などを活用し，情報資産を共有し保護する環境の提供に関する課題を発見するとともに，情報通信ネットワークの管理が企業活動に及ぼす影響を踏まえ，情報通信ネットワークに関する技術，成功事例や改善を要する事例等科学的な根拠に基づいて工夫して最適な解を導き出し，よりよく解決する力を養うことを目指さなければならない。

そのためには，新聞，放送，インターネット等を活用して情報を入手し，情報セキュリティ管理及び情報通信ネットワークの設計・構築と運用管理に関する具体的な事例を取り上げ，多面的・多角的に分析する学習活動を取り入れ，情報資産を共有し保護する環境の提供を担う者としての役割と責任について理解を深めることができるように指導すること，情報技術の進歩や情報技術の効果的な活用が企業活動の改善に大きな影響を及ぼすことを踏まえ，企業における人的対策，技術的対策等の情報セキュリティ管理及び情報通信ネットワークに対する要求を分析して，設計・構築と運用管理を行う具体的な場面を想定した実習を取り入れ，情報資産を共有し保護する環境の提供ができるような学習活動を取り入れることが大切である。

ここでは，各単元の指導に当たって考えられるいくつかの指導例について紹介する。

❶ 指導方法

(1) 企業活動と情報通信ネットワーク

学習指導要領解説によれば，この項目のねらいは次のように示されている。

> ここでは，科目の目標を踏まえ，企業活動と情報通信ネットワークとの関わり及び情報通信ネットワークの概要に関する知識などを基盤として，情報通信ネットワークの意義と課題について自らの考えをもつとともに，情報資産を共有し保護する適切な環境の提供についての意識と意欲を高め，組織の一員としての役割を果たすことができるようにすることをねらいとしている。

このねらいを実現するために，次のような指導方法が考えられる。

- 情報通信ネットワークを活用して情報資産を共有することの重要性について扱う。
- 情報通信ネットワークを構築し情報資産を共有して企業活動を展開している具体的な事例について扱う。
- 情報通信ネットワークの接続形態の種類（スター型，バス型等）や特徴について扱う。
- 通信回線と伝送媒体の種類や特徴について扱う。
- アクセス制御方式の種類や特徴について扱う。
- 通信プロトコルの機能を階層構造に分割したモデルについて扱う。
- 情報通信ネットワークを管理するための代表的な通信プロトコルの概要について扱う。
- 情報通信ネットワークの構築に必要なケーブルの種類と特徴について扱う。
- ルータや無線通信機器等情報資産を共有するためのネットワーク機器の種類と機能について扱う。
- ネットワークインタフェースの種類と特徴について扱う。
- 情報通信ネットワークに接続して用いられる各種周辺機器の種類，動向，機能及び活用方法について扱う。

(2) 情報セキュリティ管理

学習指導要領解説によれば，この項目のねらいは次のように示されている。

> ここでは，科目の目標を踏まえ，情報セキュリティ管理の目的と重要性，人的対策など情報セキュリティ管理に関する知識，技術などを基盤として，企業活動の改善に対する要求などに基づいた情報資産の保護について，組織の一員としての役割を果たすことができるようにすることをねらいとしている。

このねらいを実現するために，次のような指導方法が考えられる。

- 機密性，完全性，可用性の確保等情報セキュリティ管理の目的について扱う。
- 人的脅威，技術的脅威等情報資産に対する脅威の種類，脆弱性と脅威への組織的な対策の重要性，損害を最小限に抑え，継続や復旧を図るための事業継続計画の重要性について扱う。
- 情報セキュリティに関する法規の概要，情報セキュリティポリシーの重要性について扱い，企業における情報セキュリティ対策を体系的かつ具体的に規定する。
- セキュリティの規定をPDCAサイクルによって改善していくことの重要性について扱う。
- 情報セキュリティ研修，情報セキュリティに対する意識を向上する方策について扱う。
- 内部不正や人的ミスによる情報の漏洩防止策について扱う。
- アクセス権の設定と管理，ソフトウェアの脆弱性への対策について扱う。
- ファイアウォールの設定と管理，暗号化や認証等の技法について扱う。

- 無線LANに関わる情報セキュリティの確保，マルウェアに感染予防するソフトウェアの導入，管理方法，実効性を高める方策について扱う。
- 情報通信ネットワークを取り巻く新たな脅威への技術的対策について扱う。
- 地震，火災，落雷，停電等災害や事故の予防と発生時を想定した対策，機器の故障等物理的障害の予防，情報セキュリティ上の問題の発生を想定した対策，情報を扱う施設における入退室の管理について扱う。

(3) 情報通信ネットワークの設計・構築と運用管理

学習指導要領解説によれば，この項目のねらいは次のように示されている。

> ここでは，科目の目標を踏まえ，情報通信ネットワークの設計・構築と運用管理に関する知識，技術などを基盤として，企業活動の改善に対する要求などに基づいた情報資産を共有する適切な環境の提供について，組織の一員としての役割を果たすことができるようにすることをねらいとしている。

このねらいを実現するために，次のような指導方法が考えられる。
- 情報通信ネットワークに対する要求分析について扱う。
- 情報通信ネットワークを設計する方法，ファイアウォールを設計する方法，ネットワーク機器の接続と設定並びにコンピュータやプリンタ等各種機器のLANへの接続と設定について扱う。
- オペレーティングシステムやアプリケーションソフトウェアの導入について扱う。
- 通信ソフトウェアの設定，LANの構築とLANをインターネットに接続する方法並びにLANを構築する実習について扱う。
- ネットワーク機器の点検等通信環境を維持する方法，障害対応の方法と原因を特定する方法並びにインシデント発生時のサポート体制について扱う。
- 監査対象から独立し，客観的立場でシステム監査を行うことの重要性，システム監査の流れについて扱う。
- 安全性や信頼性の確保について扱う。

❷ 評価の観点

「ネットワーク管理」における評価の観点は以下のとおりである。

(1) 「知識及び技術の習得」の観点から
　ア　ビジネスにおける情報の共有とシステムに具備すべき用件を理解している。
　イ　情報セキュリティ全般について理解している。
　ウ　情報通信ネットワークの構築や運用管理の知識・技術を習得している。
　エ　障害への対応について，その方法等を理解している。
　オ　システム監査の流れや重要性について理解している。
　カ　課題に対し必要な論理を組み立て，ネットワークの構築やシステム開発をできる。

(2) 「思考力・判断力・表現力等の育成」の観点から
　ア　なぜそのような結果が出るのかなど，論理を自ら考えようとしている。
　イ　情報通信ネットワークシステムを構築するための注意点や運用方法を考えている。
　ウ　新しい課題についてネットワークの活用面からどのように取り組めばよいか判断できる。

(3)「学びに向かう力，人間性の涵養」の観点から
　ア　授業中の質問や課題に主体的に対応している。自ら課題に向かおうとしている。
　イ　情報の管理について分析結果をもとに各種発表などをしようとしている。
　ウ　情報セキュリティを意識した新しいビジネスを提案しようとしている。

6-5-8　学習指導案の例

(例5) 商業科「情報処理」学習指導案

1　単元について
(1) 単元名　第○章　コンピュータシステムと情報通信ネットワーク　第○節　コンピュータシステムの概要
(2) 単元の概要と目標

何ができるようになるのか
コンピュータシステムと情報通信ネットワークについて実務での活用に即して理解するとともに，関連する技術を身に付け，課題を発見し，それを踏まえ，科学的な根拠に基づいて，情報を収集し管理する方策を考案し，自ら学び，適切な情報の収集と管理に主体的かつ協働的に取り組むことができる。

何を学ぶのか	どのように学ぶのか
コンピュータシステムの概要について学ぶ。 ・情報通信ネットワークの仕組みと構成について学ぶ。 ・情報通信ネットワークの活用について学ぶ。 ・情報セキュリティの確保と関連する法規について学ぶ。	コンピュータシステムの概要や情報通信ネットワークの仕組みと構成については，実機を見ながら学習し，練習問題等の解答で知識を定着する。 ウェブページの活用と情報検索や情報セキュリティの確保と法規については，グループ単位で実習し，その結果を発表することで理解を共有する。

(3) 単元の評価規準

A　知識・技術	B　思考力・判断力・表現力	C　主体的に学習に取り組む態度
①情報の意義や役割，ハードウェア・ソフトウェアの特徴や活用方法，情報モラル等について理解している。 ②コンピュータの基本的な原理や情報通信ネットワークの基本的な機能や構成及び動作の原理を理解できている。 ③情報検索の方法や電子メールの利用方法が理解できている。 ④情報セキュリティの確保や関連法規について理解できている。	①ハードウェアやソフトウェアの活用方法を具体的に説明できる。 ②コンピュータの基本的な原理や情報通信ネットワークシステムの具体例，情報検索や情報に対する責任や留意点，関連法規について説明できる。	①情報の意義や役割，ハードウェアとソフトウェアの概要や情報モラルについて広く関心をもち，情報を適切に活用する学習に主体的に取り組んでいる。

(4) 単元の指導及び評価計画

指導時間	各時間の指導内容	学習活動における評価規準	評価方法等
2	コンピュータシステムの概要	A－①②，B－①	練習問題等
3	情報通信ネットワークの仕組みと構成	A－②，B－②	練習問題等
3	ウェブページの活用と情報検索	A－②③，B－②	実習結果
2	情報セキュリティの確保と法規	A－④，C－①	発表資料

2　本時の学習について
(1) 本時の日時及び教室　　○○○○年○月○日(○)　第○限目　　○○○教室

(2) 本時の学習内容

項目名	コンピュータシステムの概要
項目内容	コンピュータの役割とハードウェアについて学習する。5大装置の名称と機能を学習する。数値と文字の表現，記憶容量と処理時間の単位を学習する。

(3) 本時の概要

何ができるようになるか	コンピュータの基本的な機能と構成や，コンピュータ内部におけるデータの表現及びデータ処理の仕組みについて説明できるようになる。
何を学ぶか	ハードウェア，コンピュータの仕組み，情報の表現方法と単位について学ぶ。
どのように学ぶか	実機を見ながら学習し，練習問題等の解答で知識を定着する。

(4) 本時の教材

主 教 材	教科書
副 教 材	練習問題，コンピュータ装置，インターネットでの検索結果
そ の 他	

(5) 本時の授業展開

段階	時間	学習内容	学習活動	指導の留意点と評価のポイント
導入	5	コンピュータの利用とハードウェア	パーソナルコンピュータの種類，用途に応じた使用方法，構成について理解する。	ビジネスのシーンを連想できるよう実例を交えて説明する。構成にあたっては，実習室での実機の観察や実機のもち込み等により確認しながら進めていく。次節以降にも説明の機会があるので時間配分に注意する。
展開	10	コンピュータの仕組み（5大装置と機能）	5大装置の名称と機能を理解する。	5大装置の機能については具体的なデータの流れを用いて，図式化して説明する。各装置の詳細は次節以降で説明する。
展開	15	情報の表現	ビットとバイトの概念とその理由，基数変換を理解する。	なぜ，2進数や16進数を扱うのを説明する。基数変換については，10進数，2進数，16進数の相互変換を学習する。本項にあたっては，簡易な練習問題を用意し，実際に計算させ，理解の定着を図る。
展開	15	文字の表現 記憶の単位 時間の単位	文字コードについて理解する。記憶と時間の単位，単位の変換について理解する。	記憶の単位は2進数に関連付けて理解させる。単位変換については，簡易な練習問題を用意し，実際に計算させ，理解の定着を図る。
まとめ	5	本時のまとめ		本時の内容は，コンピュータについての基本概念であるので，重要な用語等を確認しながら，まとめを行う。

(6) 本時の板書計画

省略（p73参照）

6-6 総合的科目（課題研究，総合実践）

6-6-1 科目構成

　商業科の学習は，各商業科目の目標に応じて行われるが，総合的科目は各専門科目で学習した内容を相互に関連付けて総合的に理解する科目として位置付けられている。

　平成 30（2018）年の学習指導要領の改訂では，総合的科目に関する科目は「課題研究」，「総合実践」の 2 科目で構成され，「課題研究」は，従前と同様に商業に関する学科における原則履修科目となっている。なお，「ビジネス実務」は再構成され新科目「ビジネス・コミュニケーション」となり基礎的科目へ移行した。

6-6-2 総合的科目が育成を目指す資質・能力

総合的科目の学習により生徒が身に付けてほしい資質・能力として，次に示す三つがある。
① 個別の知識・技術
　マーケティング分野，マネジメント分野，会計分野，ビジネス情報分野について体系的・系統的及び総合的に理解するとともに，関連付けられた技術を身に付けるようにする。
② 思考・判断・表現等
　ビジネスに関する課題及び実務における課題を発見し，ビジネスに携わる者として，科学的な根拠に基づいて創造的に解決する力を養う。
③ 学びに向かう力，人間性等
　課題を解決する力及びビジネスの実務に対応する力の向上を目指して自ら学び，ビジネスの創造と発展に主体的かつ協働的に取り組む態度を養う。

総合的科目においては，これらの学力観をもとにして，ビジネスを適切に展開して企業の社会的責任を果たす視点をもち，商業に関する基礎的・基本的な学習の上に立って，以下のような道筋により，地域産業をはじめ経済社会の健全で持続的な発展のため，ビジネスの展開について，組織の一員としての役割を果たすことができるようにすることをねらいとしている。

(1) 商業の各分野に関する課題を生徒が自ら設定し，主体的かつ協働的にその課題を探究し，課題の解決を図る実践的・体験的な学習活動を行う。
(2) 実務に即した実践的・体験的な学習活動を行うことなどを通して，知識，技術等をもとにビジネスの実務に適切に対応する。

6-6-3 「課題研究」の授業改善

　「課題研究」は総合的科目として，各専門科目を通じて育成した資質・能力を一層高めることが求められている。

　学習指導要領によれば，この科目の目標は次のとおりである。

　商業の見方・考え方を働かせ，実践的・体験的な学習活動を行うことなどを通して，ビジネスを通じ，地域産業をはじめ経済社会の健全で持続的な発展を担う職業人として必要な資質・能力を次のとおり育成することを目指す。
(1) 商業の各分野について実務に即して体系的・系統的に理解するとともに，相互に関連付けられた技術を身に

(2)　ビジネスに関する課題を発見し，ビジネスに携わる者として解決策を探究し，科学的な根拠に基づいて創造的に解決する力を養う。
　(3)　課題を解決する力の向上を目指して自ら学び，ビジネスの創造と発展に主体的かつ協働的に取り組む態度を養う。

　この科目の目標は，①各分野の学習において身に付けた体系的・系統的な知識と技術について，実践的・体験的な学習活動等を取り入れることにより，実務に即し，課題の解決に生かせるようにすること，②深化・総合化された知識・技術を活用し，ビジネスに関する課題を発見するとともに，課題を解決するだけでなく，解決策を探究すること，③意欲的に学び，組織の一員として自己の役割を認識して当事者意識をもち，他者と積極的に関わり信頼関係を構築する態度等の育成を目指すこと，が挙げられる。
　なお，今回の改訂では，指導項目(4)職業資格の取得において，資格取得にとどまらず資格と職業の関わりを調べるなど業種や職種の理解を深めるような活動が加えられている。
　ここでは，各単元の指導に当たって考えられるいくつかの指導例について紹介する。

❶ 指導方法

　学習指導要領解説によれば，この科目のねらいは次のとおりである。

> 　ここでは，科目の目標を踏まえ，ビジネスを通じ，地域産業をはじめ経済社会の健全で持続的な発展について，組織の一員としての役割を果たすことができるようにすることをねらいとしている。
> 　このねらいを実現するため，次の①から③までの事項を身に付けることができるよう，〔指導項目〕を指導する。
> ①　商業の各分野について実務に即して体系的・系統的に理解するとともに，相互に関連付けられた技術を身に付けること。
> ②　ビジネスに関する課題を発見し，ビジネスに携わる者として解決策を探究し，科学的な根拠に基づいて創造的に解決すること。
> ③　課題を解決する力の向上を目指して自ら学び，ビジネスの創造と発展に主体的かつ協働的に取り組むこと。

　このねらいを実現するために，指導項目ごとに次のような指導方法が考えられる。
(1)　調査，研究，実験
　・設定した課題に対して，市場調査，交通量調査，アンケート調査，企業調査，文献調査，商品テスト及び企業の財務分析等を行い，報告書を作成させる。
　・報告書には，動機，目的，方法，結果及び反省を記入させる。なお，研究の場合は，仮説，検証及び考察も記入させる。
　・課題の設定については生徒の興味関心を大切にするが教員も適切な助言を行う。
　学習指導要領解説では，上記の①から③までの事項を身に付けることができるよう，商業科に属する科目で学んだ内容に関連した調査，研究，実験を取り入れるとしている。
(2)　作品制作
　・設定した課題に対して，Webページ，マルチメディアコンテンツ，地域案内パンフレット，財務諸表，事業計画書，株式投資計画書及び商品企画等を行い，報告書を作成させる。
　学習指導要領解説では，上記の①から③までの事項を身に付けることができるよう，商業科に属

する科目で学んだ内容に関連した作品制作を取り入れるとしている。
(3) 産業現場等における実習
・実習先については地域や産業界との連携を図る。
・実習にあたっては事前あるいは事後に地域産業や実習先の業界・職種について調査して報告書を作成させる。

学習指導要領解説では，上記の①から③までの事項を身に付けることができるよう，商業科に属する科目で学んだ内容に関連した産業現場などにおける実習及びその一環としての実習内容に関する課題を探究する学習活動を取り入れるとしている。

(4) 職業資格の取得
・会計であれば公認会計士や税理士の職業に関する調査，ファイナンシャルプランナーであれば保険や金融商品に関する調査，情報処理技術者試験であればIT技術やシステム開発に関する調査等，各職業資格に関連した業種・職種について調査して報告書を作成させる。

学習指導要領解説では，①から③までの事項を身に付けることができるよう，商業科に属する科目で学んだ内容に関連した職業資格について，職業資格を取得する意義，職業との関係，職業資格を制度化している目的などを探究するとともに，その一環として職業資格に関連する知識，技術などについて深化・総合化を図る学習活動，職業資格を必要とする職業に関する課題を探究する学習活動を取り入れるとしている。

❷ 評価の観点

「課題研究」における評価の観点の具体例は以下のとおりである。
(1) 「知識及び技術の習得」の観点から
　ア　学習した内容について基礎的・基本的な用語の説明ができる。
　イ　学習した内容について基礎的・基本的な技術が身に付いている。
　ウ　商業の各分野について実務に即して体系的・系統的に理解しているとともに，相互に関連付けられた技術が身に付けている。
(2) 「思考力・判断力・表現力等の育成」の観点から
　ア　ビジネスに関する課題を発見することができる。
　イ　課題について，解決策を探究することができる。
　ウ　課題について，科学的な根拠に基づいて創造的に解決することができる。
　エ　考えをわかりやすく表現することができる。
(3) 「学びに向かう力，人間性等の涵養」の観点から
　ア　質問や指示に真摯に対応している。
　イ　学習活動に主体的に取り組んでいる。
　ウ　学習活動に協働的に取り組んでいる。

6-6-4 「総合実践」の授業改善

「総合実践」は，総合的科目として各科目を通じて育成した資質・能力を一層高めることが求められている。

学習指導要領によれば，この科目の目標は次のとおりである。

> 　商業の見方・考え方を働かせ，実践的・体験的な学習活動を行うことなどを通して，ビジネスを通じ，地域産業をはじめ経済社会の健全で持続的な発展を担う職業人として必要な資質・能力を次のとおり育成することを目指す。
> (1) 　商業の各分野について実務に即して総合的に理解するとともに，関連する技術を身に付けるようにする。
> (2) 　ビジネスの実務における課題を発見し，ビジネスに携わる者として科学的な根拠に基づいて創造的に解決する力を養う。
> (3) 　ビジネスの実務に対応する力の向上を目指して自ら学び，ビジネスの創造と発展に主体的かつ協働的に取り組む態度を養う。

　この科目の目標は，①各分野の学習において身に付けた知識と技術について，実務に即して総合的に関連付け，実際のビジネスの場面において対応する際に生かせるようにすること，②ビジネスの実務における課題を発見し，科学的な根拠に基づいて工夫してよりよく解決すること，③ビジネスで実践する力の向上を目指して学び，組織の一員として自己の役割を認識して当事者意識をもち，他者と信頼関係を構築して積極的に関わり，ビジネスの創造と発展に責任をもって取り組む態度を養うこと，が挙げられる。

　なお，今回の改訂では，地域や産業界等から関係者をまねき，特別講義等で実務に触れさせる機会を作ることとした。

　ここでは，各単元の指導に当たって考えられるいくつかの指導例について紹介する。

❶ 指導方法

　指導項目ごとに指導方法の例を挙げる。なお，4名程度で模擬会社を作り，模擬取引する授業を前提とする。

(1) マーケティングに関する実践

　学習指導要領解説によれば，この項目のねらいは次のとおりである。

> 　ここでは，科目の目標を踏まえ，マーケティング分野に関連するビジネスの実務に適切に対応し，ビジネスを通じ，地域産業をはじめ経済社会の健全で持続的な発展について，組織の一員としての役割を果たすことができるようにすることをねらいとしている。
> 　このねらいを実現するため，次の①から③までの事項を身に付けることができるよう，〔指導項目〕を指導する。
> ① 　マーケティング分野に関連するビジネスについて実務に即して総合的に理解するとともに，関連する技術を身に付けること。
> ② 　マーケティング分野に関連するビジネスの実務における課題を発見し，科学的な根拠に基づいて，課題への対応策を考案して実施し，評価・改善すること。
> ③ 　マーケティング分野に関連するビジネスの実務について自ら学び，ビジネスの創造と発展に主体的かつ協働的に取り組むこと。

　このねらいを実現するために，次のような指導方法が考えられる。
・模擬取引で商品を販売する際，商品についてプレゼンテーションを行い相互評価する。
・模擬取引で商品を販売する際，チラシ・ポスターを作成し相互評価する。

(2) マネジメントに関する実践

　学習指導要領解説によれば，この項目のねらいは次のとおりである。

> 　ここでは，科目の目標を踏まえ，マネジメント分野に関連するビジネスの実務に適切に対応し，ビジネスを通じ，地域産業をはじめ経済社会の健全で持続的な発展について，組織の一員としての役割を果たすことができるようにすることをねらいとしている。
> 　このねらいを実現するため，次の①から③までの事項を身に付けることができるよう，〔指導項目〕を指導する。
> ①　マネジメント分野に関連するビジネスについて実務に即して総合的に理解すること。
> ②　マネジメント分野に関連するビジネスの実務における課題を発見し，科学的な根拠に基づいて，課題への対応策を考案して実施し，評価・改善すること。
> ③　マネジメント分野に関連するビジネスの実務について自ら学び，ビジネスの創造と発展に主体的かつ協働的に取り組むこと。

　このねらいを実現するために，次のような指導方法が考えられる。
・株式の模擬投資を行う。その際，投資対象の企業について調査しプレゼンテーションを行い相互評価する。

(3) 会計に関する実践

　学習指導要領解説によれば，この項目のねらいは次のとおりである。

> 　ここでは，科目の目標を踏まえ，会計分野に関連するビジネスの実務に適切に対応し，ビジネスを通じ，地域産業をはじめ経済社会の健全で持続的な発展について，組織の一員としての役割を果たすことができるようにすることをねらいとしている。
> 　このねらいを実現するため，次の①から③までの事項を身に付けることができるよう，〔指導項目〕を指導する。
> ①　会計分野に関連するビジネスについて実務に即して総合的に理解するとともに，関連する技術を身に付けること。
> ②　会計分野に関連するビジネスの実務における課題を発見し，科学的な根拠に基づいて，課題への対応策を考案して実施し，評価・改善すること。
> ③　会計分野に関連するビジネスの実務について自ら学び，ビジネスの創造と発展に主体的かつ協働的に取り組むこと。

　このねらいを実現するために，次のような指導方法が考えられる。
・模擬取引の際，損益分岐表を作成し価格を決定する。社内で価格決定についてプレゼンテーションを行う。

(4) ビジネス情報に関する実践

　学習指導要領解説によれば，この項目のねらいは次のとおりである。

> 　ここでは，科目の目標を踏まえ，ビジネス情報分野に関連するビジネスの実務に適切に対応し，ビジネスを通じ，地域産業をはじめ経済社会の健全で持続的な発展について，組織の一員としての役割を果たすことができるようにすることをねらいとしている。
> 　このねらいを実現するため，次の①から③までの事項を身に付けることができるよう，〔指導項目〕を指導する。
> ①　ビジネス情報分野に関連するビジネスについて実務に即して総合的に理解するとともに，関連する技術を身に付けること。
> ②　ビジネス情報分野に関連するビジネスの実務における課題を発見し，科学的な根拠に基づいて，課題への対応策を考案して実施し，評価・改善すること。
> ③　ビジネス情報分野に関連するビジネスの実務について自ら学び，ビジネスの創造と発展に主体的かつ協働的に取り組むこと。

このねらいを実現するために，次のような指導方法が考えられる。
- 表計算ソフトウェアを利用し出勤簿，当座預金出納帳及び商品有高帳等を作成する。作成した帳票について，社内でプレゼンテーションを行う。

(5) 分野横断的・総合的な実践

学習指導要領解説によれば，この項目のねらいは次のとおりである。

> ここでは，科目の目標を踏まえ，ビジネスの実務に適切に対応し，ビジネスを通じ，地域産業をはじめ経済社会の健全で持続的な発展について，組織の一員としての役割を果たすことができるようにすることをねらいとしている。
> このねらいを実現するため，次の①から③までの事項を身に付けることができるよう，〔指導項目〕を指導する。
> ① ビジネスについて実務に即して総合的に理解するとともに，関連する技術を身に付けること。
> ② ビジネスの実務における課題を発見し，科学的な根拠に基づいて，課題への対応策を考案して実施し，評価・改善すること。
> ③ ビジネスの実務について自ら学び，ビジネスの創造と発展に主体的かつ協働的に取り組むこと。

このねらいを実現するために，次のような指導方法が考えられる。
- 企業経営やPDCAサイクルを学ぶため，「マシュマロチャレンジ」，「ペーパータワー」などのグループワークに材料費，労務費等の考えを取り入れて学習活動を行う。

❷ 評価の観点

「総合実践」における評価の観点の具体例は以下のとおりである。

(1) 「知識及び技術の習得」の観点から
　ア　学習した内容について基礎的・基本的な用語の説明ができる。
　イ　学習した内容について基礎的・基本的な技術が身についている。
　ウ　商業の各分野について実務に即して総合的に理解しているとともに，関連する技術が身に付けている。

(2) 「思考力・判断力・表現力等の育成」の観点から
　ア　「ビジネスの実務における課題を発見することができる。
　イ　課題について，科学的な根拠に基づいて工夫してよりよく解決することができる。
　ウ　報告，連絡，考えの表現などをわかりやすくすることができる。

(3) 「学びに向かう力，人間性等の涵養」の観点から
　ア　質問や指示に真摯に対応している。
　イ　学習活動に主体的に取り組んでいる。
　ウ　学習活動に協働的に取り組んでいる。

6-6-5 学習指導案の例

(例6) 商業科「総合実践」学習指導案

1 単元について
(1) 単元名　販売取引
(2) 単元の概要と目標

何ができるようになるのか	
販売取引に必要な帳票類の記帳ができる	
何を学ぶのか	どのように学ぶのか
伝票の起票，商品有高帳及び売掛金元帳の記帳	同時同業法により販売の基本取引を行う。

(3) 単元の評価規準

A　知識・技術	B　思考力・判断力・表現力	C　主体的に学習に取り組む態度
帳票類の記帳方法を理解する。	帳票類の役割と記帳の意味を理解できる。	帳票類の整理に努めている。

(4) 単元の指導及び評価計画

指導時間	各時間の指導内容	学習活動における評価規準	評価方法等
3 本時	演習7　値段の見積もり 演習8　商品の受注 演習9　商品の発送	A B C	行動の観察 作成課題の確認

2 本時の学習について
(1) 本時の日時及び教室　　〇〇〇〇年〇月〇日 (〇) 第〇限目　　〇〇〇教室
(2) 本時の学習内容

項目名	値段の見積もり
項目内容	見積もり依頼を受け，採算を計算し，見積もり書を作り郵送する。

(3) 本時の概要

何ができるようになるか	販売価格を決定する際，売上原価を意識することができる。
何を学ぶか	商品有高帳の見方を学ぶ。
どのように学ぶか	販売取引において，値段を見積もる。

(4) 本時の教材

主　教　材	
副　教　材	総合実践 [同時同業法を中心として] 三訂版 (実教出版)
そ　の　他	

(5) 本時の授業展開

段階	時間	学習内容	学習活動	指導の留意点と評価のポイント
導入	5	あいさつ 実践日の確認 前回の取引の確認 本時の流れについて		
展開	15 20	・採算の見通し ・在庫量 ・売上原価 ・営業利益の見通し ・テニスボールの売上原価 ・帳票の記帳	・発問「採算を計算し」とはどういう意味か？ ・発問 各商品の仕入価格を確認するには，どの帳簿を見ればよいか？ ・発問 テニスラケットの売上原価はいくらか？ ・発問 売上金額をいくらにすれば利益がでるのか？ ・発問 テニスボールの売上原価はいくらか？ ・見積もり書を作成する	○「採算を計算し」とは利益があるかどうかを計算することだと理解する。 （B） ◇商品有高帳を見て，仕入価格を確認する。 ○商品有高帳の記帳 （A） ◇販売費及び一般管理費等，仕入価格以外にも費用が発生していることに気づかせる。 （B） ○商品有高帳に記帳し，売上原価を求めることができる。 （B） ○帳票類の作成 （A） ○作成の態度 （C）
まとめ	10	本時のまとめ 次時の説明		

(6) 本時の板書計画
　省略（p73 参照）

COLUMN　教科・科目名の英訳について

　平成30（2018）年3月に改訂された高等学校学習指導要領では，教科・科目名の英訳が文部科学省より公開されている（下表を参照）。これまでの商業科では，平成10（1998）年に取りまとめられた理科教育・産業教育審議会「今後の専門高校における教育の在り方等について」（答申）の参考資料として出された「各教科の科目構成」の英訳という形はあったものの，平成21（2009）年3月に改訂された高等学校学習指導要領では、英訳が用意されなかった。このことから，グローバル化時代に対応した学びを重要視する文部科学省の考えが垣間見えてくる。

図表6-1　平成30（2018）年改訂高等学校学習指導要領　教科・科目名英訳（仮訳）

教科名	英訳
商業	Business

教科名	英訳
ビジネス基礎	Business Fundamentals
課題研究	Project Study
総合実践	Comprehensive Practice
ビジネス・コミュニケーション	Business Communication
マーケティング	Marketing
商品開発と流通	Product Development and Distribution
観光ビジネス	Tourism Business
ビジネス・マネジメント	Business Management
グローバル経済	Global Economics
ビジネス法規	Business Laws and Regulations
簿記	Bookkeeping
財務会計Ⅰ	Financial Accounting Ⅰ
財務会計Ⅱ	Financial Accounting Ⅱ
原価計算	Cost Accounting
管理会計	Management Accounting
情報処理	Information Processing
ソフトウェア活用	Software Application
プログラミング	Programming
ネットワーク活用	Network Application
ネットワーク管理	Network Management

「平成30年改訂高等学校学習指導要領　教科・科目名英訳版（仮訳）（主として専門学科において開設される各教科（産業教育関係））」（文部科学省2019年7月公表）より作成。
http://www.mext.go.jp/a_menu/shotou/new-cs/1417513.htm

第7章

指導計画の理念と作成

　学習指導要領の改訂により，「主体的・対話的で深い学び」を授業において実践することが求められている。そのため，授業の質の向上が求められるとともに，教員が作成する指導計画の重要性がこれまで以上に増している。

　この章では，指導計画，特に年間指導計画及び学習指導案作成の意義について学ぶとともに，学習形態及び指導方法について理解を深め，指導計画の作成及びその評価・改善について取り扱う。

7-1 指導計画の意義と作成

7-1-1 教育課程と指導計画

　学校の教育活動は，生徒の実態に合わせて計画的・組織的に行われる。そのためには教育の内容，方法，実施時期等を示す教育計画が必要であり，計画の良否が生徒の成長に大きな影響を及ぼす。この教育計画に基づいて，各学校では「教育課程の編成」と「指導計画の作成」が実施される。

　高等学校学習指導要領（平成30（2018）年告示）解説【総則編】によれば，教育課程とは「各教科・科目，総合的な探究の時間及び特別活動についてそれらの目標を達成するために，教育の内容を学年ごとに，または学年の区分によらずに授業時数や単位数との関連において総合的に組織した学校の教育計画」である。教育課程の編成は法令（教育基本法，学校教育法，同法施行規則等）によって定められ，さらにその基準が学習指導要領に示されている。このため各学校は，これらに基づいて教育課程を編成しなければならない。

　一方，指導計画は「各教科・科目，総合的な探究の時間及び特別活動のそれぞれについて，指導目標，指導内容，指導の順序，指導方法，使用教材，指導の時間配当等を定めたより具体的な計画」である。指導計画の作成は，各教科・科目等の目標や指導内容についての系統性や発展性，指導の時期，順序，方法，地域や学校の実態，生徒の特性，教科書との関連等を考慮して，生徒に対して効果的な指導ができるよう指導内容を組織しなければならない。

7-1-2 指導計画の内容

　指導計画には年間計画（年間指導計画），各学期間計画，月間計画，週間計画及び単位時間計画（学習指導案）など，時系列の計画並びに単元，教材，主題ごとの計画がある。高等学校では主に時系列の計画，特に年間指導計画と学習指導案が作成されている。

　指導計画の作成は，一般的に次の手順で進められる。

① 生徒の実態を把握する。
② 指導目標を設定する。
③ 指導内容を設定する。
④ ②，③から，指導に要する総時間数，学習内容ごとの時間数を設定する。
⑤ 学習形態や学習方法を設定する。
⑥ 各指導段階で使用する教材や教具を設定する。
⑦ 評価項目とその観点，評価方法を設定する。

指導計画の作成に当たっては，次の点に留意する。

① 年間指導計画は商業科もしくは担当教員全員でコンセンサス（合意形成）を図り，互いの計画（各クラスの指導計画）に違いがないように配慮する。
② 基礎的事項と発展的事項を明確にする。
③ 個別指導，発問の工夫及び課題やレポートなど，個に応じた指導を重視する。
④ 教材の精選，授業時数の配分を検討する。
⑤ 社会，自然及び日常生活並びに学校行事等との関連をもたせ，学習への動機付けを工夫する。

⑥ 学習を楽しく感じられるように創意工夫する。
⑦ 「主体的・対話的で深い学び」を意識し，学習方法及び学習形態を工夫する。

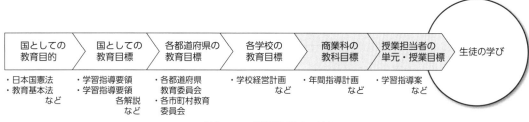

図表7-1　指導計画策定の流れ

7-1-3　年間指導計画の作成

❶ 年間指導計画の構想

年間指導計画は，各教科・科目などそれぞれの目標やねらいの実現を目指すとともに，他の教科・科目等との関連が十分に図れるよう，次の点に留意して作成しなければならない。

(1)　学校の基本方針及び重要事項の確認

各学校では，教育基本法，学校教育法に示される教育目標や学習指導要領に基づく教科・科目の目標，各都道府県が設定した教育重点項目や目標，学校独自に設定した教育目標の実現を図るため，各学年，教科・科目等において目標を定め，年間指導計画が作成される。（図表7-1を参照。）その際，確認しなければならないのは次の点である。

① 教育課程の編成において，設定された基本方針やそのもととなった現状分析の結果（生徒の実態，地域との関連，所属校の直面する課題及び学校経営目標との関連等）。
② 教科商業以外の教科・科目などの目標，重点課題など

この確認を行うことにより，各教科・科目間で指導内容や指導展開における関連が図られるようになり，成果を上げることが可能となる。

(2)　指導内容の系統性と発展性

年間指導計画は，各教科・科目等の目標・内容の系統性及び発展性を考慮して作成する必要がある。指導内容の関連性を明らかにし，系統立てて順番に学ぶことで，学習活動の成果を上げることができる。また，各教科・科目等が相互に関連を図ることで，指導上の重点を明確にすることもできる。さらに，指導内容は生徒の発達段階に沿って段階的に配列し，組織化することが大切である。組織化にあたっては，平易なものから次第に高度なものへと設定し，学習を構造化することが大切である。

(3)　授業時数の配当

授業時数は，「全日制の課程における各教科・科目及びホームルーム活動の授業は，年間35週行うことを標準とし，必要がある場合には，各教科・科目の授業を特定の学期または特定の期間（夏季，冬季，学年末などの休業日の期間に授業日を設定する場合を含む。）に行うことができる」としている。「年間35週行うことを標準」とすることから，年間の総授業時間を確認した上で各教科・科目等それぞれの年間授業時数を定める。それを授業日数や1単位時間との関連を考慮しながら学期ご

と，月ごと，週ごとなどに配当して運用する。

❷ 年間指導計画の作成

教育課程を具現化するために，科目ごとに年間指導計画を作成する。年間指導計画（Plan）は授業の起点となり，その後の授業実施（Do），評価（Check），改善（Act）へとつながっていく。年間指導計画は当該年度の初めまでには用意され，効果的に使用されるとともに，実施段階での修正に弾力的に応えられるものでなくてはならない。また，これをもとにして各学期間計画，月間計画，週間計画，単位時間計画等の指導計画が作られる。

(1) 年間指導計画の記載内容

年間指導計画の記載内容や形式には定形はなく，都道府県教育委員会あるいは学校単位で記載内容や形式を定め，作成するのが一般的である。また，シラバス（授業内容や評価方法などの詳細を示す資料）を作成し，生徒に提示することも多い。

(2) 年間指導計画の形式

教科 科目		単位数		学年・クラス	
		担当者			

科目の目標	
教材・副教材	
検定・資格試験	
履修上の注意	

何ができるようになるのか	
何を学ぶのか	どのように学ぶのか

学期	月	学習内容	学習のねらい	配当時間	備考
1	4 5 ⋮				
2	⋮				
3	⋮ 3				

7-1-4 学習指導案の作成

学習指導案は，各科目について授業時間ごとに作成されるもので，教員の個性や授業に関するアイデアを実現させるための設計図となるとともに，生徒一人一人の学びを成り立たせるための案内図ともなる。学習指導案を作成するためには，授業を取りまく様々な要素を決定するだけでなく，授業に関する教材研究を十分にすることが重要である。

❶ 目標及び内容の設定

(1) 生徒の実態の把握

生徒がもつ能力や適性等が異なれば，同じ単元であったとしても，その授業内容や進度は大きく異なる。生徒の既習経験，授業の前提となる知識・技術，日常の観察記録，指導要録及び進路希望などから指導する生徒の実態を的確に把握することが必要である。

(2) 指導目標の設定

学習指導要領，同解説及び年間指導計画をもとに，生徒の実態を考慮して設定する。指導目標には，単元に関する目標と本時に関する目標がある。単元に関する目標は，「何ができるようになるのか」，「何を学ぶのか」，「どのように学ぶのか」で検討する。また，本時に関する目標は，単元に関する目標を細分化し，具体的かつ評価できる記述にするとよい。

(3) 指導内容の設定

学習指導要領，同解説及び年間指導計画をもとに，教科書，教授用指導書及び文部科学省の資料などを参考に，指導内容を設定する。また，指導内容や生徒の実態などから指導の見通しを立て，指導目標を達成するために必要な指導時間数を決定する。その際，学習形態・学習方法について同時に検討することで，指導時間数は検討しやすくなる。

❷ 教材の研究

よい学習指導案を作成し，よい授業を実践するには，十分な教材研究によって教員の教材観を確立する必要がある。教材観とは，教材そのものの教育的価値や役割，教材の系統性や構造性などを把握することで，教材を活用することによる効果を理解することである。例えば，主たる教材は学習指導要領に準拠している教科用図書（教科書）であるが，教材観なしではあくまで一つの教育素材でしかない。「教科書を教える」のではなく「教科書で教える」ことに留意し，教材研究に十分な時間をかけて行うことが必要である。

(1) 教材研究の視点

教材は精選され，構造化されなくてはならない。教材の精選とは，生徒が理解しやすい教材を吟味し選択することであり，構造化とは内容を中心的なものと補助的なものに区分し関連付けることである。その際に考慮すべき視点として，次の点が挙げられる。

① 目標分析と指導内容の具体化
　→ 目標を達成するために必要な教材は何か。
② 生徒の興味・関心
　→ 生徒が親近感，切実感，実感などがもてる身近な教材は何か。
③ 多様性への対応
　→ 一斉指導，個別指導，グループ別指導での教材は何か。

これらの視点で教育素材について情報を収集，整理，蓄積し，十分な検討を経て教材として選択する。

(2) 教材の種類

教材には，主たる教材として教科用図書（教科書）があり，学校教育法により「文部科学大臣の検

定を経た教科用図書又は文部科学省が著作の名義を有する教科用図書を使用しなければならない」と定められている。ほかにも，資料・参考文献・問題集・新聞記事などの印刷物，実物・標本・掛図・実験機器などの提示物，映像・音声・音楽などの視聴覚資料並びコンピュータ・プレゼンテーションソフト・プロジェクタ・実物投影機等の教育機器があり，それぞれの特性を理解したうえで有効に活用することが大切である。

❸ 学習形態・指導方法の設定

指導に当たっては，生徒一人一人が個性を発揮し，自己実現を目指して主体的に「生きる力」を育成することが大切である。学習指導要領第1章第1款では，「学校の教育活動を進めるにあたっては，各学校において，第3款の1に示す主体的・対話的で深い学びの実現に向けた授業改善を通して，創意工夫を生かした特色ある教育活動を展開」し，「生徒に生きる力を育むことを目指す」と示されている。学習指導においては，生徒が主体的，対話的に学習に取り組み，深い学びが得られるようにすることが課題であり，学習形態，指導方法に創意工夫することが必要である。

(1) 学習形態の設定

学習形態は，学習集団の規模，授業の進め方，学習の目的等により決定するのが一般的である。1回の授業において，一つの学習形態のみで行うことは非常にまれである。効果的な指導を行うためには，学習の場面に応じて，様々な学習形態を併用することが必要である。（図表7-2, 7-3, 7-4を参照。）

(2) 指導方法の設定

高等学校で行われている主な指導方法には，次のような方法がある。ただし，これらの指導方法は前述の学習形態と密接に関連しており，それぞれの指導方法が一つの学習形態と結び付くのではなく，指導内容に応じていろいろな指導方法を取り入れ，組み合わせることによって，学習効果を高めることができる。（図表7-5を参照。）

図表7-2　学習集団の規模から見た学習形態

学習形態	特徴
個人学習	問題演習などのように，一人で学習する形態。
ペア学習	マナー練習などのように，二人で学習する形態。
小集団学習	調べ学習などのように，数人のグループで学習する形態。
全体学習	クラス全員が一堂に会して学習する形態。

図表7-3　授業の進め方から見た学習形態

学習形態	特徴
個人学習	多様な個性や能力をもつ生徒に対し，個別で指導にあたる学習形態である。 長所 生徒一人一人の能力，進度等，生徒の実態に即して，自主的，自発的に学習させることができる。また，生徒一人一人の学習状況や能力等に即した細かな指導ができる。 短所 ①生徒相互のコミュニケーションが取りにくい，②仲間意識や連帯感が育ちにくい，③生徒の数に対応した教員を用意しにくいなどがある。
グループ学習	生徒をいくつかのグループに分けて指導する学習形態であり，一般的には4～8人程度で構成される。 長所 生徒の自主的・積極的な学習活動が容易になり，学習への興味・関心を高めることができる。また，教員主導の授業から離れることで多様な個性を発揮することで思考が深まるとともに，協働作業によって仲間意識や協調性が育成される。 短所 グループになじまない生徒が疎外されたり，役割意識が薄いと形式的な学習になったりする。
一斉学習	古くから利用されている，一般的な学習形態である。1学級を単位として，全員の生徒に対して，同一の学習内容で一斉に授業を展開する。 長所 同一の学習内容を同時に多くの生徒に指導できるため，学習内容によっては効果的・効率的な学習形態であり，教員から見ると時間的，労力的な節約が図られる。 短所 生徒が受動的な立場で授業が進められ，画一的，一方的な詰め込み授業になりやすく，多様な個性や能力をもつ生徒達に十分に対応できにくい。

図表7-4　学習の目的から見た学習形態

学習形態	特徴
問題解決学習	生徒が自身の生活の中で，問題・課題を発見し，その問題・課題を適切に解決する計画や方法を選択し，その問題・課題を主体的に取り組むことにより，思考力，判断力，洞察力等を身に付けさせる学習形態である。この問題解決学習は，調査や見学，観察，実験，実習等の体験を通して，生徒に主体的な学習方法を身に付けさせるとともに，学習意欲をもたせ，学ぶ楽しさ，成就感を体得させることのできる効果的な学習形態である。
系統学習	学習内容の科学性と系統性を重視し，知識や技術を一つずつ系統的に順序よく指導し，知識・技術を体系的に学習させる学習形態である。この系統学習は，体系的な科学的知識を理論的に考えさせ，学習内容の構造化を図ることができ，生徒の発達段階に適した内容の構造と精選が図られ，指導が行われる場合は効果的な指導が展開される。しかし，知識を注入することに重点が置かれ，学習内容が質的に高度化し，量的にも過密化するなど，学習者の負担になる場合もある。
発見学習	この学習形態は，結果として知識等を学ぶだけではなく，その結果が導かれた過程に学習者を主体的に参加・追体験させながら展開させる学習形態である。つまり，学習者自身が行う発見を通して，自らの力で知識や問題解決の方法を習得する学習の方法である。この発見学習は，科学的知識の習得を重点にして，学習内容の構造化を図る面では，系統学習に近く，生徒の自主性，自発性を活かす学習方法という面は，問題解決学習に近い学習方法である。

図表 7-5　高等学校で行われている主な指導方法

指導方法	長所	短所
講義法 一学級全員に同時に同じ内容を講義・指導する方法である。	一斉学習指導形態の指導方法として一番多く用いられる方法であり，非常に効率的な指導方法である。	教員が一定のペースで授業を進めるので，生徒が受動的になり，能力別・進度別に対応できにくい方法でもある。
討議法 あるテーマについて学級全体又はグループ別で討議させ，学習させる方法である。	参加者の発言の機会が多くなり，他の人の意見も聞き，意見を尊重しながらも自己主張もでき，積極性，論理性，思考力が育成される。	自己主張の強い生徒に引きずられ，感情的な対立が生じたり，内気で消極的な生徒が参加しにくくなったりする。
プログラム学習法 生徒の個性，能力，目標・進度に応じて学習させる個別学習形態の代表的な指導方法である。基礎的・基本的な問題から，応用的な問題へと生徒の理解度に応じて進めていく。	学習者の能力に応じて，自分のペースで学習を進め，理解度によっては，フィードバックを繰り返して学習できる。	個々の生徒の能力・特性に応じた教材の作成に多くの時間がかかることと，プログラムが固定化するおそれもある。また，個別学習になるために，生徒同士の協同学習の機会が少なくなる。
視聴覚教材等の利用による学習法 視聴覚機器等を活用して興味・関心をもたせ，理解を深める指導方法である。この方法には，映像や音声などを活用する方法，実物などを見せる方法などがある。	視聴覚に訴えるということで，かなりの効果は期待できる。	過度に活用することにより，生徒の創意工夫，主体的な学習に支障をきたすこともある。
体験を重視した学習法 体験を通して知的発達を促し，主体的な思考力を高め，生徒が自然観，生活観，勤労観等を身に付ける方法である。	自然体験，社会体験，生活体験，異文化体験，歴史体験などがあり，具体的に五感による認識ができるため，物事の本質に迫ることができる。また，総合的な知識や態度が育成でき，協調・協力の力が身に付く。	体験が重視されるため，体系的な知識習得には不向きである。また，体験後に振り返りを実施しないと，体験「しただけ」になってしまい，深い学びを得ることが困難となる。

❹「授業の場」のレイアウト設定

　学習形態及び指導方法を設定する際，机やいす等の配置，つまり「授業の場」のレイアウトを同時に検討するとよい。学習形態及び指導方法の効果を発揮するためには，それに適したレイアウトを設定する必要がある。

(1)　スクール（教室）型

　学校における典型的なレイアウトである。一斉学習，講義法等に適している。

(2)　隣り合わせ・向かい合わせ型

　左右もしくは前後で机と椅子を移動し，ペアで活動する際に使用するレイアウトである。ペア学習等に適している。机と椅子の両方を移動させる場合と，椅子のみを移動させる場合がある。

(3)　アイランド（島）型

　少人数（4人前後）で活動する際に使用するレイアウトである。小集団学習やグループ学習などに適している。

(4)　コの字型

　コの字，または馬蹄の形に机と椅子を配置するレイアウトである。討議法，特に教員・生徒間で討議する場合に適している。

(5) サークル(円)型

サークル(円)状に机と椅子を配置するレイアウトである。討議法，特に生徒同士で討議する場合に適している。

❺ 板書計画の作成

(1) 板書の意義

指導計画を立てる際，教員は生徒が授業中どのような板書を望んでいるかを，常に考えなければならない。文部科学省は，「補習授業校のためのワンポイントアドバイス集」の中で「子ども達の望む板書」のデータを公開しており，生徒が教員の板書をどのように捉えているか，教員が板書の際に注意すべきことは何かなど，板書における様々な示唆を得ることができる。

それでは，教員が板書することの意義とは何か。「学校教育辞典(第3版)」によれば，板書は，「学習課題や学習のめあての提示，課題追求・思考の方法や作業方法の説明，学習内容の解説などのために，黒板や白板に文字や絵図などで提示すること，また，提示したもののこと」をいい，生徒の授業理解を促進させるために極めて重要な要素である。「板書しなければ授業は成り立たない」ことから，授業を受ける全ての生徒が授業内容を理解できるように，教員一人一人が創意工夫した板書をすることが肝要である。そして，板書は事前に十分な準備をすることができる要素でもあることから，教員の思い付きや気まぐれではなく，あらかじめ適切な板書計画を準備してから授業に臨む必要がある。

(2) 板書計画の構想

板書には様々な役割があり，そこから生徒は授業に対する心構えや学習能力等を身に付けることができる。板書の役割の一部を次に示す。

(ア) 授業の流れ，内容を分かりやすく理解させる。
→教科書そのままの板書では，生徒はそこに付加価値を見いださない。ストーリー性をもたせるとともに，箇条書きなどを活用し，分かりやすい板書を心がける。

(イ) 教科の特性・特質に応じた学び方を身に付けさせる。
→商業科において「何ができるようになるのか」，「何を学ぶのか」，「どのように学ぶのか」を常に意識し，生徒に学習の道筋を理解させる必要がある。

(ウ) 多様な視点・考え方を身に付けさせる。
→教員の一方向的な板書だけでなく，生徒に考えた意見を表現する場を与えて，双方向的な板書を目指す。また，教員や他生徒が自分とは異なる意見をもっていることを，板書から理解させる。

(エ) 視写力を高める。
→視写力とは，「視た(見た)文章をそのまま書き写す力」である。視写力が高まることは生徒にとって，ノートテイクが速くなるだけでなく，文章表現の技法習得などにもつながるため，教員の書字力(正確な字体，字形及び文法で文章を書く力)が非常に重要となる。

(オ) 必要な情報を整理する力を身に付けさせる。
→生徒は板書をノートテイクし，日常的な復習や定期試験時の学習などの「学びの振り返り」に役立てる。生徒にわかりやすい板書を心がけることで，学習の質を高めることができる。

これらの役割を踏まえ，具体的な板書計画を構想する。構想にあたり，検討すべき事項を次に示す。

① 板書器具の種類

授業において板書器具として利用されるのは，黒板，ホワイトボード及びプロジェクタの三つが一般的である。それぞれに長所及び短所があるため（図表7-6を参照），科目や単元に応じて適切な器具を利用することが求められる。また，黒板もしくは白板（ホワイトボード）とプロジェクタを組み合わせることでそれぞれの長所を活かした授業展開が可能となる。（なお，②以降は黒板のみを利用することを前提とする。）最近では，インタラクティブ・ホワイトボード（電子黒板）を設置した学校も増えており，教員は時代時代に則した新たな板書器具の利活用方法を研究していく必要がある。

② 板書の構成

板書は横書きで，2列もしくは3列に分割した黒板の上から下へ，左から右へ書くのが一般的である。（図表7-7を参照。）具体的な構成は，黒板の大きさ，科目または単元の内容等によって判断する。その際，掲示物や絵図を描くスペースをあらかじめ設定することによって，効果的な板書となる。

③ 文字の大きさ

生徒にとって読みやすく，教室最後列からも読める大きさにしなければならない。見出しを大きめに，本文を小さめにするとメリハリのある板書にすることができる。また，漢字は大きめに，かな（カナ）は小さめにすることで板書のバランスをとることができる。商業科では分野・科目によって，漢字，かな（カナ），アルファベット，アラビア数字を混在させることから，文字の高さや幅，行間の大きさなども意識し，バランスのよい板書を目指したい。（図表7-8を参照。）

④ 配色

黒板のチョークは白・赤・黄・青の4色が一般的である。文字として視認性が高いのは白・黄なので，赤・青はアンダーラインや囲み，矢印等に用いると効果的である。また，「黄は重要語句に，白はそれ以外の文字に使う」など，色の重要度を予め設定することで，生徒にとってわかりやすい板書となる。

⑤ 板書の量

1単位時間の授業で黒板1枚分の板書が理想だが，商業科では分野・科目によって板書の量に違いがある。読みやすい文字の大きさは維持しつつ，箇条書き等を活用しながら，文章を「短く」「単純に」まとめることで，板書の量をおさえることができる。

(3) 具体な板書計画の作成の実際

板書計画の構想を終えたら，それをもとに具体な板書計画の作成を行う。教材研究用のノートなどに板書内容を実際に書くことで，授業のわかりやすさや板書の問題点などを確認することができる。また，授業時に自身の板書を俯瞰し，計画した内容を実際に板書してみての問題点がないか確認することは重要である。机間指導の際に教室後部から眺めたり，授業中にカメラなどで板書を撮影したりすることで，客観視することができる。

図表 7-6　板書器具（黒板・白板・プロジェクタ）の比較

種　類	黒板 （ブラックボード）	白板 （ホワイトボード）	プロジェクタ
長所	・目が疲れにくい。 ・書いた内容が見やすい。 ・マグネットが使用できる。 ・チョークに慣れているため，書きやすい。	・清潔感がある。 ・色がはっきりと見やすい。 ・マグネットが使用できる。 ・手や空気が汚れにくい。 ・ペンで書きやすい。	・周囲が汚れない。 ・あらかじめ伝えたい内容を準備できる。 ・動画や静止画を利用できる。 ・全ての色を使える。
短所	・手や空気などが汚れる。 ・細かい文字が書きにくい。 ・書いた内容が消しにくい。 ・書くときに音が出る。	・光などで書いた内容が見えにくい場合がある。 ・慣れないとペンがすべって書きにくい。 ・書いた内容の跡が残る。	・電源がないと使えない。 ・コンピュータの知識や技術がないと使えない。 ・明るい場所では投影内容が見えにくい。

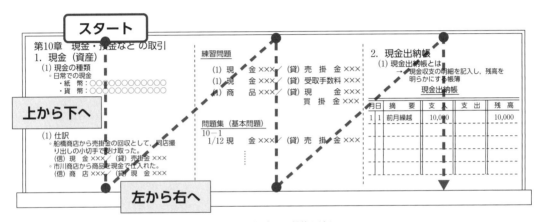

図表 7-7　板書の一般的な流れ

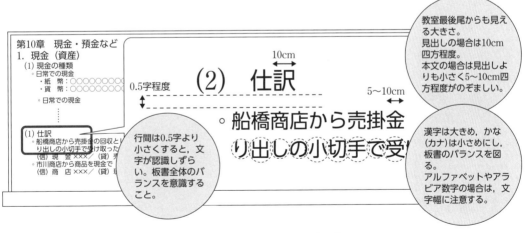

図表 7-8　板書における文字のサイズとバランス

7-1　指導計画の意義と作成　　171

❻ 学習指導案の作成

(1) 学習指導案の記載内容

　年間指導計画と同様，学習指導案の記載内容や形式には定形はなく，都道府県教育委員会あるいは学校単位で記載内容や形式を決め，作成している例が多い。その学習指導案の多くは，単元の学習に関する部分と本時の学習に関する部分で記載内容が構成されている。単元とは「学習指導のために，一定の目標や主題を中心として組織された教材や経験の単位」のことであり，特に教科の系統性が強く意識されている。一方，本時の学習とは「単元の中でその時間（授業）に実施する学習内容」のことである。したがって，学習指導案はマクロ的視点（単元）とミクロ的視点（本時の学習）を用いて，作成することになる。（図表7-9を参照。）

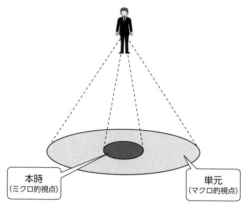

図表7-9　単元と本時の位置付け

(2) 学習指導案の形式

商業科「情報処理」学習指導案

1 単元について
(1) 単元名 「第3章 ビジネス情報の処理と分析 第2節 関数を利用した表の作成」
(2) 単元の概要と目標

何ができるようになるのか
企業における情報処理に関する知識,技術などを基盤として,情報処理の意義と課題について自らの考えをもつとともに,企業における適切な情報処理についての意識と意欲を高め,組織の一員としての役割を果たす。

何を学ぶのか	どのように学ぶのか
●企業においてコンピュータを活用することの重要性について学ぶ。 ●ビジネスに関する情報を収集・処理・分析して表現し,活用することの重要性について学ぶ。	●情報処理の意義と課題について,企業活動と関連付けて自ら情報を収集・処理・分析して表現する。

(3) 単元の評価規準

A　知識・技術	B　思考力・判断力・表現力	C　主体的に学習に取り組む態度
①複数の関数を組み合わせる意義を理解している。 　　　　：	①データを効率よく処理するための適切な関数・方法を発見,選択することができる。 　　　　：	①表計算ソフトでデータを効率よく処理する方法について関心をもち考えようとしている。 　　　　：

(4) 単元の指導及び評価計画

指導時間	各時間の指導内容	学習活動における評価規準	評価方法等
1	列の検索(本時) VLOOKUP関数を用い,効率よくデータ処理するための方法を考えている。	B－① C－①	提出課題 グループワーク
1 ：	：	：	：

2 本時の学習について
(1) 本時の日時及び教室
　　　　〇〇〇〇年〇月〇日(〇)第〇限目　〇〇〇教室
(2) 本時の学習内容

項目名	関数を利用した表の作成
項目内容	基本的関数(VLOOKUP関数)を用いて情報を目的に応じた形に加工し,有用な情報を導き出す。

(3) 本時の概要

何ができるようになるか	VLOOKUP関数を用いて情報を加工し,有用な情報を導き出せるようになる。
何を学ぶか	VLOOKUP関数の概要,引数,活用方法等について学ぶ。
どのように学ぶか	コンピュータを利用し,演習問題等を通して理解を高める。

(4) 本時の教材

主　教　材	教科書(実教出版「最新情報処理」)
副　教　材	問題集(実教出版「学習と検定　全商情報処理検定テキスト3級　三訂版」) ワークシート
そ　の　他	

(5) 本時の授業展開

段階	時間	学習内容	学習活動	指導の留意点と評価のポイント
導入	5	・あいさつ ・前時の復習 ・本時の目標 ⋮	・起立，礼。 ・前時のワークシートを確認する。 ・本時の目標を理解する。 ⋮	
展開		・VLOOKUP関数の使用方法	・説明からVLOOKUP関数の概要を理解する。 ・引数について理解する。 ⋮	・センターディスプレイと板書を組み合わせて，わかりやすく説明を行う。 ⋮
		・LOOKUP関数の実践	・演習問題を解答し，表計算ソフトウェアの操作方法を理解する。	○データ処理の方法を考える。(思考・判断・表現) ⋮
まとめ		・本時のまとめ	・どのような場面でVLOOKUP関数やHLOOKUP関数が活用できるかを考える。 ⋮	・ワークシートに考えた内容や共有した内容を書き込ませる。 ⋮

(6) 本時の板書計画

第3章　ビジネス情報の処理と分析
第2節　関数を利用した表の作成

No.	氏名	住所	電話番号
1	○○	・・・	・・・
2	△△	・・・	・・・
3	□□	・・・	・・・
⋮	⋮	⋮	⋮

VLOOKUP関数

＝VLOOKUP(検索値，範囲，列番号，検索の型)
　　　　　　　↓　　　↓　　　↓　　　↓
　　　　　検索する値　↓
　　　　　　　　　　　⋮

HLOOKUP関数

＝HLOOKUP(検索値，範囲，列番号，検索の型)
　　　　　　　↓　　　↓　　　↓　　　↓
　　　　　検索する値　↓
　　　　　　　　　　　⋮

(7) ワークシート，補助教材等自作のもの

　　(省略)

7-2 指導計画の実施・評価・改善

7-2-1 指導計画の実施

❶ 効果的な話し方

　構想した授業を実施するに当たり，指導計画に記載できないものが「話し方」である。どんなに練られた指導計画であったとしても「話し方」が効果的でなければ，教員の意図したとおりに生徒へ授業内容が伝わらない可能性が生じる。

　効果的な話し方の一般的技法は，次のとおりである。
① 口語体の正しい日本語で，かつ，日常使用している言葉を用いる。
　→ 生徒にとって話が聞き取りやすくなる。
② 話の内容に一貫性を持たせる。
　→ 生徒にとって話が分かりやすくなる。
③ 話し方の速度や声の大きさなどにメリハリをつけたり，意図的に「間」を置いたりする。
　→ 生徒にとって話の重要性を理解できるようになる。
④ ジェスチャーを組み合わせる。
　→ 教員の熱意を生徒が感じ，話を聞く姿勢が変化する。

❷ 机間指導の重要性

　机間指導は，机と机の間を見回り，一斉，グループ別または個別で指導することである。生徒が課題に取り組んでいるとき，あるいはグループ活動をしているときなどに実施する。これは，①生徒の理解度を確認するため，②生徒に助言を与えるため，③生徒の授業への集中度を高めるために行われることが多く，指導計画を効果的に実施するためには必要不可欠である。

7-2-2 指導計画の評価と改善

　教員であれば必ず指導計画，特に学習指導案を作成するが，どれだけの教員が学習指導案どおりに授業を終えることができているであろうか。おそらく，学習指導案どおりに終えることができない教員の方が大多数ではないかと推察する。さらに，実施した授業を失敗と断定し，見通しの甘さから自責の念に駆られる教員も少なくないはずである。しかし，学習指導案どおりに進めようと努力することは授業の質を向上させる大切な要素の一つではあるが，学習指導案はあくまで「案」であることを忘れてはならない。授業では刻々と学習環境が変化するものであり，それに柔軟に対応すればするほど，自ずと「案」どおりには授業を終えることはできなくなる。それを大前提としたうえで，よりよい指導計画を作成することが教員としての手腕の見せ所である。

❶ 指導計画と PDCA サイクル

　PDCA サイクルとは，Plan（指導計画），Do（授業実施），Check（授業評価）及び Act（授業改善）の四つの段階を循環させることで，授業を断続的に改善する方法である。よい指導計画を作成する

ためには，常にこのサイクルを回しつづけ，スパイラルアップ（らせん状に上昇）させることが重要である。（図表7-10を参照。）このサイクルがうまく回らず，授業改善が進まない場合は，次の点を確認するとよい。

① PlanとDoの繰り返しになっていないか。
→ CheckとActがサイクルから抜けているため授業が検証されず，結果，授業が改善されない。
→ Planの内容が大きすぎないか。目標や計画が大きすぎるため，サイクルが回るのに時間がかかり，教員のモチベーションが減退する。そのためActまでサイクルが回り切らず，授業が改善されない。

② 感覚でCheckしていないか。
→ 生徒の授業評価などから出された定量的な数値でなく，そのときの感覚のみでCheckすると，それに続くActやPlanも感覚で改善することになる。感覚で作成された授業は再現性が低いため，結果としてサイクルが回らなくなる。

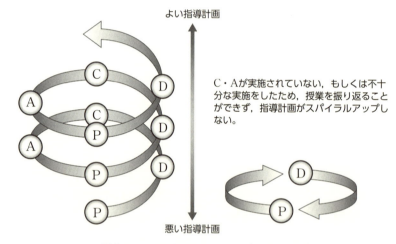

図表7-10　PDCAサイクルとスパイラルアップ

❷ 指導計画の評価

Checkでは，Doで実施した授業が計画どおりに進んだのか，設定した目標などが達成されたのかを評価する。前述したように，授業を適切に評価するためには授業評価や小テスト，定期試験などから得られる定量的な数値を用いて，客観的に行うのがよい。また，評価の結果からうまく授業が実施できなかったと判断した場合は，「なぜうまく授業できなかったのか」仮説を立てることで，改善につなげることができる。

❸ 指導計画の改善

Actでは，授業において計画どおりに進んでいない部分を調査し，授業改善の方針を決定する。その方針をもとに新たにPlanを作成し，次のサイクルを回していく。

第8章

学習評価の理念と実際

　第8章では，学習評価について考えていく。第1節では評価の対象や目的，評価の時期及び評価の手法や方法などの技術的な問題を整理し，第2節において今日求められている目標に準拠した評価について考える。第3節では，評価の理論を実際の授業でどのように活用していくべきかを整理する。

8-1 評価の目的

8-1-1 評価の理論

　全ての教育活動は，目的をもって行われるものである。したがって，当然のこととしてその目的が達成されているか否かについて確認するとともに，その程度を測定しなければならない。その作業は，考査，試験，検定，検査及び審査などと呼ばれるが，いずれにせよ教育活動の成果を確認し，測定していることに変わりはない。

　何らかの形で人を教育するという営みが始まって以来，その成果や効果を測定する様々な方法が開発され，実践され，今日に至っている。そこで，評価について考えるに当たり，評価の分類について代表的な視点をいくつか取り上げ，その内容を整理しておく。

(1) 評価のよりどころとの関係

　評価の分類方法の初めに，成果や効果を何に基づいて評価するかという視点から考えてみたい。これには，相対評価と絶対評価という考え方がある。

　相対評価とは，同一の教育を受けている，または同一の学習活動をしている一定の集団の中で，学習者が達成した学習の成果や効果がどの程度の水準にあるかをはかる手法である。評価のよりどころは集団なので「集団に準拠した評価」と呼ばれる。

　この評価手法によれば，ある学習者が得た学習成果の水準は，集団の中でどの程度の水準であるかは分かる。しかし，その学習者が受けた教育の目標に照らしてどの程度の成果を獲得したのかは分からない。たとえ集団の中では上位であったとしても，その集団全体の水準が低ければ，十分な成果を得たとはいえず，逆に集団の中では下位であっても，その集団全体の水準が高ければ獲得した成果が不十分とは必ずしもいえない。さらに，ある学習者が成果を高めるべく様々な努力をしたとしても，集団全体が同じ程度の努力をしていれば，その学習者の相対的な位置は変化しないことになる。

　これに対して絶対評価とは，ある学習者が得た学習成果が，その学習者が受けた教育の目標に照らしてどの程度の水準にあるかをはかる手法である。評価のよりどころは教育の目標なので「目標に準拠した評価」と呼ばれる。

　この評価手法によれば，相対評価の問題点はおおむね解決されるが，一方で「目標」と「測定」に留意する必要がある。教育活動なり学習活動なりは目標をもって行われているが，目標に準拠して評価をするこの手法で適切に評価を行うためには，評価者と被評価者との間で教育の目標が共有されていなければならない。また，成果の測定は目標を達成したか否かを適切に判断できる評価方法によらなければならない。のちに詳述するが，目標と指導の過程，評価が一貫している必要がある。

(2) 評価の観点との関係

　次に，学習者のどのような能力をどのようにして評価するか，という視点からの分類である。これには観点別評価と総合評価がある。

　観点別評価とは，学習者の学習成果を複数の観点に分割し，それぞれの観点を通して評価する手法である。今日では，学力の要素が三つに分類されていることから，三つの観点から評価する。

　次に，総合評価とは学習者の学習成果を総体として評価する手法である。この考え方では，観点

別に評価したときの全ての観点で中位であれば総合評価においても中位になる。他方，特定の分野で高い評価を示しても他の分野で評価が低ければ，総合評価においては中位になる。このことから，ある学習者が獲得した学習成果の特徴を具体的に把握することができない。つまり，ある学習者が「意欲はないが記憶力だけは抜群」なのか，「知識は習得していないが学習意欲は高い」のか，という獲得した成果の違いが分からないのである。

(3) 評価の時期との関係

これには，診断的評価，形成的評価及び総括的評価がある。

診断的評価とは学習の前に行う評価で，文字通り学習者の状況を「診断」するためのものである。学習内容や方法を決めるためには，これから行う学習に対する学習者のレディネスを測定する必要があるが，この重要な手掛かりを得るために行われるのが診断的評価である。

形成的評価とは，学習の途上で行われる評価のことをいう。学習を進めていく中で，学習者の学習状況を把握するために，学習者にどのような資質，能力及び態度が「形成」されているかを測定する。形成的評価の最大の意義は，学習者の学習状況を把握し，指導や学習の改善を進め，最終的に学習者が目標に到達するための道筋を見いだすことにある。つまり，学習者が教育の目標を到達するために，その学習者の学習の躓きを見いだし，それを解決する指導法や学習法を見いだすために行うのが形成的評価である。

総括的評価は，学習活動を「総括」し，教育の目標の達成状況や目標に対する到達度を測定することを目的として行われる。そのため総括的評価は，一般に学習が終了した時点で行われる。高等学校や大学において，単位の認定の是非を判断するためには，総括的評価が行われなければならない。総括的評価はこのように生徒の「成績」付けと密接に関わる評価であるが，単に生徒を選別し，順位付けするために行うのではない。成績が思わしくない原因は，生徒側にのみあるのではなく，目標設定や指導法にある場合もある。生徒の学習到達度を通して教育計画の妥当性を吟味するのである。総括的評価においては，評価の公平性や客観性並びに妥当性や信頼性が担保されていなければならない。また，その前提として，明確化された学習目標を評価者と被評価者が共有していること，評価規準や評価基準が明確であることが重要になる。

8-1-2 評価の対象と目的

次に，教育の目的が達成されたか否かを適切に確認するために必要となる評価の対象と評価の目的について考える。

(1) 評価の対象と目的

評価の対象の第一は，教育を受けた学習者が教育が目指す目的の水準に達することができたか否かということになる。ある一定の水準に達した学習者は及第し，達しなかったものは落第する，という考え方である。現在の高等学校教育に当てはめれば，一定の水準に達すると単位が認定され，必要な単位数を得た者は進級や卒業が認められる。

ところで，学校教育は我々の生活に深く根ざし，現代社会においては全人格的な営みとなっている。学校教育の目的は社会を構成する有為な人材を育成することであって，社会人として必要な素養を身に付けさせることによって，平和で豊かな社会を実現する意欲と能力を身に付けさせることにある。そこでは，及第したか，落第したかが問題ではなく，全ての国民に必要な素養を身に付け

させることが求められる。
　このように考えると，教育を受けた学習者を及第者と落第者に選別したとしてもあまり意味がない。そこで，教育評価の対象の第二は，学校が行う教育活動が適正に行われたか否か，つまり教員の指導法を含めた教育指導の在り方を確認することになる。

(2) 評価の目的
　今日，「指導と評価の一体化」の重要性が語られる。教育の目標に向かって指導計画を定め，教育活動を展開し，その成果や過程を評価する。その評価をもとに指導計画や教育活動の適切性を見極め，指導の改善を図る。結局，教育評価の対象は学習者の学習成果であり，指導者の指導計画であり，指導目標であるが，最終的には指導の改善を図ることを目的としていることになる。

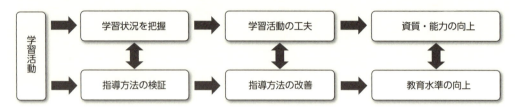

図表8-1　指導と評価の関連性

(3) 評価の留意点
　具体的な評価方法を考える前提として，評価を行う際の重要な視点を整理しておきたい。

① 信頼性
　評価の信頼性とは，評価結果が一貫していることをいう。いい換えれば，評価規準や評価基準が明確であり，具体的な事実に基づくことによって，同じ学習結果については，誰が，いつ評価しても評価結果が同じになるということである。
　信頼性が最も高い評価方法は客観テストである。客観テストでは，採点者は正答表と比較して解答が正しいか正しくないかのみを判断することになるので，採点者が誰であっても，また，いつ採点しても，採点者の主観が入る余地がないだけでなく，採点結果が変わる余地もない。したがって，採点結果は一貫しており信頼性は高い。ただし，次に述べる妥当性という面で短所が見える。
　なお，評価者により影響されないことについては，評価の客観性として捉える考え方もある。

② 妥当性
　評価の妥当性とは，評価すべきものを評価しているか，という視点である。例えば，思考力を高めることをねらいとして，複数の事実を示してその事実からグループで議論し結果を推論する授業を展開したとしよう。議論したり推論したりすることを通して思考力を高めるので，正答は一つである必要はない。この授業で生徒の学習成果を評価するに際して客観テストを採用しても適切な評価はできない。なぜならば，客観テストには正解が一つしか存在せず，推論できたか否かをはかることはできないからである。このような評価方法は妥当性に欠けるということになる。
　つまり，評価の妥当性を担保するためには，目標，指導過程並びに評価方法が一貫していなければならないのである。

③ 実現可能性
　学校教育は集団指導を前提としているから，指導者である教員は常に複数の生徒を対象に教育活動を展開する。評価についても同様で，評価者である教員は複数の生徒を対象に評価しなければな

らない。

とはいえ、そのために精緻な評価計画を立案・実施しても、肝心の教育活動が疎かになってしまったり、評価を目的に教育活動を展開することになってしまっては本末転倒である。このように評価において実現可能性は、信頼性、妥当性と並んで留意すべき大きな要素である。

8-2 目標に準拠した評価と評価の観点

8-2-1 目標に準拠した評価

前節で説明した評価に関する基本的な考え方を踏まえ、ここでは今日の学校教育に求められている学習評価の在り方について考えてみたい。そのために、まず、高等学校学習指導要領（平成30(2018)年3月告示）における評価の考え方を確認しておくことから始めることにする。

(1) 学習指導要領における評価の考え方

高等学校学習指導要領では、学習評価について「第1章総則　第3款教育課程の実施と学習評価」において、「2　学習評価の充実」として評価の在り方が次のように示されている。

「学習評価の実施にあたっては、次の事項に配慮するものとする。
(1) 生徒のよい点や進歩の状況などを積極的に評価し、学習したことの意義や価値を実感できるようにすること。また、各教科・科目等の目標の実現に向けた学習状況を把握する観点から、単元や題材など内容や時間のまとまりを見通しながら評価の場面や方法を工夫して、学習の過程や成果を評価し、指導の改善や学習意欲の向上を図り、資質・能力の育成に生かすようにすること。」

この記述から、①評価の対象は目標に対する学習状況であること、②評価の場面は学習過程と学習成果であること、③評価の目的は指導の改善と学習意欲の向上であること、の3点を読み取ることができる。

これを、前節の整理の仕方でいえば次のようになる。第一に、絶対評価（目標の準拠した評価）により目標に対する達成の度合いを測定する。第二に、一定の学習が終了した時点での学習状況だけでなく学習の過程も評価の対象とする。総括的評価だけでなく形成的評価も重要である。第三に、学習評価は学習の結果に基づいて生徒の成績付けをすることが目的ではなく、指導の改善や生徒の学習意欲の向上を図ることが目的となる。つまり学習指導要領は、先に触れた「指導と評価の一体化」を求めている。

(2) 目標に準拠した評価

目標に準拠した評価とはどのようなものなのか。前節では相対評価との関係で整理しているが、ここでは目的や方法を含めて改めて整理する。

第一に、目標に準拠した評価では、評価のよりどころは目標であるから、まず学習目標が明確になっていなければならない。目標が明確でなければ評価の規準も基準も明確にはならない。

集団に準拠した評価が相対評価の一つの考え方であるように、目標に準拠した評価は絶対評価の一つの考え方である。今日、求められる絶対評価は、教育の目標に対して生徒の到達度を「相対的に」ではなく「絶対的に」評価することを目的としている。そのため「目標に準拠した」評価とな

り，目標が評価者（教員）と被評価者（生徒）との間で共有されていたり，実際の評価の方法などを工夫したりすることによって，評価の信頼性と妥当性が確保される必要がある。

　第二に，目標に準拠した評価は，生徒の学習成果を確認し，測定することによって成績付けをすることを目指すのではなく，全ての生徒が目標を達成することを目指すために行われる評価である。ここでも目標が教員と生徒の間で共有されていることが重要であり，教員は生徒が教育の目標を達成できるように指導し，生徒は教員の指導を受けつつ教育の目標を達成できるように努力する。生徒が教育の目標を達成できない，あるいはできそうもない場合は，教育の目標を達成できるように指導方法を改善したり，生徒の不足を補ったりする。こうした意味で，評価結果は指導の改善や学習状況の改善に役立てられなければならない。

　第三に，目標に準拠した評価では形成的評価が重要になる。全ての生徒が教育の目標の達成を目指し，必要に応じて指導や学習の改善を進めるためには，常に生徒の学習状況をモニターする必要がある。したがって，総括的評価だけでなく形成的評価を積極的に行うことが求められる。

　最後に，目標に準拠した評価で評価するのは生徒の変容である。そもそも教育は学習者が何らかの知識や技能，資質や能力などを身に付けることを目指して行われるものであり，その結果，生徒がどのように変容したのかを目標に準拠した評価では評価する。一定の時点での言動やアウトプットを評価するのではなく，繰り返し現れる言動やアウトプットの変化やその再現性を目標に照らして評価する。

(3)　目標に準拠した評価における信頼性と妥当性の問題

　様々な評価方法が開発され実践されているが，それは信頼性と妥当性を最大限兼ね備えた評価方法の探求の歴史であるといっても過言ではない。そこで，目標に準拠した評価における信頼性と妥当性について，学習指導要領はどのように記述しているだろうか。学習指導要領は，先の引用部分に続けて次のように記述している。

　「(2)創意工夫の中で学習評価の妥当性や信頼性が高められるよう，組織的かつ計画的な取組を推進するとともに，学年や学校段階を越えて生徒の学習の成果が円滑に接続されるように工夫すること。」

　教育活動は教育する側もされる側も人であり，同様に評価活動も評価する側も評価される側も人である。そのため，いくら訓練を重ねたとしても評価の中に主観や感情が入り込む余地を完全に排除することは難しい。そこで，評価の信頼性，妥当性を確保するために学習指導要領では組織的に評価を行うこと，つまり複数の人が評価することや，評価活動を計画的に行うこと，つまりあらかじめ定められた評価規準や評価基準等を用いて評価することで，個人の主観や感情をできる限り排除することを求めている。同時に，あらかじめ評価規準や評価基準を作成する作業を組織的に行うことで，目標に準拠した評価規準や評価基準をより客観的に，より合目的的に作成することが可能になる。

8-2-2　評価の観点

　次に，具体的な評価計画を作成するにあたり，評価の観点を目標との関連から考えてみよう。

(1)　学習指導要領における目標の考え方と評価の在り方

　今回の学習指導要領の改訂のポイントの一つに，全ての教科等において生徒が身に付けるべき事項を，①知識及び技能，②思考力，判断力，表現力等，③学びに向かう力，人間性等の三つの柱で

再整理したことがある。この三つの柱は、平成20(2008)年に告示された学習指導要領において学力の3要素としてすでに示されているものであって、それ自体が新しい考え方ではないものの、全ての教科・科目等においてその目標を三つの観点で示し、趣旨の徹底を図ったところに特徴がある。

三つの柱を中心に教育活動を組み立てるという考え方については、学習指導要領に先立つ中央教育審議会の答申に具体的に示されている。要点を整理すると以下のようになる。

まず、教育課程の編成にあたり、「何ができるようになるか」つまり育成する資質・能力を、①知識・技能、②思考力・判断力・表現力、③学びに向かう力・人間性の三つの観点から明確にする。次に、教科間や学校間のつながりを意識して、「何を学ぶか」をこの三つの柱で整理する。そして、それぞれの教科・科目で「どのように学ぶか」について工夫して、「主体的・対話的で深い学び」を実現する。最後に、三つの観点から「何が身に付いたか」を測定する。

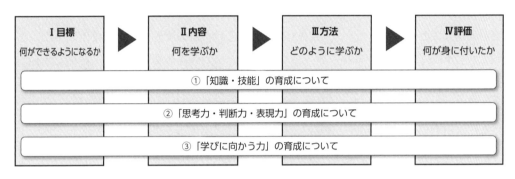

図表8-2　教育活動の構成

ここで注目したいのは、最初にすることは「何ができるようになるか」を明確にするところである。これは、「何を教えるか」とは全く逆で、主語が「学習者＝生徒」である。目標の考え方は、先生が「教えること」を明確にするのではなく、「生徒」が「できるようになること」を明確にすることにある。同様に学習内容も学習方法も主語は「生徒」であり、先生が何をどのように教育するかではなく、生徒が何をどのように学ぶかという視点から考えていかなければならない。

教える内容を決め、その教え方を決めて授業を行い、授業の内容をどの程度理解しているかをはかるために試験を行うというのが従来の学校教育の考え方であった。それを大きく転換して、最初に到達地点（＝目標）を定め、そこにたどり着くために必要なコンテンツ（学習内容）を学び、学んだコンテンツに対する理解の程度ではなく最初に定めた到達地点に対してどの程度まで近づいたか（＝到達したか）をはかるために評価する、という流れに変わることになる。

(2) 三つの観点が意味するもの

では、三つの観点の意味するところは何か。ここでは評価の問題を絡めながら改めて整理しておこう。

① 知識及び技能

この観点は、学力の3要素のうち、基礎的・基本的な知識・技能を評価するもので、「知っていること」、「できること」である。これは教科の学習内容であって、新しい学習指導要領でもこれまで同様に重要視されている観点である。この「知っていること」や「できること」は、考えたり、判断したり、表現したりするための材料であるから、知識及び技能は思考力・判断力・表現力の基盤である、ということもできる。

注意しなければならないのは，発達段階に応じた知識や技能をもとに，思考・判断・表現することは当然できるというということである。また，思考・判断・表現する中で不足している知識や技能に気づき，さらに広く，深い知識や技能を習得する場面が生まれることもありうる。そうした意味でも，この観点は，思考力・判断力・表現力等の基盤となる。

また，この観点は単に「知っている」，「できる」ことが大切なのではなく，思考・判断・表現等に役立つものであることが大切である。単にその言葉を「知っている」ことをもって「知識及び技能」が高いと考えることは誤りである。

② 思考力・判断力・表現力等

この観点は，学力の3要素のうち「課題を解決するために必要な思考力・判断力・表現力等」を評価するもので，知っていることやできることを「どのように活用できるか」あるいは知識や技能を「使うことができるか」というものである。

ここで大切なことは，単なる思いつきや当てずっぽうは，思考でも判断でもないということである。Aという知識とBという知識を組み合わせるとCという答えを導き出すことができる，また逆に，Cという回答を得るためにはAという知識とBという知識を組み合わせればいい，といったように既存の知識や技能をいかに活用するか，が問われる。

また，この観点は，未知の場面に遭遇したときに既存の知識に必要に応じてほかの知識を加え，正答がないものに回答を導き出そうとする姿勢である。ただし，注意しなければならないことは，「Aという知識とBという知識を組み合わせるとCという答えを導き出せる」ことを「知って」いたり，「覚えて」いたりすることを対象とするものではない。

③ 学びに向かう力，人間性等

この観点は，学力の3要素のうち「主体的に学習に取り組む態度」を評価するものである。具体的には，学んだことを将来に活かそうとする意欲や姿勢，将来よりよく社会と関わろうとするために主体的に学ぼうとする姿勢ということができる。

この観点の評価は，学習内容について主体的に学ぶ姿勢や興味・関心，学習意欲及び学習態度を対象とするもので，授業に取り組む姿勢を対象とするものではないことに留意しなければならない。したがって，授業中の挙手の回数や発言の回数，宿題等の提出物の提出状況等については，対象に含めることはできても，それのみをもってこの観点の評価とするのは正しいとはいえない。

8-3 評価方法の工夫

8-3-1 評価の方法

前節までの考察を踏まえ，ここでは生徒の学習成果を評価する具体的な方法について考える。

(1) 評価の手法

教育の成果をはかる手段として代表的なものを列挙すれば以下のようになる。

① 客観テスト

選択式または短答式で回答を求めるもので，正答は一つしか存在しない。マークシート方式により実施されるものは典型的な客観テストである。正答が一つしか存在しないので，いつ，誰が採点

しても必ず同じ評価になる。したがって，最も客観性が高い。

② 教員作成のテスト

日常の小テスト，定期テスト等で用いるもので，指導者である教員が作成する。選択式，短答式だけでなく，自由記述式を含めることもできる。客観テストと比較すると，教育活動を行った当事者である教員が作成するので，教員の行った教育の成果を直接的に測定することができる。反面，目標に対する評価よりも教員の指導に対する評価に陥る可能性がある。

③ 質問紙

生徒の学習状況を把握するために，上記の①，②以外で紙に書くことで回答を求めるものである。教員が作成すれば教員が最も知りたいことを知ることができるが，一方で生徒が質問の意味を読解する力，生徒が回答を正確に表現する力に影響される。

④ 面接・口頭試問

生徒と直接対話して教育の成果を把握するもので，質問紙に比べ，生徒の能力によって質問を変えたり，回答をうまく引き出したりすることができる。反面，教員の誘導により回答が影響を受ける可能性がある。また，同時に複数の生徒を対象にすることができない。

⑤ 観察

生徒の学習状況を教員が直接見て，教育の成果を把握するものである。生徒の様々な様子を見ることで多くの情報を得ることができる。反面，教員の主観が入る余地が大きく，また，同時に全ての生徒の同じ行動を測定することは難しい。

⑥ レポート・制作物

生徒に課題を課して一定の形にして提出させるもので，夏休みの自由研究は代表的な例である。知識の質や量，活用力，学習意欲等並びにレポートや制作物を作成するために生徒の様々な力が発揮されることから，学習状況を広くはかることができる。反面，作成にあたって生徒の自由度が増すから採点に教員の主観が入る余地は大きい。

⑦ その他

授業中のノートや使用したワークシートを提出させる方法，授業中の発問や質問等がある。

ワークシートについては作成の方法によっては授業中の生徒の思考過程，興味・関心及び知識の定着や理解の程度など幅広くはかることができる。これについては後述する。

授業中の質問や発問については，その方法と内容を工夫することで，あらゆる場面であらゆる能力を測定することができる。ただし，観察と同じように，クラス全員の能力を同時にかつ正確にはかることは難しい。

最近では様々な評価手法を組み合わせて活用したポートフォリオ評価，一定の課題を課してそこに発揮させる能力を評価するパフォーマンス評価等も用いられるようになっている。

(2) 教育活動と評価の手法との関係

評価の手法には様々なものがあるが，それぞれ万能ではなく，測定できる観点，評価結果の活用方法（評価の時期）及び評価の信頼性（客観性）に特長がある。学校で実際に評価活動を行うにあたっては，この特長を十分に理解し，適切に組み合わせて生徒の状況を適正に評価することが大切になる。

これまでに説明した評価の観点，評価の時期及び評価の信頼性（客観性）と評価の手法との関係を図表 8-3 のように整理することができる。

図表8-3　評価の手法とその特徴

手法	興味	思考	知識	診断	形成	総括	信頼性
客観テスト	—	—	◎	△※1	—	◎	◎
教員作成テスト	—	△※2	◎	○	○	◎	○
質問紙	○	△※2	○	○	○	○	○
面接・口頭試問	◎	◎	◎	○	○	○	△※3
観察・発問・質問	◎	○	△※4	—	○	△※5	△※3
レポート・製作物	○	○	○	○	○	◎	△※3
その他（ワークシート）	○	○	○	—	○	○	△※3

※1　知識の量と質という視点では活用できる
※2　自由記述式を含めるなど、生徒が自由に回答する質問を設定することで測定できる
※3　あらかじめ観点を定め複数の教員で実施することにより客観性が高まる
※4　生徒の活動状況から推定できる。また、発問や質問の回答から測定できる
※5　あらかじめ観点を定め、継続して記録を蓄積することで活用することもできる

(3) パフォーマンス評価

　パフォーマンス評価とは、学習内容を活用しなければ解決できないような課題を課し、その結果をみることによって生徒の学習状況を評価しようとするものである。先に触れたレポートや報告書、作品制作のほか、指定したテーマに基づくプレゼンテーション等がある。

図表8-4　評価の手法とパフォーマンス評価の関係

客観テスト		
自由記述式テストなど		広義のパフォーマンス課題
面接・口頭試問		
レポート・報告書	パフォーマンス課題	
論文・小論文		
作品制作		
実技試験・実演		
プレゼンテーション		

　この評価は決して新しいものではなく、例えば、体育科の実技テストで「バレーボールのサーブを10本打ち、相手コートに入った本数により評価する」ものや、家庭科の「フェイスタオルから雑巾を手縫いで作成する」課題など実技系の教科・科目や単元において従来から利用されている。また、一定の課題を出し、生徒が自主的に調査・研究して解答を作成し、発表を評価するものもパフォーマンス評価である。さらに、客観テスト以外の評価方法は何らかの形で生徒にパフォーマンスをさせることになるので、広い意味でのパフォーマンス評価であるということもできる。

　パフォーマンス評価は学習した知識や技能を活用し、さらに深めることができているか、また、それらが身に付いているかを生徒の活動から測定しようとするものであり、生徒の変容、つまり再現性を評価の対象としている。したがって、学習の最後に行う総括的評価としての意味合いが強い。

　パフォーマンス評価を行う際には、先の体育科や家庭科の実技テストと同様に、あらかじめ評価基準が明示されている必要がある。また、評価にあたっては評価者の主観を排除するために、生徒の相互評価や自己評価、第三者による評価などを活用して複数の視点で評価することが望ましい。

　評価の観点として、次の3点が求められる。
① 必要な知見が含まれていること
　これは、課題が提示される前にあらかじめ学習したものであって、解答作成のために必要な知識や技術を理解しているということである。学力の3要素では知識・技能にあたる。
② それらを活用していること
　これは、既習の技術や知識を、課題の解答を作成するにあたり適切に活用していること及び解答が論理的に説明されていることである。学力の3要素でいえば、思考・判断・表現にあたる。

③ 必要な知見を進化・発展させようとしていること

解答を作成するにあたり，既習の知識・技能のほか，それらを発展的に活用しようとしていることで，関連する知識や技能について主体的に調査・研究を進め知識を深めたり，広げたりしているということである。学力の3要素でいえば，学びに向かう人間性にあたる。

パフォーマンス評価は，生徒の活動を通して評価するので解答の自由度は高い。このため，評価に教員の主観が入る余地が大きい。したがって，評価の信頼性を高める工夫が必要である。

(4) ポートフォリオ評価

パフォーマンス評価が生徒の変容の結果を評価することを目的としているのに対して，ポートフォリオ評価は学習の過程（変容の過程）を評価するものである。具体的な手順は以下のとおりである。

まず，一定の単元や期間を定め，その学習目標と評価基準を共有する。次に，その間の学習で生徒が作成した様々な資料，ワークシートやノート，生徒が自分で調べたメモなどを蓄積し，ポートフォリオを作成させる。そして，単元や期間の最終段階で，あらかじめ定めた点数の資料とそれぞれの資料に対して生徒自身が指定された要素が含まれていることやその資料を選んだ理由を説明する資料を添付させてまとめて提出させる。

最後に，教員は提出された資料と生徒の意見を評価する。

評価の観点はパフォーマンス評価とほぼ同じである。ポートフォリオ評価は学習の過程を評価することを目的としているが，学習過程で個別に評価するのではなく，学習の最終段階で一括して評価する総括的評価である。

ポートフォリオ評価は，生徒の自己評価能力を高め，生徒自身に自分の学習状況を認識させることができる。生徒は自分の学習成果が最も表れている資料を選ばなければならないから，一連の学習を通して自分が何を得たのかを考えなければならない。そして，生徒は自分がどのような学習をしてどのような成果を上げているのかを説明しなければならないからである。

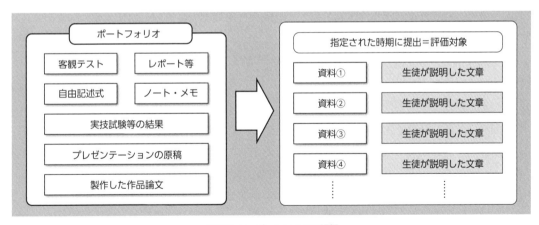

図表8-5　ポートフォリオ評価

8-3-2 評価の規準

パフォーマンス評価における妥当性と信頼性を確保する方法について，次に考えてみたい。

(1) 規準と基準

評価には，規準と基準が必要である。いずれも「キジュン」と読むが，意味合いは異なる。そのため「規準」を「ノリジュン」，「基準を「モトジュン」と読み，区別することもある。

評価規準とは,「何を評価する」かということで,評価の対象となるものである。今日,学力は三つの要素で構成されており,学習指導要領においても育成すべき資質・能力はそれに合わせて三つの視点から示されている。それに合わせて評価の観点も三つに整理されている。この三つの観点をより具体的に,学習内容に合わせて記述したものが評価規準である。

　一方,評価基準とは評価の段階のことで,評価の対象となる行為がどのレベルにあるか,ということを示している。具体的には,示された評価規準に対して,どの段階にいるかを評語(5・4・3・2・1や優・良・可・不可,A・B・Cなど)を当てはめて示す。

　このように考えると,評価の妥当性は評価規準の問題,評価の信頼性は評価基準の問題として捉えることができる。

(2)　スタンダードによる評価

　評価の信頼性や妥当性を確保するためには,生徒が何を,どの程度,どのようにすればいいのかがあらかじめ設定されていなけれならない。何を,どの程度,どのようにすればいいのか,を記述したもの,つまり,生徒が課題を達成した状態を記述したものをスタンダードという。

　スタンダードを学習内容に即して具体的かつ詳細に記述することにより,何を評価するか,つまり評価規準と,目標が達成されたか否か,つまり評価基準を明確にすることができる。同時に,評価すべきものを評価しているかという評価の妥当性,評価の揺らぎがないかという評価の信頼性の検証や確保にもつながる。

　スタンダードは唯一無二で絶対的なものではなく,例えば年間,学期及び単元と段階的にスタンダードを作成して複数の視点を盛り込んだり,スタンダードの中に生徒の主体的で自由な学習を評価する項目を含めたりするなど,スタンダードの書き方によって常に改善することができる。

(3)　ルーブリックによる評価

　スタンダードは,生徒が課題を達成することができたか否かを明確にすることはできるが,課題を大きく達成したのか,逆にもう少しで達成できるのか,何ができていて何ができていないか,といった生徒の学習状況を具体的に把握することは難しい。

　この課題を解消するためにルーブリック評価表が活用される。ルーブリックは縦軸に評価項目,横軸に評価の段階を置いて,それぞれの項目について段階的に達成状況を記述することで,生徒が何について,何ができて何ができていないのか,生徒から見ると自分がどの段階にいて何ができるようになれば課題が達成できるのか,を明確にしたものである。

　ルーブリックの段階は,学習を進めていくにしたがって学習が質的に転換する場面で区切るものとされている。また,それぞれの段階で現れる学習の特徴を見極めて記述していく。学習を徐々に深めていくと学習の深まりに応じて段階が上がり,最後には目標が達成できるレベルに到達するように記載するのである。

　これを,一人の教員が行おうとするとその労力が極めて大きいことに加えて,客観性に揺らぎが出る可能性が高まる。同じ教科を担当する複数の教員が共同で作成することにより,妥当性と信頼性が確保される。

　最も単純なルーブリックの作成例を示すと以下のようになる。ここでは評価の段階を3段階としているが,中央の「良」が「概ね満足できる段階」を示している。なお,一番右側に「〜できない」という記述を加えることがあるが,ルーブリック評価表の趣旨である生徒の学習状況の把握という

視点からすると適切ではない。できないことがわかっても「目標達成のために何が不十分なのか」，つまり，学習・指導の改善には意味がないからである。ただし，下記例で「可」の水準に達していない状態も考えられるが，この場合は学習の成果が評価表の中では皆無であることを示し，高等学校や大学でいえば単位不認定の水準にいることを意味している。

図表8-6　ルーブリック評価表の例

評価項目＼段階	優	良	可
関心・意欲・態度 ・学習内容に対する関心 ・学習に対する意欲・態度	・学習内容を主体的かつ積極的に活用しようとしている。 ・学習活動に主体的かつ積極的に取り組んでいる。	・学習内容を活用しようとしている。 ・学習活動に主体的に取り組んでいる。	・学習内容の一部について活用しようとしている。 ・学習活動に周囲の誘いを受け取り組んでいる。
思考・判断・表現 ・学習内容に基づく思考・判断 ・学習課題の表現	・学習した知識を積極的に活用し，自ら知識を深めて思考している。 ・学習した知識を自ら深めて表現している。	・学習した知識を活用して思考している。 ・学習した知識を適切に表現できる。	・学習した知識の一部を活用して思考している。 ・学習した知識の一部を表現できる。
知識・理解 ・学習内容の理解	・学習内容を自ら深めて知識を習得している。	・学習内容を理解し，知識を習得している。	・学習内容の一部について理解し，知識を習得している。

(4) スタンダードとルーブリックの関係

スタンダードとルーブリックの関係について，ここで整理しておきたい。

ルーブリックの前提にはスタンダードがある。スタンダードが最終目標であり，そのプロセスを把握するのがルーブリックということができる。また，スタンダードは総括的評価に用いられるが，ルーブリックは形成的評価にも活用できる。

なお，先のルーブリック評価表作成例において，「おおむね満足できる状態」である「良」の段階の記述を学習内容に合わせてより具体的に記述するとスタンダードになる。

いずれも，教員と生徒が共有していることが重要であることは繰り返し述べてきたとおりである。教える側も，教わる側も，スタンダードやルーブリックを理解することで見通しをもって学習を進めることができるとともに，最終的な評価に対する納得性が高まることが期待される。

8-3-3　評価方法の工夫

評価について考える最後に，これまで説明してきた理論的な背景を，実際の授業でどのように活用していくか，その具体的な方法について考えてみることにする。

(1) ワークシートの工夫

教室では学習効果を高めるために様々な教材教具が用いられるが，その一つにワークシートがある。ワークシートは教員が自作するので自由度が高く，生徒の実態に合わせて様々に工夫が可能であり，その目的や用途は多種多様である。

そのような性質をもつワークシートを使えば，授業の場面で，思考・判断・表現の状況や関心・意欲などについて，ワークシート上に記録することができる。

① ワークシートの目的

　ワークシートを活用して，授業の中で，生徒が観点別に設定した目標に対する到達の程度を測定する。ワークシートは，授業中に完成させることを前提にすれば，学習過程を記録することはできても，生徒の変容の有無までは測定できない。授業中に完成させるのではなく，授業で学習した内容を踏まえて授業後に完成させるものとすれば，生徒の変容について測定することができる。このことを踏まえて，ワークシートを有効に活用するためには，使用する目的と作り方，使い方について十分に吟味する必要がある。

② ワークシートの構成要素

　以下の説明では，1単位時間で完結するパフォーマンス課題について，グループで回答を導き出す学習を前提としたワークシートの作成例を示している。なお，ワークシートは授業中に作成する。

　（ア）　テーマに関連する既知の知識や事前学習により得た知識を整理する欄

　　パフォーマンス課題に取り組むためには，課題に解答するための材料として知識が必要である。その知識は，生徒自身で調べたり，課題に取り組む前に教員による講義によって得ることができる。この欄は知識を整理するもので，評価の観点では「知識・技能」に相当する。

　（イ）　テーマに対する自分の意見

　　パフォーマンス課題にグループで解答を作成する場合，提出される解答からはグループの評価はできても個人の評価ができない。また，グループで協議して一つの解答を導き出す形態であっても，大切なことは一人一人の生徒がその学習過程において学習目標を達成することである。

　　したがって，グループ協議を学習の過程に含める場合，対話的な学習になるためには，対話の材料となる一人一人の考えを作ることが重要である。この欄は，そのためにも重要であって，思考力・判断力を測定する第一段階となる。

　（ウ）　テーマに対する他者の意見欄，テーマに対するグループとしてまとめた意見欄

　　この欄は，上記（イ）で作成した自分の意見をグループで共有し，自分が気づかなかった他者の視点を整理するとともに，自分の意見と他者の意見からグループとしての意見をまとめる過程を記入する。思考力・判断力を測定する第二段階である。

　（エ）　疑問や質問・必要な視点欄，疑問・質問等に対する回答欄

　　個人として意見をまとめる際，グループ協議で他者の意見を聞く際，グループとしての意見をまとめる際，（ア）欄でまとめた知識だけでは対応しきれない場合や，そもそも（ア）欄に記載してあることの意味がよく理解していないなど，様々な疑問が生じる場合がある。そうした疑問や，グループとしてよりよい解答を導き出すために必要な新たな視点などを記載し，その解答を探し出す過程の記録する欄である。

　　与えられたテーマに対してどの程度の興味・関心を示し，解答を作成するためにどの程度意欲的に学びを深めたかを測定することができる。

　（オ）　知識の整理または発表に向けた論点

　　既存の知識や最初に学習した知識を，（イ）の自己との対話，（ウ）の他者との対話，（エ）の疑問点の整理とその回答の探求を通して，再構築する必要が生まれる。また，グループとしての回答を導く過程でも最初の知識は再構築が行われているはずである。それを整理するのがこの

欄で，対話や探求を通して漠然と感じていることを言葉に置き換え，構造的に認識するための欄である。

主体的（イ），対話的（ウ），深い学び（エ）の結果，到達した新たな知識であって，（ア）の既知の知識を生徒自身が深く理解した結果が記載される。したがってこの欄は，「知識・理解」に該当する。

③　ワークシートの例

以上の過程を1枚のワークシートに配置すると図表8-7のようになる。

図表8-7　ワークシート作成例

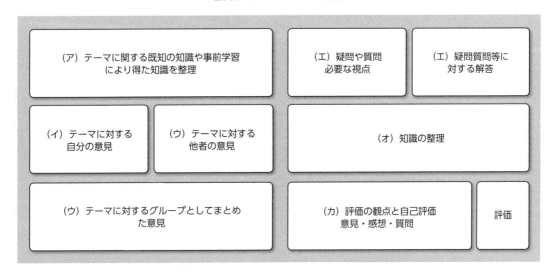

(2)　自己評価の重要性

上記のワークシート例のうち，自己評価について，いくつか説明を加えておきたい。

学習の目標や評価の観点，評価基準等を教員と生徒で共有しなければならない理由は，生徒が学習の見通しを持った主体的な学習を促すためである。学習の見通しに対して生徒自身が自分の学習状況を振り返り，目標に対する達成状況を自分自身で認識することは重要である。

生徒は自己評価をすることによって，自己の学習状況を客観的な視点から見つめることができ，いわば自分の立ち位置を知ることができる。このことによって，引き続く学習の過程をどのように進めていくべきか，一層の見通しをもつことができるようになる。

このように考えると，自己評価は生徒の成績を付けるための評価というよりは，生徒の主体的な学習を促進したり，学習意欲や学習効果を高めたりする機能のほうが大きい。

(3)　定期考査の工夫

① 目的

思考力・判断力や関心・意欲を適切に測定するために，いわゆるペーパーテストではなくパフォーマンス課題を設定し，評価する方法がある。しかしながら，ペーパーテストを伴わないパフォーマンス課題では知識・技能の測定を行うことが難しい。そこで，定期試験の中で学力の三つの要素，換言すれば評価の三つの観点を測定するにはどのようにすればよいだろうか。

なお，定期試験は一定の学習活動の後に行われ，学習の成果が再現されるかどうか，つまり，学習による生徒の変容を測定することができる。その意味では，定期考査を総括的評価として用いる

ことが可能である。

② 定期考査の構成要素

　定期試験を構成する第一の要素は，学習した内容の理解度をはかるもので，選択式や短答式で解答させる設問である。その際，授業で利用した思考のプロセスやツール，あるいは相手に自分の考えを伝えるための表現技法を身に付けているか，あるいは理解しているかを問う設問も必要であろう。

　第二の構成要素は，「思考力・判断力・表現力」を問う設問である。知識を活用し，思考できるようになっているかどうかを問う設問で，テーマを設定し，身に付けた知識を活用して，自由記述で解答させる。ここで重要なことは，学習の過程で身に付けた知識・技能や思考力・判断力を測定するためには，その学習の過程で実際に行ったテーマに対する解答を再現させても意味はないということである。テーマの設定には十分に留意する必要がある。

　第三の構成要素は，学習内容に対する関心・意欲，学ぶ姿勢及び学びに向かう人間性を問う設問である。学習した内容を応用，発展させて活用することができるか，あるいはその意欲について問う設問である。解答方式としては自由記述になる。設問の作成にあたっては，学習して得た知識や思考力等を教室の中の出来事として捉えるだけでなく，実社会で生起する課題や身近な課題の解決に当てはめて考えてみようとする視点などが重要になる。

　以上のような構成要素により，定期試験においても評価の三つの観点を測定することができる。複雑な評価シートを作成したり，日々の生徒の動きを詳細に記録したりする方法によるのではなく，評価に関する負担が過重にならずに，かつ，適正に評価することが可能になる。

(4) 評価に関するまとめ

　ワークシートと定期考査について，構成要素を工夫することで評価の3観点を評価することが可能であることを示したが，これらはいずれも単発で用いただけでは十分な成果を実現することはできない。授業中に行うパフォーマンス課題やプレゼンテーション，作品制作等と組み合わせて実施することでより精度の高い評価結果を得ることができるようになる。なお，授業中のパフォーマンス課題，ワークシート，定期考査の結果は，それぞれ単独で評価に用いるのではなく，一定期間蓄積してポートフォリオとして評価することも可能である。

　また，評価の基準としてはルーブリック評価表を用いることで妥当性や信頼性が高まる。その際，ルーブリックは事前に公開され，その内容が教員と生徒で共有されていることが重要であることはいうまでもない。なお，ルーブリックは学習のテーマごと(または単元ごと)に作り変える必要は必ずしもなく，記載内容を工夫することで年間を通じて同一のものを用いることも可能である。

　教室内では様々な活動が行われ，生徒は様々な刺激を受けながら様々な成長を見せる。そのような生徒の成長を一定の方法で評価する必要があるが，この一定の方法は唯一の正解があるわけではない。教科・科目の内容や教員の力量，学校や生徒の期待や実態に合わせて，多様な方法が存在してしかるべきであり，常に模索されるべきものである。

第9章 魅力ある商業教育

　この章では，商業高校における商業教育の魅力について解説する。第1節では商業教育の果たしてきた役割や成果を整理し，第2節では新学習指導要領の趣旨に即して考えたとき，これからの商業教育ではどのような視点が大切になるかを整理する。最後に第3節では商業教育が一層魅力的であるための考え方をまとめる。

9-1 これからの商業教育

9-1-1 社会の変化を考える

　今から遡ること約300年前，元禄14年3月14日（旧暦）（1701年4月21日），江戸城内で浅野内匠頭長矩が吉良上野介義央に切りつけた。「忠臣蔵」として知られる赤穂事件である。ときの第五代将軍徳川綱吉は激怒し，浅野内匠頭は即日切腹となる。浅野内匠頭は播州赤穂藩主（現在の兵庫県赤穂市）である。殿様の切腹はお家の一大事，江戸から国元へ早駕籠が走ったが，国元に事情が伝わったのは4日後であったといわれている。

　この後，江戸期には飛脚（信書や金銭，為替，貨物などを送達する使いや人夫）が発達し，明治期には近代郵便制度が整備され文書の送付に要する時間は飛躍的に短縮される。近代以降は明治期には新聞，大正期にはラジオ，高度成長期であればテレビによって，赤穂事件は一斉に報じられたであろうし，昭和期には電話が普及し即座に伝えていたであろう。現在ではインターネットにより，環境を整えることができさえすれば，文書，音声，映像を問わず，世界中で起きたことを瞬時に知ることができる。江戸期からは当然に，昭和期と比べても情報通信技術は飛躍的に発展し，情報伝達に要する時間は急激に短縮されている。

　経済の面では，我が国は高度経済成長期の昭和43（1968）年に世界第2位の経済大国になった。それが平成22（2010）年に中国に抜かれ，現在は世界第3位である。この間，我が国の経済は，戦後の荒廃から高度成長期，そして安定成長期，さらに「失われた20年」といわれる停滞期に入る。人口は減少し市場が縮小，世界に類を見ない高齢社会を迎え，かつて経験したことがない課題が山積している。国際政治では，昭和51（1976）年ベトナム統一，平成2（1990）年ドイツ再統一，平成3（1991）年にソビエト連邦が崩壊して冷戦が終結した。現在，唯一の超大国となったアメリカは世界のリーダーから降りようとしているようにさえ見える。

　より身近なところでは，高校進学率が50％を超えたのは昭和29（1954）年，昭和49（1974）年には90％を超え，現在は97％を超えた水準で安定している。大学進学率は昭和29（1954）年には10％台であったのが昭和49（1974）年に35％，そして今日では56％を超えている。

　昭和の時代に学生生活を送った立場から見ると，世界は全く異質なものに変貌した。科学技術は進歩し，コミュニケーションの手段も変わった。高校生はラブレターを書かなくなり，新入社員は電話の取次ぎができないといわれる。人工知能（AI）が飛躍的に進歩し，ロボットに仕事を奪われるときが現実になろうとしている。

　世界は絶え間なく変わり続け，しかもその速度は速く，変化の先を予測するのは難しい。過去の成功体験が未来には通用するとは限らない時代を迎えている。ラブレターを書かなくなった高校生にラブレターの書き方を講釈しても意味がないように，未来の社会を担う高校生には未来の社会で必要なスキルを身に付けさせる必要がある。

9-1-2 これまでの商業教育

　改めていうまでもないが，商業（ビジネス）教育は職業に関する専門教育であって，商業高校は商業教育を体系的・系統的に行うことを目的とした高等学校である。歴史を紐解けば実業学校に行き

着き，そこでは近代化が進み，資本主義社会が浸透し企業活動や商業活動が活性化する中で，企業の経理事務を担う人材を養成した。昭和18（1943）年に中等学校令により中学校（旧制），高等女学校と並び中等教育学校へと発展する。戦後，新制高等学校に移行し，商業高校となって高度経済成長期の我が国の企業活動を支える有為な人材を多数輩出している（第２章参照）。

いずれにしても，商業高校で学ぶことは経済活動を支える人材として必要となる資質・能力を身に付けることであり，当然のことながら実務的・実践的な資質・能力が重視される。商業高校の学びでは，算盤の運珠法を身に付けることよりも，算盤を使って商業数学の計算が正確に，迅速にできるようになることが重要である。同様に，簿記の知識・技術を習得することよりも，企業の活動を正確かつ迅速に記帳し，企業の実態を把握することができるようになることが重要である。その他にも，商業高校で学ぶことの多くは，その理屈を知ることに留まるのではなく，その理屈を実際のビジネスの場面で活用できるようになることがより重要である。

商業高校でそれを実現している代表的な授業が「総合実践」の授業である。簿記，計算実務，帳票類の種類並びにその役割，接遇，最近ではコンピュータによる情報の処理など，商業教育の基礎的な内容を学んだ後に，それらの知識や技術を総合的に活用して模擬的に企業活動を体験するのが，この科目のねらいである。この科目の学びを通して，内容別に学ばれてきた商業教育の内容が総合化・統合化され，実務的・実践的な実務能力が育成される。「総合実践」の授業では，先生が講義してくれるのではないから，生徒は定められた手順に従い自ら考え，判断し，行動しなければならない。企業関係者をして「商業高校の卒業生は，入社したその日から仕事ができる。」といわしめるほどに，商業高校が社会が求める知識・技術を身に付けた人材を輩出してきたのは，このような取り組みの成果である。

また，商業高校では教科・科目の学習だけではなく，地域社会との連携や地域企業との連携を通して，商品開発や実店舗経営等による実践的な学びも行われている。また，検定試験や職業資格への挑戦を通して，学ぶ意欲を高めたり学びに対する自信を深め，継続した学びへとつながっている事例も多い。

同時に，商業高校で学ぶ生徒にとっても，商業高校で学んだ内容が，そのまま就職先での業務に直結することという構図ができあがり，自信をもって社会に巣立つことができているのである。

9-1-3　これからの商業教育

学習指導要領の改訂により，これからの高等学校教育においては，各教科・科目の学習では知識の量だけでなく，知識の質やその活用力，さらに学びに向かう意欲や学び続ける力を育成するという方向性が明確にされた。

商業教育は，すでに触れたようにそもそも実務教育として実践力を育成することに注力してきた。したがって，今回の改訂により，商業高校における商業教育が大きく方向転換するということではなく，むしろこれまでの積み重ねを一層充実，深化，発展させることが必要になると考えるべきである。

今回の学習指導要領改訂の最大の改善事項ともいえる，知識の活用，学ぶ意欲や学びに向かう姿勢の醸成といった視点は，商業高校においてはこれまでにも様々な形で取り組まれてきたことである。ただこれまでは，これらの視点については実務教育としてあまりにも当然のこととして強く意

識されず，専門教育としての知識の量や身の丈に合わない専門的な資格取得等，目先の見えやすい成果にとらわれすぎていたことは否定できない。換言すれば，実務に必要な知識・技術を「身に付けさせる」ことにとらわれすぎて，考えたり，創造したりすることを意図的・計画的・体系的に行っていなかったということである。

そこで，今回の学習指導要領で重視されている視点のうち，「『生きる力』の育成」と「社会に開かれた教育課程」という二つの視点から，商業高校がもつ魅力を改めて整理，検討してみたい。

9-2 体系的な商業教育の意義

9-2-1 「生きる力」を育む商業教育

(1) 資格取得の意義

商業教育を進めていくと，検定試験や職業資格への対応についての考え方が問われることがある。最もわかりやすいものとして簿記がある。簿記検定の3級を取得することは，簿記に関する基礎的な知識や技術を身に付けてることの証明であり，大学生でも社会人でも多くの人が挑戦する資格取得である。

簿記の知識・技術を身に付けることの重要性は論を待つまでもないが，商業高校ではおそらくほぼ全ての学校で入学年度に「簿記」が教育課程に位置付けられている。商業高校に入学した生徒は4月から簿記の学習を進め，1年間かけて基礎的な簿記の知識と技術を習得するようにカリキュラムが組まれる。そして，このカリキュラムに従って学習を進めるとおのずと簿記検定3級の試験範囲を学ぶことになる。したがって，「簿記」の学習成果を検証するためにも検定試験に挑戦する。その結果，検定に合格すれば，生徒の立場からみると1年間の学習の成果が満足いく形で検証されたことになり，学習に対する大きな自信をもつことができる。さらに，それだけでなく，より深く学習を進める意欲を高め，場合によっては簿記を含む会計の分野へと将来の進路を定めることもある。

検定試験を受験することは，学習の成果の確認であって，それは学びの途中経過の確認である。企業の側からみれば高校生として学ぶべきことをしっかりと学び，少なくともその検定試験の範囲に関する知識をもっているという証になる。

近年，検定試験に合格することや職業資格の取得にこだわりすぎた結果，商業の学びを矮小化し，単に特定の分野のしかも検定受験に必要なテクニックだけを修得したことをもって商業教育の学習の成果であると考える傾向が一部にある。注意しなければならないのは，学習指導要領にも示されているとおり，検定試験や職業資格に対応した学びは学習に向かう姿勢や意欲を高めることはできるが，商業教育の目的にはなり得ないということである。大切なことは，検定試験に合格することができた知識と技術を，実務でどのように活用することができるかということである。したがって，商業高校においては，検定試験に合格することができる知識と技術を活用する方法についてもあわせて学ばせなければならない。

(2) 実習科目の意義

商業科目の中には，いわゆる実習科目と理論科目と呼ばれているものがある。簿記・会計分野では簿記会計の知識や技術を身に付けるだけでなく，簿記の一連の手続きや財務諸表を作成できるよ

うにならなければならない。また，ビジネス情報分野では，アプリケーションソフトに関する知識や技術を身に付けるだけでなく，コンピュータの操作ができなければならないから，技術の習熟を目指すことになる。そのため，こうした科目では授業の中で実習という学習形態が多用される。このように，実習が授業の中核に位置付けられる科目を実習科目と呼ぶ。逆に，マーケティング分野やビジネス経済分野の科目は，知ることや理解すること，覚えることが授業の中核に位置付けられる。このような科目を理論科目と呼ぶ。

　このほかに，総合的な科目と呼ばれる「総合実践」は，新たな知識や技術を身に付けるというよりも既存の知識や技術を使って実際に商業活動を「実践」する力を身に付けることが授業のねらいになるから実習科目であり，同様に「課題研究」も実習科目である。

　ここでいう理論科目にしても，後にも触れるが，単に知識を蓄積するだけではビジネスの学びとしては十分とはいえない。いずれにせよ何らかの実習を伴う場合，生徒は自ら手を動かし，考え，行動する必要に迫られる。また，定められた時間内で定められたプロセスを踏んで一定の成果を出す必要がある。

　「総合実践」を例にとれば，一定の手順が説明されたのち，生徒は授業の中で相手を選び，電話をかけ，伝票を作り，帳簿を作成する。さらに1日の業務内容について日報を作成する。最後は関係書類を整え，決算書類を作成・提出して1年間の授業が終わる。ここでは先生の話を聞いていれば授業が終わるというような甘さはない。自ら考え，判断し，行動して，一定の成果を定められた時間内に出さなければならない。

　つまり，商業科目の中の実習は単に特定の知識や技術の習熟を目指しているのではなく，実習を通して，ビジネスに必要な知識や技術を身に付けたり，定められたルールに従ったり，主体的に行動したり，問題を解決したり，さらには時間を守ることであったりすることを身に付けることを目指している。

(3) キャリア教育

　商業教育は職業に関する専門教育であるから，学びを進めるにしたがって将来の職業選択との関係を意識することができる。これは商業科の基礎的な科目である「ビジネス基礎」における「学習ガイダンス」に関わる学習内容だけのことではない。

　商業教育はビジネス教育であり，学習指導要領に示された各科目を体系的・系統的に学ぶことによりビジネスに関する資質・能力を総合的に身に付けることができる。また，各科目の学習においても，専門的な資格取得に結び付くことの他に，「情報処理」であれば職場のIT環境の整備，「簿記」であれば経理事務だけでなく取引先の財務状況の概要の理解，マーケティング分野では企業の販売促進や広告宣伝，商品企画・開発及び店舗設計など，ビジネス活動に直接関連した学習内容を含んでおり，各科目の学習がビジネスの学習となっている。

　商業（ビジネス）活動は我々の生活に実に身近なところにある。例えば，世の中のいたるところに広告があり，商品があり，店舗がある。日本全国で経済の国際化は進み，外国製の商品は街にあふれている。農業人口は減少し，様々な新しいサービスが生まれ新しいサービスの誕生とともにそこに働く人がいる。また，日本各地で地域振興策が企画され，実施されている。

　我々の生活が商業活動によって成り立っているからには，商業は我々の生活のいたるところに関わりをもっており，高校生といえども例外ではない。教科書に書かれていることがどのような意味

をもつかを高校生自身が確かめたり，感じたりする場面は社会全体に多く存在している。一つの例を考えてみよう。学校から自宅に帰るまでの間に，おそらく日本中どの地域でも自動販売機や何らかの店舗があると思われる。その自動販売機や店舗は，なぜそこにあるのか，誰を顧客として想定しているか，ということを考えさせるだけでもマーケティング分野の具体的な教材になるのである。

　教科書で学び，実際に確かめ，そこで働く人のことを考え，自分をその中にあてはめてみれば，働くことの意義，いわゆる勤労観や職業観，さらには自分の将来設計にまでつなげることができる。そうした意味で商業教育はキャリア教育である。

(4)　進学と就職

　商業教育は職業に関する専門教育であるが，高等学校での学びはビジネスに関する完成教育を目指しているわけではない。

　今日では，経済社会は高度化し，そこで求められている知識や技術は高度化する傾向にある。同時に，この章の冒頭で述べたように，社会は常に変化し，その変化は早まりつつあり，さらに変化の予想が難しい。こうした状況の中で，ビジネスに必要な基礎的なあらゆる知識や技術を高等学校での学びで修得させることは難しい。高等学校の学びで身に付けた知識や技術が，商業高校の卒業生の生涯を支え続ける知識や技術にならない時代である。事実，昭和の最後の時期まで，商業高校の多くの卒業生は算盤やタイプライターの高度な操作技術を身に付けていた。しかし現在では，職場で算盤やタイプライターが使われることはない。専門性を深めるためには高等学校卒業後に就職ではなく進学を選択することも必要な時代であり，充実した各種の公的学習支援によって進学も可能な選択肢となっている。

　商業高校の卒業生は卒業時の進路に関わらず，その多くはいずれ就職する。卒業直後か，2年後か4年後かの違いである。商業高校で学んだ内容をすぐに使うか，使うのは後にしてより深めることを先にするか，の違いでしかない。したがって，商業高校では就職したときに役に立つ基礎的な知識や技術，一定のルールの下で，自ら考え，判断し，行動して一定の成果を定められた期間内に出すことなどに必要な資質・能力を確実に身に付けさせることが大切になる。

9-2-2　社会に開かれた教育課程

(1)　社会に開かれた教育課程とは何か

　教育課程とは学校の教育計画の根本である。それは学習指導要領及びその他の法令に従って学校が編成し，実施する。教育課程を実施するのは，各教科であればそれぞれの教科に相当した教員免許をもつ教員が担う。指導計画を立て，授業を行い，評価するのは教員の職務であって，教員は「教育をつかさどる」のである。

　ところが，教員は教育の専門家ではあるが，教科の内容についての専門性について考えたとき，その教員が担う全ての教科の全ての内容の隅々まで高い専門性をもつことは現実的ではない。今日のように社会全体が高度化したり，地域の実情を学校の教育活動に反映させたりする過程においては，教科の内容のうち特定の分野については担当する教員がもっている専門性よりも高い専門性をもつ人材が地域に存在する場合や，企業や大学と連携することにより専門性を補充することができる場合がある。また，地域には美術館，博物館及び資料館などの公共施設をはじめ様々な施設や設備があり，教員の専門性を補充したり，実物を見たり触れたりすることができる場合がある。

このような場合には，地域の教育資源を教員の指導計画に積極的に取り入れることにより，教育内容を補充・深化させ，生徒の学習意欲の喚起につなげることができる。これが教育課程を「社会に開く」という意味である。つまり，社会に開かれた教育課程とは，教育活動を学校の中にある教育資源だけで実施するのではなく，学校外の教育資源を活用したり，学校の外で地域と連携して教育活動を行おうとするものである。

(2)　実学としての商業教育

　次に，社会に開かれた教育課程と商業教育について考えてみよう。もともと商業教育は実務教育であるから社会との接点は少なくない。すでに触れたとおり，商業活動は社会の至るところで行われており，もし生徒が下校途中に買い物をすれば，それだけで授業での学習内容が社会体験と結び付くことになる。また，「簿記」や「情報処理」の学習内容は，商業活動そのものである。

　ただ，難しいのはそうした地域との接点はこれまでのところ指導計画として明確に位置付けられておらず，計画的に学習を深めたり，意図的に学習に対する興味や関心を高める活動としては位置付けられていないところにある。

　最近では，多くの企業や団体が学校教育に積極的に関わろうとしている。例えば，証券，保険，銀行など企業と連携して行う金融教育，裁判所，司法書士及び行政書士などと連携して行う法教育などを挙げることができる。その他にも，多くの企業が学校教育の連携・実施について協力的である。商業教育においても，これらの学校外の教育資源を積極的にかつ体系的に指導計画の取り入れることで，実務教育としての商業教育を一層充実させることができる。

(3)　社会が求める力を育む商業教育

　学校外の教育資源を意図的・計画的に授業に取り入れることによって，商業活動の実務家・実践者ではない教員からは学ぶことができない内容をより実践的に学ぶことができるようになる。例えば，企業との連携・協力により，商業活動について実務的に高い専門性を持つ学習内容を授業に取り入れることが可能となる。そればかりではなく，企業活動で必要な実践的な論理的思考力や表現力，問題解決能力の育成に加え，外部から人を迎えるための接遇の実践的な学習もできるようになる。また，商品開発や商品企画を連携して行うことによって，自分たちが企画した商品が店頭に並ぶ場面を目にすることで，生徒の学びに向かう意欲が飛躍的に高まることが期待される。

　このような取り組みは，すでに多くの商業高校で実践されており，ここに示した成果を実現している学校も多い。大事なことは，こうした取り組みを一部の教員が一部の科目で行うのではなく，学校として育成を目指す資質・能力を明確に定め，それを全ての教職員が共有し，学校全体でその実現を目指した指導計画を立案することである。そこでは，教員の役割は単に「教える」ことではなく，教育効果を高めるために教育資源をコーディネートすることに拡張される。

　こうした取り組みは，学校のブランド価値を高めることができる。制服を着た高校生はそれだけで学校の広告塔であるが，地元の商店には地元の高校生が企画した商品や展示があったり，地元のイベントのプロデュースに地元の高校生が参加したりするなど，高校生が地域の商業活動に参加する場面が可視化されることによって，商業を専門的に学ぶ高校生として一層認知されることになる。

9-3 魅力ある商業教育を目指して

9-3-1 商業高校の存在意義

　商業教育は商業高校だけで行うものではなく，普通科高校や総合学科高校，特別支援学校においても行われている。商業高校で行う商業教育と，商業高校以外の学校で行う商業教育の違いは何か。商業高校における商業教育は，体系的・系統的な学びであるところに最大の特徴がある。

　確かに商業に関する学習は，普通科高校や総合学科高校などでも商業科目を選択科目として教育課程に配置することで可能になる。しかし，そこでの学びは，学習指導要領に示された商業に関する四つの分野を構成する科目や基礎的な科目，総合的な科目を含めて体系的・系統的かつ実践的に学ぶ商業の学びではない。

　本章でこれまで述べてきたように，商業科目を体系的・系統的に教育課程に配置することで，商業に関する専門的な知識・技術を習得するだけではなく，生徒の成長にとって様々な波及効果がもたらされている。例えば，学習に対する興味・関心を高めること，学習を通してキャリアについて考える機会があること，教室での学びが生徒の身近なところで実社会へとつながっていることなどである。これは，商業活動を総合的に，体系的・系統的に学ぶことによって生まれてきたものである。

　また，大学の進学率が50％を超えたとはいっても，大学の所在地は大都市周辺に限られている。大学がない地域では，ビジネスの専門的な教育をすることができるのは商業高校だけである。このように考えると，商業高校で学ぶ生徒は地域社会にとって専門性を有する貴重な存在であることが分かる。

9-3-2 むすびにかえて～商業高校の取り組みを再評価する～

　商業高校は，商業科であるというだけで特色ある高等学校である。そして通商国家であり，世界の経済先進国である我が国において，高等学校段階で商業を体系的・系統的に教えることができる唯一の学校である。商業高校は，それ自体，魅力的な存在である。しかし，現実は必ずしもそうなっているとはいえない。

　第三の教育改革ともいわれる今回の学習指導要領の改訂において，重要視されているのはこれからの社会を担う人材を育成する視点である。この人材は，次の点でこれまでとは異なる人材である。それは，知識・技術だけでなく知識・技術を活用する力を持つ人材であり，常に社会が求める力を自ら得ようとする人材である。いい換えれば，既存の知識・技術を活用して無から有を生み出す力を持った人材である。

　商業高校はこれまで何をしてきただろうか。すでに触れたが，商業高校は，これまでも我が国の経済社会を担う人材を多数輩出し，経済社会が求める資質・能力を持つ人材を育成してきた。そして，これからの社会が求める資質・能力は，無から有を生み出す創造力であり，しかもそれは思いつきや当て推量ではなく，確かな知識・技術と論理的な思考に根ざしたものである。

　商業高校では，これまでにも様々な取り組みを通してこうした資質・能力を育成してきた。今後は，これまでの高度な専門性を求める結果としての活用力や創造力ではなく，基礎的な知識・技術

の修得と活用力や思考力，創造力の育成を明確に指導計画に位置付けることが必要である。要するに，商業高校はこれまでの取り組みを学習指導要領に示されている新たな視点で再構築することで，一層魅力的なものとなると考えることができる。

参考文献

第1章

1) 福沢諭吉「学問のすゝめ」岩波文庫，1942年
2) 文部科学省「高等学校学習指導要領解説　商業編」実教出版株式会社，2010年
3) 中央教育審議会答申「幼稚園，小学校，中学校，高等学校及び特別支援学校の学習指導要領等の改善及び必要な方策等について」(平成28(2016)年12月21日)
4) 奈須正裕他「コンピテンシー・ベイスの授業づくり」図書文化，2015年
5) 奈須正裕「『資質・能力』と学びのメカニズム」東洋館出版社，2017年
6) 文部科学省「育成すべき資質・能力を踏まえた教育目標・内容と評価の在り方に関する検討会―論点整理―」，2014年3月
7) 岡潔「春宵十話」角川ソフィア文庫，1996年
8) 梶田叡一「教員力の再興」文渓堂，2017年

第2章

1) 文部省「学制百年史　記述編」帝国地方行政学会，1972年
2) 佐野善作「商業教育五十年史」東京商科大学，1925年
3) 一橋大学学園史刊行委員会「一橋大学百二十年史：*captain of industry* をこえて　第1編」一橋大学，1995年
4) 文部省「学制百年史　資料編」帝国地方行政学会，1972年
5) 三菱史料館　成田誠一「マンスリーみつびし　7月号」三菱広報委員会，2003年
　　https://www.mitsubishi.com/j/history/series/yataro/yataro15.html
6) 文部省「産業教育百年史」，ぎょうせい，1986年
7) 三好信浩「日本商業教育発達史の研究」風間書房，2012年
8) 愛媛県立八幡浜高等学校沿革誌編集委員会「創立八十周年記念　八幡浜高等学校沿革誌」1979年
9) 朝日新聞社「朝日百科　日本の歴史11　近代Ⅱ」，1989年
10) 中村隆英「明治大正期の経済」東京大学出版会，1985年
11) 文部省検定済教科書「商業経済　大意」実教出版，1951年
12) 文部省学校教育局「新制高等学校教科課程の解説」教育問題調査所，1949年
13) 文部省「学校基本調査　学科別生徒数(本科)」，1965年
14) 文部科学省「学校基本調査　年次統計　進学率」

第5章

1) 小田理一郎「『学習する組織』入門」英治出版，2017年
2) ドネラ・H・メドウズ著，枝廣淳子訳「世界はシステムで動く」英治出版，2015年
3) 堀公俊・加藤彰「ワークショップ・デザイン」日本経済新聞社，2008年
4) 香取一昭，大川恒「ワールド・カフェをやろう」新版　日本経済新聞社，2017年
5) 枝廣淳子，小田理一郎「システム思考教本」東洋経済新報社，2010年
6) フレデリック・ラルー著，鈴木立哉訳「ティール組織」英治出版，2018年
7) アダムカヘン著，東出顕子訳「社会変革のシナリオ・プランニング」英治出版，2014年
8) アーリック・ボーザー著，月谷真紀訳「Learn Better」英治出版，2018年
9) 森時彦「ファシリテータの道具箱」ダイヤモンド社，2008年
10) 産業能率大学総合研究所編著「知的思考の技術」産業能率大学出版部，2007年
11) 堀公俊「ビジネス・フレームワーク」日本経済新聞出版社，2013年

12)「未来教育会議　人一生の育ちレポート」未来教育会議実行委員会，2018 年
13)堀博嗣「よくわかる学校現場の教育心理学」明治図書，2017 年
14)Think the Earth「未来を変える目標 SDGs アイデアブック」一般社団法人 Think the Earth，2018 年
15)C・オットー・シャーマー著，中土井僚・由佐美加子訳「U 理論」英治出版，2010 年

第 6 章

1) 釼持勉「実例図解 5 日でわかる！板書：読みやすい字の書き方＆板書計画」学研プラス，2016 年
2) 「商業 334 ビジネス基礎　新訂版　教授用総合指導書」実教出版，2017 年
3) 商業教育資料「ビジネス基礎の指導上のポイントと留意点　～希少性，トレード・オフ，機会費用について～」（名古屋市立西陵高等学校教諭　三輪俊輔），実教出版，2014 年
4) 「商業 345 ビジネス実務　新訂版　教授用指導書」，実教出版，2018 年

第 7 章

1) Donald R. Woods 著，新道幸恵訳「PBL（Problem‐based Learning）―判断能力を高める主体的学習」医学書院，2001 年
2) 栗田正行「わかる「板書」伝わる「話し方」」東洋館出版社，2013 年
3) 今野喜清，児島邦宏，新井郁男「学校教育辞典（第 3 版）」教育出版，2014 年
4) 市坪誠，油谷英明，小林淳哉，下郡啓夫，本江哲行「授業力アップ アクティブラーニング：グループ学習・ICT 活用・PBL」実教出版，2016 年
5) 今野喜清，児島邦宏，新井郁男「学校教育辞典（第 3 版）」教育出版，2014 年
6) 上條晴夫「教師教育」さくら社，2015 年
7) 新潟大学附属新潟小学校「ICT ×思考ツールでつくる「主体的・対話的で深い学び」を促す授業」小学館，2017 年
8) 水越敏行「効果的な指導法と学習形態」ぎょうせい，1993 年
9) 大木光夫「学習指導案と分かる授業のつくり方：プロ教師になる！」学研教育みらい，2013 年
10) 鏑木良夫「わかる授業の指導案 55（予習から習得そして活用へ）」芸術新聞社，2012 年
11) 鏑木良夫編著「わかる授業の指導案 80（先行学習で習得から活用へ）」芸術新聞社，2013 年
12) 日本商業教育学会「教職必修最新商業科教育法新訂版―平成 25 年度実施カリキュラム対応」実教出版，2011 年
13) 文部科学省「高等学校学習指導要領（平成 21 年 3 月）」東山書房，2015 年
14) 文部科学省「高等学校学習指導要領解説 商業編（平成 22 年 5 月）」実教出版，2015 年
15) 鈴木敏恵「プロジェクト学習の基本と手法―課題解決力と論理的思考力が身につく」教育出版，2012 年
16) 釼持勉「実例図解 5 日でわかる！板書：読みやすい字の書き方＆板書計画」学研プラス，2016 年
17) 文部科学省「高等学校学習指導要領（平成 30 年告示）解説　総則編」東洋館出版社，2019 年
18) 文部科学省「補習授業校教師のためのワンポイントアドバイス集」http://www.mext.go.jp/a_menu/shotou/clarinet/002/003/002.htm（2019 年 7 月現在）

第 8 章

1) 梶田叡一「教育評価（第 2 版補訂 2 版）」有斐閣，2010 年
2) 西岡加名恵，石井英真，田中耕治編著「新しい教育評価入門」有斐閣，2015 年
3) 田中耕治編「よくわかる教育評価（第 2 版）」ミネルヴァ書房，2010 年
4) ダイアン・ハート著，田中耕治訳「パフォーマンス評価入門「真正の評価」論からの提案」ミネルヴァ書房，2012 年
5) 教育課程部会「児童生徒の学習評価の在り方について（報告）」（2010 年 3 月 24 日）
6) 中央教育審議会答申「幼稚園，小学校，中学校，高等学校及び特別支援学校の学習指導要領等の改善及び必要な方策等について」（2016 年 12 月 21 日）

索引 INDEX

■ 記号・数字・A－Z

OECD（経済協力開発機構）・・・・・・・・13
OST（オープン・スペース・テクノロジー）
・・・・・・・・・・・・・・・・・・・・・・・・・・・・・・70
PDCA サイクル・・・・・・・・・・・・・・・175
VUCA ワールド・・・・・・・・・・・・・・・60

■ あ

アイデアマップ・・・・・・・・・・・・・・・・・70
生きて働く力・・・・・・・・・・・・・・・・・・・・8
生きる力・・・・・・・・・・・・・・・・・・・・・40

■ か

会計分野・・・・・・・・・・・・・・・・・・・114
学習指導案・・・・・・・・・・・・・164, 172
学習指導要領（試案）・・・・・・・・・・・32
学制・・・・・・・・・・・・・・・・・・・・・・・26
学問のすゝめ・・・・・・・・・・・・・・・・・・9
課題研究・・・・・・・・・・・・・・・・・・・152
学校経営・・・・・・・・・・・・・・・・・・・・20
学校設定科目・・・・・・・・・・・・・・・・54
カリキュラム・マネジメント
・・・・・・・・・・・・・・・・・18, 41, 52
観光ビジネス・・・・・・・・・・・・・・・・・94
観点別評価・・・・・・・・・・・・・・・・・178
管理会計・・・・・・・・・・・・・・・・・・・127
机間指導・・・・・・・・・・・・・・・・・・・175
基準・・・・・・・・・・・・・・・・・・・・・・187
規準・・・・・・・・・・・・・・・・・・・・・・187
基礎的科目・・・・・・・・・・・・・・・・・74
キャリア教育・・・・・・・・・・・・・・・・197
教育課程・・・・・・・・・・・・・・・50, 162
教育令・・・・・・・・・・・・・・・・・・・・・27
教科指導・・・・・・・・・・・・・・・・・・・18
グローバル経済・・・・・・・・・・・・・・105

形成的評価・・・・・・・・・・・・・・・・・179
原価計算・・・・・・・・・・・・・・・・・・・124
心の教育・・・・・・・・・・・・・・・・・・・・10
コンテンツ・・・・・・・・・・・・・・・・・・・13
コンピテンシー・・・・・・・・・・・・・・・・13

■ さ

財務会計Ⅰ・・・・・・・・・・・・・・・・・118
財務会計Ⅱ・・・・・・・・・・・・・・・・・120
資格取得・・・・・・・・・・・・・・・・・・・196
自己評価・・・・・・・・・・・・・・・・・・・191
システム思考・・・・・・・・・・・・・・・・・62
持続可能な開発目標（SDGs）・・・・・61
実学・・・・・・・・・・・・・・・・・・・・・・・・8
実習科目・・・・・・・・・・・・・・・・・・・196
指導計画・・・・・・・・・・・・・・・162, 175
指導と評価の一体化・・・・・・・・・・・180
社会に開かれた教育課程・・・・・・・・40
集団に準拠した評価・・・・・・・・・・・178
授業の場・・・・・・・・・・・・・・・・・・・168
主体的・対話的で深い学び・・・・・・・46
主体的な学び・・・・・・・・・・・・・・・・46
商品開発と流通・・・・・・・・・・・・・・91
情報処理・・・・・・・・・・・・・・・・・・・133
職業資格・・・・・・・・・・・・・・・・・・・・55
新教育制度・・・・・・・・・・・・・・・・・・31
診断的評価・・・・・・・・・・・・・・・・・179
スタンダード・・・・・・・・・・・・・・・・・188
スペシャリスト・・・・・・・・・・・・・・・・・8
絶対評価・・・・・・・・・・・・・・・・・・・178
総括的評価・・・・・・・・・・・・・・・・・179
総合実践・・・・・・・・・・・・・・・・・・・154
総合的科目・・・・・・・・・・・・・・・・・152
総合評価・・・・・・・・・・・・・・・・・・・178

相対評価・・・・・・・・・・・・・・・・・・・178
ソフトウェア活用・・・・・・・・・・・・・136

■ た

ダイアログ（対話）・・・・・・・・・・・・・・67
対話的な学び・・・・・・・・・・・・・・・・46
地域コーディネート力・・・・・・・・・・・23
定期考査・・・・・・・・・・・・・・・・・・・191
デザイン思考・・・・・・・・・・・・・・・・・63

■ な

ネットワーク活用・・・・・・・・・・・・・143
ネットワーク管理・・・・・・・・・・・・・147
年間指導計画・・・・・・・・・・・・・・・163

■ は

パフォーマンス評価・・・・・・・・・・・186
板書計画・・・・・・・・・・・・・・・・・・・169
ビジネス基礎・・・・・・・・・・・・・・・・・75
ビジネス・コミュニケーション・・・・・・80
ビジネス情報分野・・・・・・・・・・・・132
ビジネス法規・・・・・・・・・・・・・・・・・42
ビジネス・マネジメント・・・・・・・・・101
評価規準・・・・・・・・・・・・・・・・・・・188
評価の観点・・・・・・・・・・・・・・・・・182
ファシリテーション・・・・・・・・・・・・・70
ファシリテーター・・・・・・・・・・・・・・71
フォロワーシップ・・・・・・・・・・・・・・21
深い学び・・・・・・・・・・・・・・・・・・・・46
福沢諭吉・・・・・・・・・・・・・・・・・・・・・9
フレームワーク・・・・・・・・・・・・・・・67
ブレーンストーミング・・・・・・・・・・・69
プログラミング・・・・・・・・・・・・・・・140
ポートフォリオ評価・・・・・・・・・・・187
簿記・・・・・・・・・・・・・・・・・・・・・・114